汉语教学学刊

HANYU JIAOXUE XUEKAN

北京大学对外汉语教育学院　主办
《汉语教学学刊》编委会　　编

庆祝北京大学对外汉语教学七十周年

2022 2
（总第 16 辑）

图书在版编目(CIP)数据

汉语教学学刊. 总第16辑 /《汉语教学学刊》编委会编. — 北京：北京大学出版社, 2022.12
ISBN 978-7-301-33690-8

Ⅰ. ①汉… Ⅱ. ①汉… Ⅲ. ①汉语–对外汉语教学–丛刊 Ⅳ. ① H195–55

中国国家版本馆 CIP 数据核字 (2023) 第 018846 号

书　　　名	汉语教学学刊·总第16辑 HANYU JIAOXUE XUEKAN·ZONG DI-SHILIU JI
著作责任者	《汉语教学学刊》编委会　编
责 任 编 辑	孙艳玲
标 准 书 号	ISBN 978-7-301-33690-8
出 版 发 行	北京大学出版社
地　　　址	北京市海淀区成府路205号　100871
网　　　址	http://www.pup.cn　新浪微博：@北京大学出版社
电 子 信 箱	zpup@pup.cn
电　　　话	邮购部 010-62752015　发行部 010-62750672　编辑部 010-62753374
印 刷 者	北京虎彩文化传播有限公司
经 销 者	新华书店
	787 毫米 ×1092 毫米　16 开本　11.25 印张　242 千字 2022 年 12 月第 1 版　2022 年 12 月第 1 次印刷
定　　　价	42.00 元

未经许可，不得以任何方式复制或抄袭本书之部分或全部内容。
版权所有，侵权必究
举报电话：010-62752024　电子信箱：fd@pup.pku.edu.cn
图书如有印装质量问题，请与出版部联系，电话：010-62756370

目　录

朱德熙《华语教材》的语法系统 ……………………………… 郭　锐、孙浩浩　1

亟需整理出版的珍贵遗产——朱德熙《华语教材》手稿分析 ……… 戴军明　25

北京官话《语言自迩集》成通用类汉语教材动因探究 …………… 张美兰　40

"的"的语法功能与偏正结构的符号表示 ……………………………… 刘勋宁　49

词汇类型学视角的同素单双音节形容词句法语义比较
　　——以"温""暖""温暖"为例 ………………………………………… 钱旭菁　64

美国汉语学习者词义猜测研究 ………………… 陈天序、程　萌、王　枫、王梦月　73

从汉喃辞书看18—19世纪越南汉语学习和教育 ……………………… 咸蔓雪　88

朝鲜朝时期的汉语教学研究 …………………………………………… 姚　骏　104

清末民初对日汉语教学管窥——以日本近代汉语教学文献为视角 ……… 赵晓晖　118

基于BBC新闻的英国学校汉语教学分析 ……………………………… 潘佳晨　136

拉脱维亚汉语教学研究 …………………………………… 尚劝余、尚沫含　148

ABSTRACTS ……………………………………………………………… 167

《汉语教学学刊》稿件体例 ……………………………………………… 172

CONTENTS

The Grammatical System of *Chinese Textbook* by Zhu Dexi

.... GUO, Rui & SUN, Haohao   1

A Priceless Heritage to Be Published: A Review of the Manuscripts of

Chinese Textbook by Zhu Dexi .... DAI, Junming   25

On the Reasons for Mandarin Beijing Dialect *Yü-yen Tzŭ-êrh Chi* to Be

Adopted as a General Textbook of Chinese .... ZHANG, Meilan   40

The Grammatical Function of *de* and Modifier's Markers

.... LIU, Xunning   49

A Contrastive Study on the Syntax and Semantics of the Monosyllabic and

Disyllabic Adjectives with the Same Morpheme from a Lexical Typological

Perspective: Take the Examples of *wen*, *nuan* and *wennuan*

.... QIAN, Xujing   64

On the Lexical Inference for CFL Learners in the U. S.

.... CHEN, Tianxu, CHENG, Meng, WANG, Feng & WANG, Mengyue   73

On the Chinese Learning and Education in Vietnam during the 18th-19th

Century Period from the Perspective of Han Nom Dictionaries

.... XIAN, Manxue   88

On the Teaching of Chinese During the Joseon Dynasty ············ YAO, Jun 104

On the Teaching of Chinese in Japan in the Late Qing Dynasty and the Early Republic of China: From the Perspective of Japanese Modern Chinese Teaching Documents ···················· ZHAO, Xiaohui 118

A Review of Chinese Teaching in the British Schools Based on the BBC News ··· PAN, Jiachen 136

On the Teaching of Chinese in Latvia ·········· SHANG, Quanyu & SHANG, Mohan 148

ABSTRACTS ··· 167

Stylistic Rules and Layout of *Journal of Chinese Language Studies* ·········· 172

朱德熙《华语教材》的语法系统

郭 锐 孙浩浩

北京大学中文系

提 要 1952—1953 年朱德熙先生在保加利亚教授汉语期间,编写了汉语教科书《华语教材》。该教材以语法点为纲,其汉语语法学观点与朱德熙后期观点有不少相似之处,其中有些观点是朱德熙后期重要观点的源头,有些观点论述更深入。《华语教材》的语法更注重表达功能,对虚词的分析更细致,而《语法讲义》等后期研究更注重语法结构分析,受结构主义的影响更深。

关键词 《华语教材》 朱德熙 语法系统

一 引言

1.1 《华语教材》编写背景

1952 年 11 月,作为新中国首批公派对外汉语教师,朱德熙先生赴保加利亚索非亚大学教授汉语,至 1955 年 8 月回国,历时近三年。其间编写了教材《华语教材》,是新中国第一部对外汉语教材。该教材由合作者张荪芬女士[①]翻译为保加利亚文[②],于 1954 年 10 月由保加利亚科学艺术出版社出版,而中文手稿却一直未能面世。1955 年朱德熙先生回国后,将《华语教材》的中文手稿赠予北京大学外国留学生中国语文专修班。1961 年,北京大学外国留学生中国语文专修班并入北京外国语学院外国留学生办公室,原北京大学外国留学生中国语文专修班的图书资料也一并移交北京外国语学院。1962 年以北京外国语学院外国留学生办公室和出国留学生预备部为基础成立外国留学生高等预备学校(1964 年改名为北京语言学院),原北京大学外国留学生中国语文专修班的图书资料再次一同转移。后《华语教材》手稿长期存放在北京语言大学汉语学院图书室,2007 年由汉语学院移交到北京语言大学图书馆作为文物收藏。

关于《华语教材》的具体编写时间,根据何孔敬(2007,116)的回忆和张荪芬本人的回忆(董淑慧 2005,177),朱德熙先生携夫人何孔敬于 1952 年 11 月来到保加利亚,为教学开始备课,并编写教材。1953年2月开始授课。授课方式为朱德熙先生用汉语讲授,张荪芬女士当场翻译成保加利亚语。其间,张荪芬女士将朱德熙先生的《华语教材》中文手稿翻译为保加利亚文,于1954年10月正式出版。可以推知,《华语教材》的编写在1952年11月至1954年10月之间,考虑到从中文手稿到翻译,再到正式出版的周期,推测《华语教材》的编写时间为1952年11月至1953年年底。《华语教材》中文手稿由于未正式出版,学界研究不多,目前所见有董淑慧(2005,2006,2014a,b)、鲁健骥(2007)、沈庶英(2012)等。

1.2 《华语教材》的特点

《华语教材》手稿③在16开纸上用钢笔写成,共284页,42课。

《华语教材》有三个主要特点:

第一,内容包括语音、词汇、语法、标点,不讲汉字教学④。

第二,除前五课语音、最后一课标点外,其他36课以语法点为纲展开教学。每课讲解一个或几个语法点。同一语法点内部有难易差异时,则根据先易后难的原则分散在前后不同课中。如:

第6课　名词的附加语,"的",量词,"和"与"跟"

第9课　疑问语气词,特指问句,是非问句

第13课　语气词"了",语气词"的","不要"和"别","这么 那么 这样 那样",
　　　　"怎么 怎样"

第21课　词尾"了"和语气词"了",完成貌的否定方式和疑问方式,语气词"吧"

第三,语法点的顺序安排,采取先零后总、先句后成分的原则。先零后总是说先讲具体的语法点,最后第40课、第41课对汉语的语法作总体说明。先句后成分是说先讲句型、句类,后讲具体的各类词、各句子成分。如第7至10课就讲描写句、叙述句、判断句的句类区分和疑问句的类型,后面才讲助动词、语气词、数词、量词以及主语、宾语、补语等这些具体成分。先讲句类可能是为了给学生一个汉语句子的总体面貌,便于在了解这个总体面貌的情况下,更有效地学习汉语。最后对汉语语法作总体说明,是为了在课程结束前总结汉语语法,让学生对汉语有更深入的理性理解。

1.3 《华语教材》的语法是朱德熙语法学的源头

《华语教材》的汉语语法系统已经较为完整,有不少论述与朱德熙语法学后来的观点一致。《华语教材》论述的语法点,多数都在《语法讲义》中出现。有些论述是后期一些重要论文的基础。相较于后期朱德熙先生的语法研究,《华语教材》更注重语言表达功能的分析,对虚词的关注更多。可以说,《华语教材》是朱德熙先生语法学思想的源头。

二 《华语教材》的汉语语法系统

2.1 《华语教材》的词类

《华语教材》分出 11 个词类,包括:名词、量词、动词、副动词、形容词、数词、代词、副词、连接词、语气词、象声词。举例如下:

  1. 名词:中国 保加利亚 花 鸟 布 国家 同志 天 思想 制度
    [时间词]时点:今天 七点半 星期天上午 三年以前
       时段:两年 三天 一会儿 一个钟头
    [位置词]上 下 里 外 上边
  2. 量词:个 只 件 块 张 枝 次 下 遍
  3. 动词:飞 说 笑 讨论 学习 爱 害怕 高兴 死 有 是
    [助动词]能 能够 会 可以 想 要 得(děi)
  4. 副动词:把 被 从 向 给 替 跟 对于 关于
  5. 形容词:大 小 快 慢 真 假 红 黑 一般 特别
  6. 数词:一 二 三 十 百 千 万 半 几
  7. 代词:我 你 他 谁 什么 怎么 这 那 哪
  8. 副词:先 再 也 还 就 很 极 太 不 常常 一定 当然
  9. 连接词:和 跟 但是 因为 所以 要是 除非 虽然 可是
  10. 语气词:吗 呢 吧 啊 了 罢了
  11. 象声词:[叹词]啊 哟 唉 [拟声词]砰 哗啦 叮当

巧合的是,同一时期的汉语语法书,几乎都是 11 个词类。下面是 20 世纪 50 年代的几个重要的汉语语法系统的词类:

吕叔湘、朱德熙《语法修辞讲话》(1951)(11 类):名词、动词、形容词、副名词(量词)、副动词(介词)、数词、代词、副词、连接词、语气词、象声词。

中国科学院语言研究所语法小组《语法讲话》(1952—1953)(11 类):名词[特殊类:时间词、地位词、定位词]、代词、指示词、数词、量词、动词[特殊类:助动词、副动词]、形容词、副词、连词、语助词、象声词[含叹词]。

张志公《汉语语法常识》(1953)(11 类):名词、动词[特殊类:助动词]、形容词、数量词(数词、数量短语)、指代词、系词、副词、介词、连词、助词、叹词。

"暂拟汉语教学语法系统"(1956)(11 类):名词[附:方位词]、动词、形容词、数词、量词、代词、副词、介词、连词、助词、叹词。

《华语教材》与同时期其他汉语语法系统的词类体系有以下四个特点：

第一，象声词和叹词合为一类，或者叫象声词（《华语教材》《语法修辞讲话》《语法讲话》），或者叫叹词（《汉语语法常识》、"暂拟汉语教学语法系统"）。《华语教材》40.5"词类"中特别说："象声词包括两类：一类相当于俄语的междуметие⑤，如'啊''唉''哟'之类；另外一类是描绘声音的，如'叮当''哗啦'之类。"第一类就是叹词，第二类就是拟声词。

第二，助词和语气词只有一类。或者只有语气词（《华语教材》《语法修辞讲话》），或者只有助词（《语法讲话》、《汉语语法常识》、"暂拟汉语教学语法系统"）。

第三，当代汉语语法学一般分出的词类在这五个语法系统中，有的已分出，或作为附类、特殊类分出，有的则未分出。

《语法讲话》把时间词、地位词、定位词作为名词的特殊类，对应于《语法讲义》（朱德熙 1982）分出的独立词类时间词、处所词、方位词。《华语教材》则把时间词、位置词⑥（方位词和处所词）作为名词的特殊类。"暂拟汉语教学语法系统"把方位词作为名词的附类。

第四，有的语法书分出的一些词类在当代汉语语法系统中一般不独立。如《语法讲话》分出指示词，相当于代词中的指示代词。《汉语语法常识》的系词当代一般归入动词。

可以看到，《华语教材》的词类系统与《语法修辞讲话》和《语法讲话》的词类系统更为接近，应该是受到这两部语法书的影响。

2.2 《华语教材》的句法结构

《华语教材》分出五种基本句法结构：联合结构、主从结构、动宾结构、动补结构、主谓结构，以及两种特殊结构：连动结构、兼语结构。举例如下：

一、联合结构：组成成分是平等的。例如：

　　中国和保加利亚　飞机、大炮和坦克　紧张而严肃

二、主从结构（偏正结构）：前面一部分是附加语，后面一部分是被附加语。例如：

　　我的书　中国人民　努力地学习　慢慢地走

主从结构中有一类特殊结构——位置短语，即方位结构。如：

　　屋子里　桌子上头

三、动宾结构：一个动词加上它的宾语。例如：

　　克服困难　保卫和平　庆祝国际劳动节

包括带时间宾语、数量宾语的动宾结构。如：

  这枝笔用了五年了 摁它一下

四、动补结构：动词（包括形容词）和它的补语。例如：

  结果补语：染红 长大 听懂 写完
  趋向补语：飞来 拿去 上来 进去 飞进来 拿出去
  可能补语：写得完 看得见 打不开
  程度补语[⑦]：写得好 说得不清楚 今天冷得很 急得不得了

五、主谓结构：主语加上谓语。上面说的四种结构都不是完整的句子，只是一群词的组合（短语），主谓结构和它们不同，当它独立的时候，就是一个句子。它也常常包含在另一个句子里，担任主语、宾语、谓语等职务。例如：

  你不去也好。（主谓结构"你不去"做主语）
  我希望他今天来。（主谓结构"他今天来"做宾语）
  我头疼。（主谓结构"头疼"做谓语）

除了上述五种基本句法结构，《华语教材》还有两种特殊结构：连动结构和兼语结构。

  连动结构：去打电话叫车 开着窗户睡觉 越急越没有办法 向人民学习
  兼语结构：叫你明天去 选他当主席

2.3 《华语教材》的句类

《华语教材》把句子分为三类：描写句、叙述句和判断句。

描写句是用形容词做谓语的句子，也叫作形容词谓语句。例如：

  这本书很新。 他的衣服很干净。 志愿军真勇敢。

叙述句是用动词做谓语的句子，也叫作动词谓语句。一般的叙述句也是主语在前，谓语在后。例如：

  我不去。 王同志病了。 我认得他。

《华语教材》对判断句的解释是："'是'字是一个特殊的动词，用'是'字做谓语的句子是一种特殊的动词谓语句，我们管它叫判断句。"例如：

  我是北京人。 今天是星期三。

判断句也包括不用"是"字的。例如：

  我北京人。 今天星期三。

《华语教材》对三类句子作了比较:"从结构上看,描写句用形容词做谓语,叙述句用动词做谓语,判断句用动词'是'做谓语,也有时直接用名词做谓语。""从意义上看,叙述句表示的是一种变化,描写句和判断句表示的是一种性质或状态;叙述句是'动'的,描写句和判断句是'静'的。"

由此可以看出,《华语教材》的描写句、叙述句、判断句三个句类的区分,应该是来自王力《中国现代语法》(1943)的句类区分。

《华语教材》不少地方用这三个句类的概念来说明语法现象,其中主要谈到三类句子的转化。首先是描写句和判断句的转化。如:

甲	乙
这本书新。	这本书是新的。
志愿军勇敢。	志愿军是勇敢的。

《华语教材》说:"甲组是描写句,用形容词做谓语,说的是性质。甲组加上'是……的'就变成了乙组,是判断句,用动词'是'做谓语,说的是类别。'这本书是新的'意思是说:这本书属于新的一类。因此乙组各句的语气比甲组重。"《华语教材》的这段论述,准确地说明了形容词谓语句和"是+形容词+的"在表达功能上的差异:形容词谓语句是表达有某种性质,"是+形容词+的"是对类别归属的表达。

关于叙述句和判断句的转化,《华语教材》说"叙述句加上'是……的'也能转为判断句"。如:

甲	乙
他不去。	他是不去的。
我不喝酒。	我是不喝酒的。

《华语教材》说:"加了'是……的',表示可以分类('他'属于不去的那一类,'我'属于不喝酒的那一类),因此乙组的语气比甲组重。"

描写句、判断句也可转化为叙述句。《华语教材》说:"叙述句表示变化,是动态句。描写句和判断句表示的是状态,是静态句。但是变化和状态的区别不是绝对的。动作持续下去就是状态,而状态的发生、发展或消失也就是变化。语气词'了'的作用就是表示变化。因此描写句或判断句在句尾加上'了'字,就含有变化的意义。"如:

天很黑。	天黑了。
这件衣服小。	这件衣服小了。(穿不下了。)
他是大学生。	他是大学生了。(以前不是。)
今天星期三。	今天星期三了。(真快!)

《华语教材》虽然没有明确说描写句和判断句在句尾加上"了"就转化为叙述句,但从"叙述句表示变化,是动态句。描写句和判断句表示的是状态,是静态句"和"描写句或判断句在句尾加上'了'字,就含有变化的意义"的论述可以推出描写句和判断句在句尾加上"了"就转化为叙述句。

《华语教材》谈到的句类差异还有一些。如方式附加语(状语)和程度补语(相当于"状态补语")的差别。《华语教材》说:"'你快走'着重的是动词'走',是叙述性的句子;'你走得快'着重'快',是描写性的句子。前者是叙述性的句子,所以可以形成命令句,后者是描写性的句子,所以不能形成命令句。"

又如受事主语句具有描写句的性质。《华语教材》说:"这种句子的谓语所陈述的不是动作,而是一种情况或性质。'信写好了'是说'信已经在一种写好了的情况之下','这酒可以喝'是说'这酒有一种可喝的性质'。由此看来,这种句子具有描写句的性质,'信写好了''糖吃完了'跟'这封信很长''糖是甜的'有相像之处。"

尽管当代汉语语法研究很少再采取描写句、判断句、叙述句的句类区分,但《华语教材》谈到的这些语法现象,符合母语者的语感,对这些语法现象的解释也相当有道理,值得我们重视。比如"你快走"是叙述句,可用作祈使句,而"你走得快"是描写句,因而不能用作祈使句。由于描写句的谓语核心是形容词,这其实就是说"你走得快"中形容词"快"才是谓语核心,而不是通常认为的"走"是谓语核心。受事主语句"信写好了""这酒可以喝"与"这封信很长""糖是甜的"一样属于描写句,也符合母语者语感,揭示了汉语受事主语句的特殊性质。这些观点极具启发性,值得今天的语法研究者深思。

《华语教材》提出不同句类的转化,也许与朱德熙(1962)在汉语语法分析中首倡的变换分析法有一定的联系。

三 《华语教材》语法与朱德熙后期观点比较

3.1 《华语教材》与《语法讲义》章节比较

《华语教材》讲授的语法点有很多在《语法讲义》(朱德熙 1982)中出现。《华语教材》第 6 至 41 课共 113 小节,其中 91 小节的内容出现在《语法讲义》中,占 113 小节的 80.5%。下面是《华语教材》和《语法讲义》部分小节的对比。

表 1 《华语教材》与《语法讲义》部分小节对比

华语教材	语法讲义
22.1 结果补语	9.3 结果补语

续表

华语教材	语法讲义
22.2 "谁"和"什么"的特殊用法 22.3 "哪 哪儿 怎么"的特殊用法	6.16 疑问代词的非疑问用法
23.2 "就"	
25.1 可能补语	9.6 可能补语
25.2 语气词"啊" 37.2 "呢"和"罢了"	16.4 啊 呕 欤 嚟 呢₃ 罢了
26.1 序数	4.6 基数和序数
26.2 约数	4.11 概数词
26.3 数量的询问	
26.4 分数 百分数 倍数	
27.1 程度补语	9.8 状态补语 9.9 程度补语
27.2 "了不得"和"不得了"	
28.1 "比" 28.2 "比"字句的结构	13.8 比
29.1 趋向补语的引申意义	9.10 补语的引申意义
29.3 "地"	14.2 副词后缀"的"
31.1 主谓结构做谓语的句子	7.9 主谓结构作谓语

反过来看,《语法讲义》共 175 小节,其中 106 小节的内容在《华语教材》中出现,占 175 小节的 60.6%。

表 2 《语法讲义》与《华语教材》部分小节内容对比

语法讲义	华语教材
7.1 主语和谓语	
7.2 时间主语和处所主语	
7.3 受事主语、与事主语和工具主语	32.1 被动意义句
7.4 谓词性主语	41.2 句子的成分
7.5 谓语的类型	7.2 叙述句
7.6 体词性谓语	8.1 判断句
7.7 形容词谓语	7.1 描写句

续表

语法讲义	华语教材
7.8 由动词"是"组成的谓语	36.3 "是"的特殊用法
7.9 主谓结构作谓语	31.1 主谓结构做谓语的句子 31.2 受事在动词之前 31.3 受事在主语之前
7.10 由"的"字结构组成的判断句	13.2 语气词"的"
8.1 述语和宾语	
8.2 主宾语和施受关系	
8.3 粘合式述宾结构和组合式述宾结构	
8.4 处所宾语和时间宾语	17.1 "在" 15.1 时间词
8.6 准宾语	30.2 动作的数量
8.5 存现宾语	31.4 施事做宾语的句子
8.7 双宾语	8.4 两个宾语的句子

两者重合的小节,多数观点一致,只是表述不同,详略不同,《语法讲义》更详细、更系统;少数观点有异。由此可见,《华语教材》与朱德熙先生后来的汉语语法研究有密切联系。

3.2 《华语教材》与《语法讲义》观点相同

《华语教材》与《语法讲义》内容重合的小节有的观点基本相同。下面略举几例。

3.2.1 动词后时量、动量成分的性质

汉语语法学界普遍把动词后的时量、动量成分归为补语,叫作数量补语,而《语法讲义》则归为宾语,叫作准宾语(朱德熙1982,56、116)。这种处理在《华语教材》中已出现。15.1"时间词"中说:

> 表示时点的词语通常放在动词前边,表示时段的通常放在动词后头。比较:
> 我们下午开会。　　我明天上斯大林城去。　　大会七点半开始。
> 咱们休息一会儿。　　每天上课六小时。
> 前三句的时间词表示的是时点,放在动词前面,是附加语。后两句的时间词表示的是时段,放在动词后面,是一种特殊的宾语,我们管它叫时间宾语。

在30.2"动作的数量"中说:

> 数词和名词的量词结合起来放在名词之前,是名词的附加语,数词和动词的量

词放在动词之后是动词的宾语。

如果动词还有别的宾语,它的位置要看它是代词还是名词。代词宾语一定在数量宾语之前,名词宾语往往在数量宾语之后⑧。比较:

  摁一下铃 摁它一下
  念一天书 念它一天

《华语教材》把时量宾语叫作"时间宾语",把动量宾语叫作"数量宾语",但有时"数量宾语"又包括了时量宾语,显示当时朱德熙先生在处理上的不一致。《语法讲义》5.1.3在这个问题上则十分明确地提出"表示时量、动量或程度的宾语"属于准宾语。(朱德熙1982,56)

3.2.2 "的""所""者"的功能

《语法讲义》说:"'者'字加在动词或形容词后头造成体词性成分,'所'字加在及物动词前头造成体词性成分。"(朱德熙1982,78)朱德熙(1983)则进一步用自指、转指等概念描写"的""所""者"的功能。而这些观点,在《华语教材》中已有显露。《华语教材》在12.1"形容词或动词转成名词结构"中说:

  形容词或动词跟"的"字结合起来可以形成一个名词结构,表示一种类名。例如:

  红的 = 红的东西

  新的 = 新的东西

  吃的 = 吃的东西 = 食物

  穿的 = 穿的东西 = 衣服

在38.1"几个重要的文言虚字"中说:

  动词之前加了"所"字,就变成名词性结构,表示受事者。例如:
  各尽所能,各取所需。(所能=擅长的技能,所需=需要的东西)
  所见所闻(听见的、看见的)
  敌人所反对的正是我们所努力争取的。(敌人所反对的=敌人反对的东西,我们所努力争取的=我们努力争取的东西)

"的"字放在动词或形容词之后就转成名词性的结构。"者"字也有同样的功用。古代"者"字可以指人,也可以指物,现代多半指人。例如:

  进攻者(进攻的人) 防守者(防守的人)

  强者(强的人) 弱者(弱的人)

  前者(前头的那个) 后者(后头的那个)

可以看到,《华语教材》对"的""所""者"的功能的分析与《语法讲义》基本相同,并明确指出"所+动词"是指受事者,"动词/形容词+者"可以指人或物,与朱德熙(1983)提出的"所"转指宾语,"者"转指主语,"的"可转指主语和宾语的观点已非常接近。

3.2.3 情态助动词的三分

《语法讲义》5.7把情态助动词分为三类:"'能、能够、可以、会'表示主观能力做得到做不到;'会、能、可能'表示客观可能性;'能、能够、得、可以'表示环境或情理上许可。"(朱德熙1982,62-63)这个情态动词三分的体系正好与Palmer(1979、1986)的动力情态(dynamic modality)、道义情态(deontic modality)、认识情态(epistemic modality)的情态词三分体系对应。而在《华语教材》中,已对情态动词作出相同的分类。

《华语教材》11.1"能 能够 会 可以"中说:

> "能""能够""会""可以"都是表示可能的助动词,叫做助动词,是因为它们经常跟动词连用。它们表示的意义可以分为三类:
>
> 第一,"能""能够""会""可以"表示力量做得到。例如:
>
> 他能(能够、可以)喝很多酒。
>
> 我会说中国话。
>
> 第二,"能""能够""可以"表示环境或情理上许可不许可。例如:
>
> 这里不能(不能够、不可以)抽烟。
>
> 他有病,今天不能来。
>
> 我们不能忘记这个教训。
>
> 第三,"会"表示客观可能性。例如:
>
> 今天会不会下雨?
>
> 他不会来了。

《华语教材》还特别提醒注意同一个情态动词的不同意义:

> 必须注意二三两类的区别。比较:
>
> { 他有病,今天不能来。(环境不许可。)
>   他不会来了。(无可能性。)
>
> { 我们不能忘记这个教训。(不应该忘记。)
>   我永远不会忘记这件事。(不可能忘记。)

《华语教材》虽然没有把情态动词的三类意义分别命名,但已作出了明确的分类。

此外,《华语教材》把"了$_1$"叫"词尾",《语法讲义》看作后缀;《华语教材》和《语法讲义》都把"了$_2$"归为语气词;《华语教材》和《语法讲义》都说"了$_1$"表示动作的完成;《华语教材》说"了₂"表示变化,叙述句加上"了"字表示一种新情况的发生,《语法讲义》说"了₂"表示新情况的出现。这些观点,从《华语教材》到《语法讲义》是一脉相承的。

3.3 《华语教材》的论述是朱德熙后期观点的源头

3.3.1 根据词的语法功能划分词类和词类与句法成分之间的对应关系

20世纪50年代初,国内语法学界展开了一场词类大讨论。高名凯先生主张汉语实词没有词类的区分,其主要论点是:词类是词的语法分类,划分词类根据的是语法意义、句法功能和形态三位一体的标准,其中又以形态为主;汉语的实词没有形态,因而汉语实词没有词类分别。(高名凯 1955/1953、1955/1954、1957)。后期,高名凯先生的观点有所改变,承认划分词类不一定根据形态,也可以根据语法功能,词的语法功能与形态一样,是词类的外部标志。汉语中,之所以不能根据词的语法功能划分词类,是因为汉语的实词都是多功能的。"汉语的实词无论从哪一方面来看,都表现其具有多种的词类意义,因之,没有固定的词类特点……一词多类就等于没有词类。"(高名凯 1960)高名凯先生所说的词的语法功能,主要是词充任句子成分的能力,实词的"多功能"性,主要体现为实词往往可以充任多种句子成分。

针对高名凯先生的"汉语无词类论",朱德熙(1960)批评说,"根据形态可以给词分类,但这归根结底还是根据功能","根据形态划分词类只是一种方法,一种手段,这种方法和手段之所以成为可能的是因为它仍然建立在词的句法功能的基础上。形态不过是功能的标志而已";而根据句子成分定词类虽然从功能着眼,但"因为选择的标准太粗疏,方法太简陋,不但不能划分词类,反而得到了词无定类的结论","这种方法的根本的错误在于假定句子成分和词类之间有一一对当的关系",但"事实上词类跟句子成分之间的关系是错综复杂的"。

《语法讲义》说:"汉语不像印欧语那样有丰富的形态。因此给汉语的词分类不能根据形态,只能根据词的语法功能。一个词的语法功能指的是这个词在句法结构里所能占据的语法位置。"(朱德熙 1982,37)

在后期的研究中,朱德熙先生进一步强调"划分词类的根据只能是词的语法功能"(朱德熙 1985,11),并从"词类跟句子成分之间的关系是错综复杂的"这一观察,发展出汉语语法的两个基本特点之一"汉语词类跟句法成分之间不存在简单的一一对应关系"(朱德熙 1985,4)。

而根据语法功能划分词类和"汉语词类跟句法成分之间不存在简单的一一对应关系"的观点,在《华语教材》中已有体现。《华语教材》40.5中说:"在汉语里,区分词类的问题要比一般的印欧语复杂些。这有两个原因:第一,因为汉语的词大部分没有词类标记;第二,汉语的词的功能变动的范围比一般印欧语大,譬如'新'是形容词,但是它也可以修饰动词,'新买的书';'红'是形容词,但是它可以变成动词,如'红了脸'。因此有些外国的资产阶级学者说汉语没有词类。这种理论是错误的,事实上,我们在形态学的范畴里可以找到词类之间的界限。例如名词之后不能加词尾'了'或'着';副词(不、还、都、也、就……)决不能修饰名词;动词和形容词的重叠方式不同等等(看40.2)。"

从上面的论述可以看到,朱德熙先生说"汉语的词大部分没有词类标记",但可以根据能不能加"了""着"、能不能受"不""还""都""也""就"等副词修饰这样的语法功能来划分词类,没有使用"语法功能"这个术语,而是说"在形态学的范畴里可以找到词类之间的界限"。可以说,《华语教材》的这个说法,就是后来朱德熙先生"划分词类的根据只能是词的语法功能"观点的源头。而"汉语的词的功能变动的范围比一般印欧语大"的观察,实际上就是"汉语词类跟句法成分之间不存在简单的一一对应关系"这一汉语语法特点说法的源头。

3.3.2 性质形容词和状态形容词的区分

性质形容词和状态形容词的区分是朱德熙先生对汉语语法学的重大贡献。朱德熙(1956)发现,形容词的简单形式(单音节和双音节的形容词基本形式)和形容词的复杂形式(重叠式、带后加成分的形容词、"冰凉"一类形容词、"挺好"一类"程度副词+形容词"词组)在定语、状语、谓语和补语位置上都存在对立,形容词的简单形式在这些句法位置上受到更多的限制,而复杂形式则相对自由。这种对立基础是形容词的两种形式的概念类型不同,即性状范畴可区分为性质和状态两种概念类型。形容词的简单形式表达单纯的属性,形容词的复杂形式表达带有量的观念或说话人的主观估价的属性。在《语法讲义》中,则进一步明确把形容词的简单形式叫作性质形容词,把形容词的复杂形式叫作状态形容词①。(朱德熙 1982,73)

性质形容词和状态形容词的区分在《华语教材》中已初见端倪:

在汉语里,形容词修饰动词有很大的限制……如果我们要打破以上的那些限制,有两种办法。第一是在形容词之前加上程度副词(很、太、非常等)。例如:

很慢地走了出来。

第二种办法是重叠形容词。形容词重叠以后,应用的范围就扩大了。(36.1)

形容词的原来形式与重叠形式除了意义不同之外,在造句法中的作用也不同。

(看36.1)(40.2)

《华语教材》已经发现形容词做状语时受到很大限制,而打破这种限制的手段,一是加程度副词,二是重叠,这两种手段正是状态形容词的四种形式中的两种。朱德熙(1956)及《语法讲义》正是在《华语教材》的这一发现的基础上更进一步,提出性质形容词和状态形容词的区分。

3.3.3　粘合式和组合式的区分

区分粘合式结构和组合式结构是朱德熙先生的重大理论贡献。在《语法讲义》中,朱德熙先生把述宾结构、述补结构和偏正结构都区分为粘合式结构和组合式结构。(朱德熙 1982,148)粘合式结构和组合式结构的区分,主要依据结构的组成成分结合的紧密度,与组成成分的有指/无指、是否带标记(如"的、地、得、了、着、过"等)等因素有关。粘合式和组合式的区分,为分析汉语语法问题提供了极佳的视角,可以描写很多语法现象。

《语法讲义》把体词性偏正结构分为粘合式和组合式两大类。粘合式偏正结构指名词、区别词和性质形容词直接(即不带'的'字)作定语的格式。组合式偏正结构包括:(1)定语带'的'的偏正结构,(2)由数量词(或指示代词加量词)作定语的偏正结构,(3)表示领属关系的偏正结构"(朱德熙 1982,148)。粘合式定语后面不能出现组合式定语,组合式定语后面既可出现粘合式定语,也可出现组合式定语。

粘合式偏正结构和组合式偏正结构的差异,在《华语教材》已有反映。《华语教材》29.2"的"中说:

> 如果附加语是形容词,一般都加"的"。例如:
>
> 伟大的国家,伟大的人民。
>
> 晴朗的天气
>
> 常用的形容词,特别是单音的,常常不加"的",例如"新房子""大公园""漂亮衣服""老实人"等等。可是如果形容词本身也有附加语,就一定要用"的"字。例如:"不很新的房子""很大的公园""非常漂亮的衣服"。如果附加语和被附加语之间让别的附加语隔开,也必须用"的"字。例如:
>
> 这是一座新的、钢骨水泥的、四层楼的房子。

上面先谈到常用形容词做定语(附加语)常常不加"的",如"新房子",但如果定语本身还有修饰语,一定要加"的",如"不很新的房子";如果定语后面还有其他定语时,必须加"的",如"一座新的、钢骨水泥的、四层楼的房子",形容词"新"后面还有定语"钢骨水泥的""四层楼的",后面两个定语都是带"的"的定语,按照《语法讲义》的分类,就属于组合式定语。如果"新"不带"的",属于粘合式定语,其后不能出现组合式定语,因此"新钢骨水泥的房子""新四层楼的房子"不能说。而组合式定语后面可以出现组合式定语,因此"新的钢骨水泥的房子""新的四层楼的房子"是可以说的。所以《华语教材》讨论的这些语法现象,反映了粘合式和组合式偏正结构的差异。

此外,《华语教材》说带结果补语的述补结构在语法功能上相当于一个复合词,而带

"得"的述补结构是词组,实际上也是看到了粘合式述补结构和组合式述补结构的差异。

《华语教材》虽然还没有提出粘合式和组合式的概念,但教材所讨论的一些现象,其实与粘合式和组合式的差异有关。可以说,朱德熙先生在《华语教材》中已注意到粘合式和组合式的相关语法现象。

3.3.4 受事主语句和"把"字句的关系

《语法讲义》13.7.3 把受事主语句与"把"字句联系起来(朱德熙 1982,187-188):

> 过去有的语法著作认为"把"字的作用在于把动词后头的宾语提前,因此"把"字句可以看成是"主—动—宾"句的变式。
> 这种说法是有困难的,因为大量的"把"字句是不能还原成"主—动—宾"句式的,例如:
> 把大门贴上封条
> 其实跟"把"字句关系最密切的不是"主—动—宾"句式,而是受事主语句。……绝大部分"把"字句去掉"把"字以后剩下的部分仍旧站得住,而这剩下的部分正是受事主语句。("把犯人跑了""把老伴儿死了"一类句子去掉"把"字以后剩下来的是施事主语句。)

《华语教材》32.2"'把'和'被'"中说:

> 上面(32.1)所讨论的那些句子(指受事主语句)里,施事都没有出现。如果我们要提出施事,可以用下面几种方式:
> 一、直接把施事放在主语之后,动词之前。例如:
> 书我已经寄出去了。
> 二、用动词"把"字引出施事。例如:
> 工人们把房子盖好了。
> 他把我的衣服弄脏了。

《华语教材》用"把"字句来给受事主语句引出施事,与《语法讲义》13.7.3 中的"跟'把'字句关系最密切的不是'主—动—宾'句式,而是受事主语句"(朱德熙 1982,188)是相通的。

3.3.5 变换分析法

变换分析法是朱德熙先生提出的重要语法分析方法。这一方法在朱德熙(1962,1978a、b,1979)正式提出并加以运用,但其实在《华语教材》中已开始运用变换分析的方法。

在2.3中,我们谈到《华语教材》讨论的描写句、判断句、叙述句三类句子之间的转化,其实就是一种变换分析。除此之外,其他一些语法现象的讨论,也运用了变换分析。

《华语教材》23.1"几个重要的结果补语"中说:

> "在"可以做"坐""站""躺""住"等动词的补语。例如:
> 他坐在椅子上。(他在椅子上坐着。)
> 他躺在草地上。(他在草地上躺着。)
> 他住在斯大林大街。(他在斯大林大街住。)
> 注意,这种说法只限于"坐""站""躺""住"等几个动词。譬如"小鸟在树上叫",就不能说"小鸟叫在树上"。

《华语教材》在对"坐在椅子上"作意义解释时,用了"在椅子上坐着",而"小鸟在树上叫"就不能说"小鸟叫在树上",与朱德熙(1978b)讨论"在黑板上写字"与"字写在黑板上"的变换关系其实就是同一种现象。

《华语教材》32.2中谈到受事主语句与"把"字句的关系,也谈到了"被"字句与"把"字句的转换:

> 从结构上看,"被"字句和"把"字句是两种完全不同的句子,可是从意义上看,二者是很相近的。"被"字句往往能转成"把"字句。例如:
> 杯子被他打破了。　　　　他把杯子打破了。

这种分析也是一种变换分析的思路。

3.4 《华语教材》与朱德熙后期观点相异

《华语教材》也有一些观点与朱德熙后期观点不同。

3.4.1 述补式是词还是词组

《华语教材》40.4"复合词"中,把"打破、弄脏、看见、放大、走进、拿出、打倒、走进来、唱起来、拿上去"这样的动补式看作复合词,但"如果动词跟补语之间有词尾'得',我们就不认为它们是一个词,例如'写得好''急得哭了'之类"。

《语法讲义》则根据扩展性区分述补结构和述补式复合词。《语法讲义》9.3.2说(朱德熙1982,126):

> 带结果补语的述补结构在语法功能上相当于一个动词,后头可以带动词后缀"了"或"过",例如:学会了开车 | 打破了一个 | 看见过鲨鱼 | 从来没喝醉过。从这一点看,这一类述补结构跟述补式复合词(2.6.1)没有什么不同。区别在于述补结构可以用"得"或"不"扩展,例如"长大"可以扩展成"长得大～长不大","看见"可以

扩展成"看得见～看不见";述补式复合词不能扩展,例如"改良"不能扩展成"*改得良～*改不良","扩大"不能扩展成"*扩得大～*扩不大"。

《语法讲义》一方面继承了述补式相当于一个动词的说法,但又指出与真正的述补复合词有不同:述补结构可以扩展,而述补式复合词不能扩展。

3.4.2 程度补语和状态补语的区分

《华语教材》把补语分为趋向补语、结果补语、可能补语、程度补语,而《语法讲义》增加一类"状态补语"。

《语法讲义》的状态补语是《华语教材》程度补语中的一部分。《华语教材》27.1"程度补语"对程度补语的定义是"表示事物的性状或动作的性状的程度"。包括下面这些例子:

  a. 我走得快。 我热得出汗了。
  b. 玫瑰花香得很。 今天冷得很。

《语法讲义》把 a 类归入状态补语,b 类归入程度补语。

另外,《华语教材》23.1 说:"'死'字做补语,有时是实义,如'打死''杀死'等等。有时只是强调程度之高。例如:我急死了。累死我了。"而《语法讲义》把表程度的补语"死"归入程度补语。

3.5 《华语教材》论述更详细的几个问题

《华语教材》对有些语法点的论述很有深度,而朱德熙先生后期论著讨论简单或没有涉及。

3.5.1 "了"和"呢"的对应关系

《华语教材》21.2"完成貌的否定方式和疑问方式"中说明完成貌的否定方式时说:

动词之后加上词尾"了"表示一件事已经完成,动词之前加上"没有"表示一件事没有完成或根本没有发生。例如:

  甲   乙
  我照了一张相。 我没有照相。
  他买了很多书。 他没有买书。

甲组是肯定句,乙组是否定句。肯定句之后可以加语气词"了",否定句之后不能加语气词"了",只能加语气词"呢"。例如:

  我照了一张相了。 我没有照相呢。
  他买了很多书了。 他没有买书呢。

> 否定句里"呢"字的作用相当于肯定句里"了"字的作用。"我没有照相"单纯表示动作未完成,"我没有照相呢"是说"我一直到现在还没有照相",其间的区别正和甲乙两组句子的区别一样。
>
> ……………
>
> 一般的说,语气词"了"和"呢"的区别在于:"了"表示变化,是动态的;"呢"表示情况,是静态的。一件事完成了,就是起了变化,所以完成貌的肯定方式只能用语气词"了",不能用"呢"。一件事如果没有发生,或者虽然发生了,正在持续,还没有完成,则无所谓变化,所以完成貌的否定方式不能用语气词"了",只能用"呢"。

《华语教材》把"了₂"与"呢"对应起来,前者用于肯定句,后者用于否定句。从时间参照角度看,就是"了₂"与"呢"都表示外部时间参照,具有完句的功能,"了₂"用于完成体的完句,"呢"用于持续体的完句(郭锐 2015)。《华语教材》说"'我没有照相呢'是说'我一直到现在还没有照相'",正说明"没有 VP 呢"表达了持续性意义,所以句尾要加"呢",不能加"了"。

《语法讲义》15.1.1 在这个问题上谈得很简单,只说"'去了'的否定形式是'没(有)去','开会了'的否定形式是'没(有)开会'"(朱德熙 1982,203)。

3.5.2 "已经"和"还"的对应关系

《华语教材》21.2 还把"已经"和"还"对应起来:

> 肯定句里的语气词"了"往往跟副词"已经"配合起来用,否定句里的语气词"呢"往往跟副词"还"配合起来用。例如:
>
> 我已经照了一张相了。   我还没有照相呢。
> 他已经买了很多书了。   他还没有买书呢。

《华语教材》说完成貌的肯定式句尾用"了",动词前可用副词"已经";相应地,否定式句尾用"呢",动词前用副词"还"。这种对应是非常准确的,因为带"已经"和带"还"时,句子都添加了"将然"预期性。即说"已经 VP 了""还没有 VP 呢"时,说话人有一个"VP 表示的事件将会发生"的预期。"还没有 VP 呢"的预期性比较明显,如"还没有下雨呢"一定有"今天将会下雨"的预期,否则不能加"还",因此这句话有"不久就会下雨"的言外之意。"已经 VP 了"的预期性不明显,主要是因为预期与事实是一致的,但如果观察更大的语境,就可以看到是否带"已经"的差异。比如,如果家里没有约人来,突然有人来,只能说"来人了""有人来了",不能说"已经来人了"或"已经有人来了";如果事先约了人来,就可以说"已经来人了"或"已经有人来了"。《华语教材》虽然没有说明"已经"和"还"的预期性,但把"已经"和"还"对应起来,其实是看到了"已经"和"还"在表达功能上的平行性。

而《语法讲义》没有讨论这个问题。

3.5.3 "了"的完句性

《华语教材》对"了"的完句性也有涉及。《华语教材》21.1"词尾'了'和语气词'了'"中说：

> 还有一点要注意，宾语之前如果带数词，不用语气词"了"仍是独立的句子（用了语气词"了"意思不同），如上面甲组各句（"我念了三本中国书"）。如果宾语之前没有数词，则句尾必须有语气词"了"。例如：
>
> 他们照了相了。　　　　　　我到了莫斯科了。
>
> 去掉句尾的"了"，句子就不能独立，后面非有别的话不可。例如：
>
> 咱们照了相，再开会。　　　我到了莫斯科，就写信给你。
>
> 宾语之前带数词的句子，词尾"了"不能省去（"我念了三本中国书""我念了三本中国书了"不能说成"我念三本中国书""我念三本中国书了"）；宾语之前不带数词的句子，词尾"了"往往可以省去（"他们照了相了""我到了莫斯科了"也可以说"他们照相了""我到莫斯科了"）。

《华语教材》的这段论述，揭示了"了"的时间参照和完句性。郭锐（2015）指出，"了$_1$"是内部时间参照，不能完句，因此"V了O"不能单独成句，句尾添加"了$_2$"能成句，是因为是外部时间参照，有完句功能。"V了O"后面添加其他谓词性成分能成句，是因为后续的谓词性成分提供了时间参照。《华语教材》的上述观察，已经揭示出"了$_1$"和"了$_2$"功能上的这种差异，而《语法讲义》完全没有相关讨论。

3.5.4 "着"和"呢"的完句性

《华语教材》也观察到"着"没有完句的功能，而"呢"有完句功能。《华语教材》24.1"词尾'着'"中说：

> 我们正在照相。　　　　　　我们正在照着相。
>
> 我们照着相。　　　　　　　我们照着相呢。
>
> 我们照相呢。　　　　　　　我们正在照相呢。
>
> 上面的例子里，句尾带"呢"的都是独立的句子；不带"呢"的往往不是独立的句子（但"我们正在照相"可以独立），后面总有别的话。例如：
>
> 我们正照着相，忽然下雨了。

郭锐（2015）认为，表进行的"着"是内部时间参照，不能完句，带"着"的VP要站得住需要在句尾添加表示外部时间参照的"呢"，或者添加后续的谓词性成分以提供时间参照。《华语教材》的这段论述,揭示了"着"没有完句性,而"呢"有完句性,而《语法讲义》完全没有讨论。

3.5.5 "把"字句的结构和语义

《华语教材》对"把"字句的分析也很有深度。《华语教材》32.2 说:

> 我们要注意:第一,"把"的宾语必须是有定的("房子"不是随便哪一所房子,而是特定的一所房子;"我的衣服"不是我的随便哪件衣服,而是我的某一件衣服)。第二,主要动词(盖,弄)之后必须有别的成分,光说"工人们把房子盖""他把我的衣服弄"都不成话。
>
> "把"字句里各种成分的位置如下:
>
> 主语(施事)—把—宾语(受事)—主要动词—其它成分
>
> "把"字本身没有意义,这种句子的主要意义都集中在主要动词和它后面的成分上。主要动词表示施事对于受事所采取的行动,主要动词后面的成分表示经过这种行动以后受事的情况。
>
> 从结构上看,"被"字句和"把"字句是两种完全不同的句子,可是从意义上看,二者是很相近的。"被"字句往往能转成"把"字句。

可以从《华语教材》的这段论述提取出关于"把"字句的四个要点:

1. "把"的宾语必须是有定的。

2. 主要动词后必须有别的成分,"把"字句的结构是:主语(施事)—把—宾语(受事)—主要动词—其它成分。

3. 主要动词表示对受事采取的行动,后面的成分表示受事经过这种行动后的情况。

4. "被"字句往往能转成"把"字句。

除了极少例外,"把"的宾语是有定的,这一点目前已被普遍接受。第二点,《华语教材》概括出"把"字句的格式,与郭锐(2003)、叶向阳(2004)概括出的"主语(致使者)—把—宾语(被致使者)—V_1—V_2"格式基本相同。第三点,主要动词表示对受事采取的行动,后面的成分表示受事经过这个行动后的情况,与郭锐(2003)、叶向阳(2004)把"把"字句看作致使结构,认为主要动词(V_1)表示致使事件,后面的成分(V_2)表示被使事件的结论是相似的。第四点,"被"字句大多可以变换为"把"字句,也是目前普遍接受的观点。由此可见七十年前写作的《华语教材》的超凡见解。

但《语法讲义》对"把"字句的论述较为简单。《语法讲义》13.7.2、13.7.3 说(朱德熙1982,186—188):

> "把"字的宾语最常见的是后边动词的受事,例如:

把门锁上

……(有的)可以看成是整个动词结构(述补结构或述宾结构)的受事：

把铅笔写秃了

把苹果去了皮儿

……"把"字的宾语指施事的例子也有，例如：

别把犯人跑了

去年又把老伴儿死了

…………

过去有的语法著作认为"把"字的作用在于把动词后头的宾语提前，因此"把"字句可以看成是"主—动—宾"句的变式。

…………

这种说法是有困难的，因为大量的"把"字句是不能还原成"主—动—宾"句式的，例如：

把大门贴上封条

《语法讲义》对"把"字句的讨论完全没有涉及上面提到的四点，其中的原因值得探究。

四　结语

《华语教材》虽是一本对外汉语教材，但由于以语法点为纲编写，语法是其最重要的部分。

由于《华语教材》是朱德熙先生早期的作品，朱先生之前主要从事古文字、语文教育、语言规范化方面的研究，研究语法本体时间还不长，特别是身处国外，虽然可以托人从国内带材料，但在材料搜集上还是存在不少困难，因此《华语教材》对汉语语法的论述还有一些不成熟的地方。但《华语教材》所体现的语法学思想和语法研究方法，是以《语法讲义》《语法答问》和《现代汉语形容词研究》《说"的"》《"的"字结构和判断句》《"在黑板上写字"及相关句式》《与动词"给"相关的句法问题》《自指和转指》等为代表的朱德熙语法学思想的源头。因此在汉语语法学史中具有重要的价值。

《华语教材》与《语法讲义》以及其他后期论著有不少相同、相似的观点，《华语教材》的不少论述发展为朱德熙语法学的重要观点。

《华语教材》与后期朱德熙语法研究也有不同，《华语教材》的语法更注重表达功能，对虚词的分析更细致。《语法讲义》等后期研究更注重语法结构分析，受结构主义的影响更深。《华语教材》对表达功能的重视一方面由其作为对外汉语教材的性质决定，另一方面也与朱德熙先生早年的语文教育、语言规范化工作经历有关。从《华语教材》与朱德熙先生后期论著的比较，可以更全面地了解朱德熙先生语法学思想的发展：从以表达功能为中心到以结构为中心。这个转变也是中国语言学从 20 世纪 50 年代开始受到结构主义思潮影响的反映。

《华语教材》的语法学也受到其他一些语法著作，如王力《中国现代语法》、中国科学院语言研究所语法小组《语法讲话》的影响。特别是《语法讲话》对《华语教材》的影响值得关注。比如把动词后的时量、动量成分看作宾语，疑问句分为特指问句、是非问句、选择问句和反复问句，补语的分类，量词的分类，这些内容，《华语教材》与《语法讲话》都有较大的相似度。朱德熙先生 1952 年底赴保加利亚教汉语、编教材，到 1953 年底编写完成，正值《语法讲话》在《中国语文》连载，朱德熙先生应该吸收、借鉴了《语法讲话》的观点。限于篇幅，这个问题另文讨论。

注 释

① 张荪芬(1918—2010)出生于北京的一个知识分子家庭。祖父张相文是地理学家，曾任教于北京大学；父亲张星烺是历史学家，也曾任教于北京大学。1940 年，刚从燕京大学生物系护理专业毕业的张荪芬只身远赴贵州贵阳图云关，加入中国红十字会救护总队。1942 年与受"国际医药援华会"派遣援华抗日的保加利亚医生甘扬道(Ianto Kaneti)结为伉俪。1945 年抗战胜利后，随丈夫来到保加利亚，在索非亚一家医院工作。1952 年受索非亚大学聘请，协助朱德熙先生编写教材和授课。后一直在索非亚大学任教，编写出版适合不同年级的《华语教材》以及《保汉常用词汇》《保汉分类词典》等。2004 年被授予保加利亚教育战线最高荣誉奖——蓝带勋章。
② 保加利亚语版本有人译作《汉语教科书》，但根据中文手稿还是应译作《华语教材》。
③ 本文所据《华语教材》手稿为复印件，由北京语言大学教授施光亨先生生前复印。感谢北京大学对外汉语教育学院施正宇教授惠赠此复印件。
④ 引言中有一小节"汉字"，简单介绍汉字概况。
⑤ 手稿原作 междометие，为"叹词"的俄语写法，此处据《华语教材》保加利亚语版本改。
⑥ 《华语教材》原稿写作"定位词"，后划掉改为"位置词"，其成员包括方位词（"上、下、里、外"等）、方位结构（"村子里"等）和处所词（"中国"等）。
⑦ 《华语教材》的程度补语后来区分为状态补语（"说得不清楚"）和程度补语（"急得不得了"）。
⑧ 《华语教材》观察到的代词和名词与动量、时量成分的相对位置关系，反映了已知信息（代词）和未知信息（名词）的语序差异，与 Dik(1978)的语言成分偏好语序、Hawkins(1983)的重成分后置原则、Tomlin(1986)的主位居首原则、陆丙甫(2005)的可别度领前原则所解释的现象是一致的。
⑨ 北京大学中文系现代汉语教研室(1993)则进一步把形容词和状态词分为两个独立词类。

参考文献

北京大学中文系现代汉语教研室(1993)《现代汉语》,商务印书馆。
董淑慧(2005)《保加利亚汉语教学五十年》,索非亚玉石出版公司。
董淑慧(2006)朱德熙、张荪芬编著《汉语教科书》评介,《世界汉语教学》第 4 期。
董淑慧(2014a)朱德熙在对外汉语教学史上的贡献述略,《国际汉语教育史研究》(张西平、柳若梅编),363—374 页,商务印书馆。
董淑慧(2014b)汉语教材编写的本土化特征——基于《汉语教科书(1954)》与通用性教材、"一本多版"的比较,《海外华文教育》第 1 期。
高名凯(1955/1953)关于汉语的词类分别,《汉语的词类问题》(中国语文杂志社编),43—52 页,中华书局。/《中国语文》第 10 期。
高名凯(1955/1954)再论汉语的词类分别,《汉语的词类问题》(中国语文杂志社编),86—99 页,中华书局。/《中国语文》第 8 期。
高名凯(1957)《汉语语法论(修订本)》,科学出版社。
高名凯(1960)关于汉语实词分类问题——在北京大学 1959 年五四科学讨论会上的发言,《语言学论丛》第四辑(北京大学中文系语言学论丛编辑部编),35—40 页,上海教育出版社。
郭　锐(2003)"把"字句的语义构造和论元结构,《语言学论丛》第二十八辑(北京大学汉语语言学研究中心《语言学论丛》编委会编),152—181 页,商务印书馆。
郭　锐(2015)汉语谓词性成分的时间参照及其句法后果,《世界汉语教学》第 4 期。
何孔敬(2007)《长相思——朱德熙其人》,中华书局。
鲁健骥(2007)一部值得研读的早期对外汉语教材——读朱德熙《华语教材》手稿,《国际汉语教学动态与研究》第一辑(北京外国语大学国际汉语教学信息中心编),69—78 页,外语教学与研究出版社。
陆丙甫(2005)语序优势的认知解释(上、下):论可别度对语序的普遍影响,《当代语言学》第 1、2 期。
吕叔湘、朱德熙(1951)《语法修辞讲话》(第一至五讲),开明书店。
人民教育出版社中学汉语编辑室(1956)《暂拟汉语教学语法系统》简述,《语法和语法教学——介绍"暂拟汉语教学语法系统"》(张志公主编),5—41 页,人民教育出版社。
沈庶英(2012)从朱德熙的《汉语教科书》看国别化汉语教材编写,《徐州师范大学学报(哲学社会科学版)》第 2 期。
王　力(1943)《中国现代语法》(上册),商务印书馆。
叶向阳(2004)"把"字句的致使性解释,《世界汉语教学》第 2 期。
张志公(1953)《汉语语法常识》,中国青年出版社。
中国科学院语言研究所语法小组(1952—1953)《语法讲话》(《中国语文》1952 年 7 月号—1953 年 11 月号),中国科学院语言研究所。
朱德熙(1956)现代汉语形容词研究,《语言研究》第 1 期。

朱德熙(1960)关于划分词类的根据——在北京大学1959年五四科学讨论会上的发言,《语言学论丛》第四辑(北京大学中文系语言学论丛编辑部编),40-44页,上海教育出版社。

朱德熙(1961)说"的",《中国语文》第12期。

朱德熙(1962)论句法结构,《中国语文》第8-9期。

朱德熙(1978a)"的"字结构和判断句(上、下),《中国语文》第1、2期。

朱德熙(1978b)"在黑板上写字"及相关句式,《语言教学与研究》第三集。

朱德熙(1979)与动词"给"相关的句法问题,《方言》第2期。

朱德熙(1982)《语法讲义》,商务印书馆。

朱德熙(1983)自指和转指——汉语名词化标记"的、者、所、之"的语法功能和语义功能,《方言》第1期。

朱德熙(1985)《语法答问》,商务印书馆。

Dik, S. C. (1978) *Functional Grammar*. Amsterdam: North-Holland Publishing Company.

Hawkins, J. A. (1983) *Word Order Universals*. New York: Academic Press.

Palmer, F. R. (1979) *Modality and the English Modals*. London & New York: Longman Inc.

Palmer, F. R. (1986) *Mood and Modality*. Cambridge: Cambridge University Press.

Tomlin, R. S. (1986) *Basic Word Order: Functional Principles*. London & Wolfeboro: Croom Helm.

Джу, Дъ-ши & Джан, Сун-фен(朱德熙、张荪芬)(1954)*Учебник по Китайски Език*. Държавно Издателство Наука И Изкуство.(《华语教材》,保加利亚科学艺术出版社)

作者简介

郭锐,北京大学中文系教授,博士生导师,研究方向为现代汉语语法、语义,汉语词类问题,动词时间性,致使结构,虚词语义分析,晚清民国时期北京话。Email: guoruipku@163.com。

孙浩浩,北京大学中文系在读博士,研究方向为现代汉语语法、汉语方言语法。Email: sakura15@126.com。

亟需整理出版的珍贵遗产*
——朱德熙《华语教材》手稿介析

戴军明

商务印书馆汉语编辑中心

提　要　20世纪50年代朱德熙在保加利亚编写的《华语教材》,蕴含了朱先生对汉语汉字的深刻认识、对汉语语法的独到见解、对汉语二语教学和教材编写的重要理念,是对外汉语教学史和现代汉语语法史上的珍贵文献。文章简要介绍了该教材的基本内容,梳理其语法系统,归纳其主要特点,分析其历史地位和史料价值,并对其中所体现的朱先生的学术思想作了初步探讨。文章在介绍手稿保存现状和梳理学界相关研究的基础上,呼吁尽快整理出版这一珍贵的学术遗产。

关键词　朱德熙　《华语教材》　对外汉语教学　汉语语法

一　引言

朱德熙先生(1920—1992)不仅是国内外知名的语言学家、杰出的教育家,而且是新中国第一位公派对外汉语教师,是当之无愧的对外汉语教学事业的先驱。1952年至1955年,朱先生受教育部派遣赴保加利亚任教,而朱先生作为北京大学语言学教师,他的海外汉语教学,特别是他开启的教学模式和编写的汉语教材,必定体现了他对汉语、汉字及汉语作为外语教学的原生态的认识,这本身就很值得研究。进一步说,在20世纪50年代初国内还没有普通话的概念,没有汉语拼音,对现代汉语(语音、词汇、语法)的研究还处于起步阶段,在没有对外汉语教学经验的情况下,中国著名高校的一位语言学家在海外所开展的拓荒性的汉语作为外语教学工作,可以说是绝无仅有的案例,其研究价值

---

* 本文在写作过程中得到中国人民大学李泉教授的悉心指导和修改,商务印书馆汉语编辑中心华莎编辑提出修改意见,谨此致谢。

无可替代。

遗憾的是,朱先生生前对他在海外近三年的汉语教学经历并没有留下文字记载,业界也未能采访和研究朱先生这段教学经历和先生的教学理念。好在朱先生为我们留下了一部正式出版的教材和一部教材手稿。这就是新中国对外汉语教学史上的第一部教材《汉语教科书》(*Учебник по Китайски Език*)。这部在保加利亚出版的教材有一个母稿——朱先生的手稿《华语教材》。手稿①原件没有封面和目录,首页即为"引言"部分,在该页天眉位置左侧写着"华语教材",右侧写着"二八四页",不确定是否为朱先生所写。据此,手稿共计当为 284 页。手稿中页码 22 分为 22a、22b,页码 23 分为 23a、23b;最后一页标为 283,但课文内容并未完成,后面应有缺页②。

迄今,我们看到施光亨(1993)和董淑慧(2014a)对朱德熙先生对对外汉语教学事业和学科建设的关心、支持和发表的重要意见及在对外汉语教学史上的贡献进行了梳理和研究;董淑慧(2006、2014b)和沈庶英(2012)对朱先生合编的《汉语教科书》进行了介绍并研究了其本土化特色;鲁健骥(2007)和郭锐(2020)对朱先生的《华语教材》手稿进行了相关的介绍和研究。本文拟在此基础上,从手稿《华语教材》在对外汉语教学史上的价值和在现代汉语语法史上的价值两个角度出发,介绍教材的主要内容,梳理教材中的汉语语法系统,归纳教材的特点,探讨教材的历史地位和现实价值,同时对手稿现存状况及学界相关研究现状作简要介绍,并呼吁应尽快整理出版朱先生的《华语教材》这部珍贵的学术遗产。

二 《华语教材》的基本内容及特点

2.1 基本内容

全书包括引言、语音、语法和标点四部分。

引言介绍了汉语的几大方言,指出北京话是汉语的标准语。讲解了汉字上下和左右两大结构分类及字体,并指出汉字总量有四万七千多,但只要学会了 1556 个字,读一般书籍的时候,95%的字都可以认识。介绍了字和词的关系,指出汉字与拼音文字在书写上的不同——词与词之间不留空。最后指出现代汉语书面语里还保存着一些文言词汇和成语。在进入具体的汉语语言项目的学习之前,对汉语作一番概括性的、针对性的介绍,这种做法是十分必要的,尤其是在汉语作为现代意义上的外语教学走向世界的初始阶段。不仅如此,所介绍的内容均系汉语的关键特征和汉语学习的关键问题:(1)汉语存在多种方言,但外国人要学习的是标准语北京话;(2)汉字是汉语学习的关键,但汉字主要只有两大结构类型,汉字数量众多,但需要学习的只有 1500 多字;(3)说明字和词的关系,恰是向学习者表明,汉字不仅是书写汉语的文字符号,也是汉语的构成语素,学汉字基本上就等于学习汉语的词语;(4)指出汉字与拼音文字书写上的不同,即不分词连写,正是汉语书面表达的一个重要特点,而指出现代汉语书面语中含有一些文言词语和成语,则正是说明现代汉语书面语的一个重要特点。可以说,引言字数不多,但所提及的内容却涉及汉语作为外语教学的根本特点与核心问题,口语(北京话)和书面语,汉字与汉语的关系,汉字的特点与字量需求,汉语书面语的特点(文白融合)及书写形式上与拼音文字的差异(不分词连写)。这些"少数关键知识"为汉语学习者和使用教材的教师指引了方向,奠定了心理基础,有助于外国学生克服对汉语汉字学习的畏难情绪,当然也体现了朱先生对汉语汉字及其作为外语教学特点的深刻认识。

　　语音(第1—5课)。这部分依次介绍了声调(4个)和单纯元音(7个)、辅音(22个)、二合元音(9个)和三合元音(5个)、轻声和变调、儿(化)等,最后明确本教材采用注音符号作为标音符号。语音部分每课的结构是"列出语音项目—逐项讲解—发音练习"。用五课课时系统学习汉语的语音,体现了朱先生对打好学习者语音基础的重视。而采用注音符号标注汉字和词语的读音,在当时是最先进的做法,也很好地弥补了汉字"见字不知音"的缺憾。图1、图2分别为《华语教材》中的辅音表和注音字母表(朱德熙先生手迹):

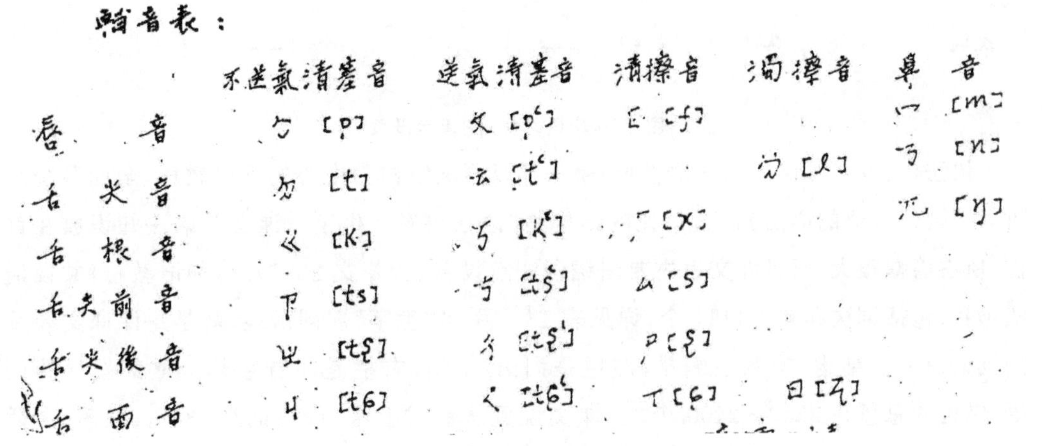

图1 《华语教材》辅音表

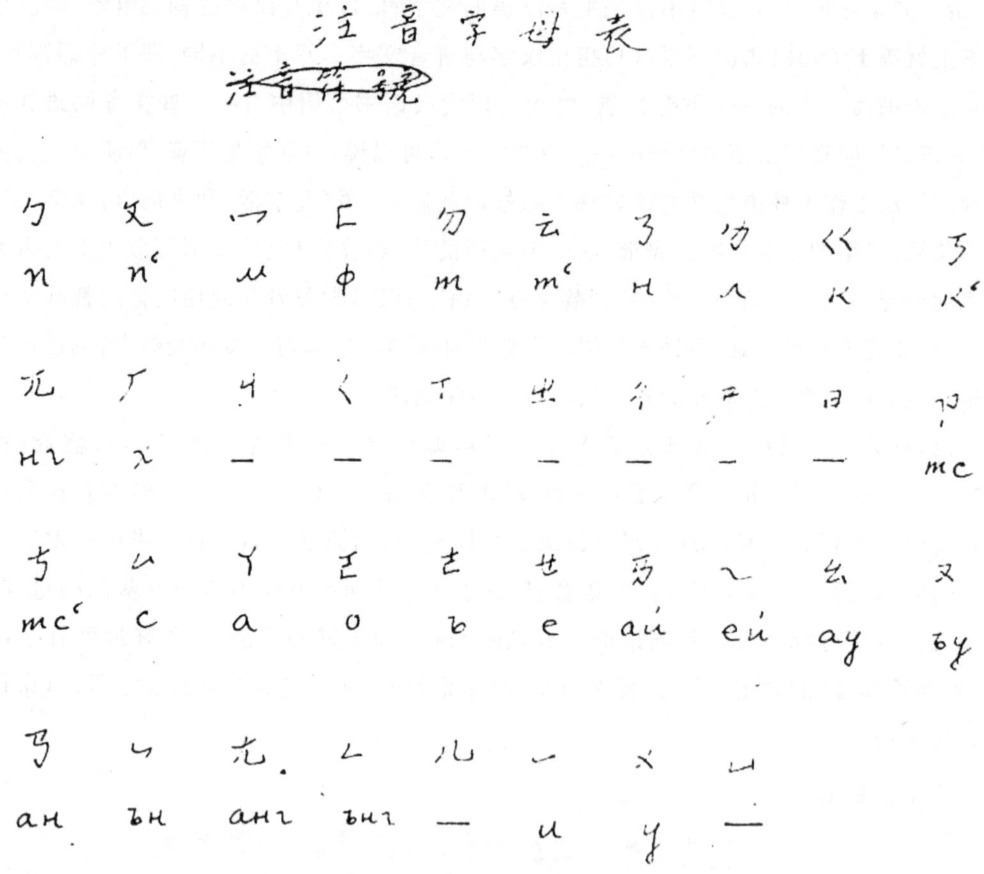

注音字母表
注音符號

[注音符号表手稿图]

图 2 《华语教材》注音字母表

语法(第 6—41 课)。《华语教材》是一部以语法结构为中心的汉语教材,全面系统地讲解了现代汉语的语法知识,每课的结构是"语法讲解—生字—课文",语法知识放在首位,所占篇幅很大,而且课文也主要围绕语法点设置(程相文 2001)。《华语教材》共设语法项目(包括词法和句法)111 个,详见表 1[③]。手稿"生字"即词语表,就是每课课文涉及的词语及一些结构,按双栏编排,左栏是词语/结构,右栏是注音字母。整部教材的词语/结构的总量在 2350—2400 个[④]。课文设置从形式上看,包括词组、短句、段落、会话(包括一问一答简单对话和多轮的复杂会话)、短文等,有的课由两种或三种形式组成。第 6 课是词组,第 7 课由词组过渡到短句,第 8 课由短句过渡到简单段落,第 9、10 课是一问一答简单对话和句子,从第 11 课开始出现稍长一点儿的会话和段落,从第 23 课开始出现短文和较长的会话。不难看出,教材中的语法项目也包括词法内容,同样体现了汉语特点。汉语没有形态标记和形态变化,词的构成原则和规律就显得十分重要。课文学习内容的呈现,体现了由易到难、循序渐进的编写原则。

课文既有与学生日常生活和学习生活密切相关的(如第 25 课会话《找钥匙》[⑤]),也有与保加利亚社会生活相关的(如第 35 课《保加利亚诗人瓦普察洛夫》),更有介绍中国国情和文化的(如第 34 课《刘胡兰》、第 36 课《论人民民主专政》节选)。从体裁上看,手稿的选文也很多样,涉及诗歌(如第 32 课《有的人——纪念鲁迅有感》)、散文(如第 30 课《我的伯父鲁迅先生》原文节选)、寓言(如第 28 课《龟兔赛跑》)、小说(如第 40、41 课《难忘的航行》)、剧本(如第 37 课《西门豹》)、政论(如第 39 课《纪念白求恩》节选)、新闻报道(如第 26 课《保加利亚减低物价》)等。作为一部零起点综合性汉语教材,朱先生在课文的编选方面可谓用心良苦,这样的编排对学生目的语语感的形成是很有帮助的。第 6—41 课并未设置练习,鲁健骥(2007)猜测"大概是要由张荪芬女士完成的"。据董淑慧(2006),保加利亚出版本《汉语教科书》也未设置练习,据张荪芬回忆,当时朱德熙先生用汉语授课,她负责翻译成保加利亚语,课外她给学生进行辅导和练习,这些练习题目比较零散,教材出版时没有编入。这不能不说是一个缺憾。但是,课文内容的选编,不仅涉及当地学生的生活,更涉及当地民众的社会生活,为面向海外的汉语教材编写开辟了课文内容取向的一个范式,而选文题材和体裁的多样化,也为汉语教材编写提供了一个值得借鉴的案例。

表 1 《华语教材》语法点

课	语法项目	课	语法项目
6	1. 名词的附加语 2. "的" 3. 量词 4. "和"与"跟"	10	1. 选择问句 2. 反复问句 3. "都"和"也"
7	1. 描写句 2. 叙述句 3. "没有" 4. "又" 5. 副词"就"	11	1. "能 能够 会 可以" 2. 简单动词谓语句表示愿望 3. "要"和"想" 4. "要是……就……"
8	1. 判断句 2. 三种句子的比较(描写句、叙述句、判断句) 3. "很多" 4. 两个宾语的句子	12	1. 形容词或动词转成名词结构 2. 描写句转为判断句 3. 叙述句转为判断句
9	1. 疑问语气词 2. 特指问句 3. 是非问句	13	1. 语气词"了" 2. 语气词"的" 3. "不要"和"别" 4. "这么 那么 这样 那样" 5. "怎么 怎样"

续表

课	语法项目	课	语法项目
14	1. 一百以下的数字 2. 一百以上的数字 3. "二"和"两"	23	1. 几个重要的结果补语：着 见 住 开 掉 成 过 给 在 到 给 好 死 2. "就"
15	1. 时间词 2. 钟点	24	1. 词尾"着" 2. 词尾"着"的特殊用法
16	1. 位置词 2. "这里 那里 哪里"	25	1. 可能补语 2. 语气词"啊"
17	1. "在" 2. "到"和"上" 3. "来"和"去" 4. "为什么 干什么 作什么 怎么"	26	1. 序数 2. 约数 3. 数量的询问 4. 分数 百分数 倍数
18	1. "要 就要 快要" 2. 助动词"得" 3. 人称代词	27	1. 程度补语 2. "了不得"和"不得了" 3. "一"字的引申意义
19	1. 补语 2. 趋向补语 3. 复合趋向补语 4. 趋向补语和宾语在句子里的位置	28	1. "比" 2. "比"字句的结构 3. "跟……一样" 4. "点"和"些"
20	1. 动词词尾"了" 2. "又"和"再"	29	1. 趋向补语的引申意义：上 下 下去 起来 出来 2. "的" 3. "地"
21	1. 词尾"了"和语气词"了" 2. 完成貌的否定方式和疑问方式 3. 语气词"吧"	30	1. 人物的数量 2. 动作的数量 3. 短时貌
22	1. 结果补语 2. "谁"和"什么"的特殊用法 3. "哪 哪儿 怎么"的特殊用法	31	1. 主谓结构做谓语的句子 2. 受事在动词之前 3. 受事在主语之前 4. 施事做宾语的句子

续表

课	语法项目	课	语法项目
32	1. 被动意义句 2. "把"和"被"	37	1. 语气词表示句中的停顿 2. "呢"和"罢了" 3. 反问 4. 象声词
33	1. 连动结构 2. "来"和"去"	38	几个重要的文言虚字：之 其 所 以 而 者 则
34	1. 兼语结构 2. "使 叫 让"	39	1. 复合句 2. 复合句的种类 3. 双重否定
35	1. "对"和"对于" 2. "给 替 为"	40	1. 字和词 2. 重叠 3. 附加成分 4. 复合词 5. 词类
36	1. 重叠式形容词的功用 2. 可能补语"得" 3. "是"的特殊用法	41	1. 短语的种类 2. 句子的成分 3. 同位语

从上表不难看出，《华语教材》的语法点，既呈现了汉语语法的基本特点，也体现了对外汉语教学语法的特点（如各类数量的表达，"几个重要的结果补语"，"要是……就……"等）。这一语法体系及内容，为后来的教材语法内容的编写和基础语法大纲的制订奠定了基础。

标点（第42课）。这部分讲了句号、逗号、顿号、分号、冒号、问号、叹号、引号、括号、破折号、省略号、专名号、书名号、着重号14种标点符号的书写形式和具体作用。"在对外汉语教材中介绍标点符号的，《华语教材》是仅有的一种。"（鲁健骥 2007）而这同样关照了汉语书面表达的特点。汉语没有形态标记，又不实行分词连写，这对习惯了分词连写的欧美学习者来说是个不小的困难，而汉语的标点符号不同于拼音文字的标点符号，具有重要的表意功能，是外国学习者应该熟练掌握的，以便于更好地阅读理解汉语文本。显然，花精力介绍汉语的标点符号，体现了朱先生的良苦用心和对学习者的关照。

2.2 语法体系

《华语教材》以语法结构为中心，将语法项目分散到各课来进行教学，但也作了一些总结和归纳,以便勾勒全书的语法体系,从而帮助读者对汉语语法形成完整的概念。我们参照鲁健骥(2007),对《华语教材》的语法体系作简单梳理。

2.2.1 字和词

《华语教材》中"字"分为三类:有意义,可单用("人、手、好、红、打、来");有意义,在现代汉语中不能单用,常跟别的字连在一起造成词("民、语、义、购");无意义,不能单用,永远跟别的字连在一起组成词("葡+萄、蝴+蝶、蹒+跚")。并指出第一类的字同时又是词,第二、三类的字不是词,它们只是词的材料。"这里朱先生实际上是提出了对外汉语教学中语素的问题。这是很超前的。"(鲁健骥2007)"讲西方语言的语法,词和句子是主要的单位,语素、短语、小句是次要的。""讲汉语的语法……语素和短语的重要性不亚于词,小句的重要性不亚于句子。"(吕叔湘1979,14—15)可见,重视语素的教学,就是抓住了汉语的一个重要特点。遗憾的是,后来的一些汉语教材未能继承朱先生这一汉语教学理念,对语素的教学重视不够、教学应用研究不够。

《华语教材》总结了名词、量词、动词、形容词、副词等的重叠,并指出重叠后表达的意义和功能。介绍汉语的词头和词尾,重点介绍了"儿、子、头、们、了、着、得"等7个词尾,分别说明了它们的作用。在缺乏形态变化的汉语中,词的重叠可以说是一种广义的形态变化,其变化形式与意义值得向汉语学习者介绍。《华语教材》指出复合词有两个音节、三个音节、四个音节甚至更多音节的;复合词构成成分可能都是词("火车、去年"),可能都不是词("语言、什么"),还可能有的是词、有的不是词("瞎子、今天");复合词的五种构词方式:主谓式("面善")、主从式("向日葵")、联合式("城市")、动宾式("致敬")、动补式("打破")。对复合词构成成分的精细说明,可能只有语言学家出身的汉语教师才能做到,而对复合词五种基本构成方式的呈现,则无疑是在教授汉语最核心的词法知识,实际上也是在教授汉语句法(短语)的基本构成方式,因为汉语的词法和句法基本是一致的。

2.2.2 词类

《华语教材》指出,汉语词类区分比印欧语复杂,汉语词没有词类标记,汉语词功能变动范围比一般印欧语大。教材把汉语的词分为11类:名词、量词、动词、副动词(即介词)、形容词、数词、代词、副词、连接词、语气词、象声词。提出五点注意:一是助动词归入普通动词;二是副动词不能做句子的主要动词,有的动词既是一般动词又是副动词;三是形容词主要修饰名词("大房子"),也可以修饰动词("大笑"),有些还能修饰形容词("真热");四是副词只能修饰动词或形容词,不能修饰名词;五是象声词包括两类,"啊、唉、哟"类和"叮当、哗啦"类。朱先生可谓一生关注和研究汉语的词类问题,并且得出汉语真正的特点之一,便是"汉语词类跟句法成分之间不存在简单的一一对应关系"(朱德熙1985,4)的经典结论。而《华语教材》中的词类分类和说明,可能是朱先生对汉语词类最早的认识。

2.2.3 短语

词与词结合就是短语。《华语教材》把短语分为五种:联合结构("紧张而严肃")、主从结构("努力地学习")、动宾结构("克服困难")、动补结构("打扫干净")、主谓结构("头疼")。并指出主谓结构独立使用就是句子,当用在另一个句子里时,就担任主语、宾语、谓语等职务。以上五种结构常常结合起来造成复杂的结构("紧张而严肃的空气")。其中,特别指出主谓结构的特点和功能,正是朱先生对汉语主谓结构的独到认识,也体现了汉语的一个重要特点。朱先生后来明确地概括为"汉语的主谓结构实际上也是一种词组,跟其它类型的词组地位完全平等。它可以独立成句,也可以做句法成分"(朱德熙 1985,8)。因为"主谓结构是西方语言和语法的主干","就英语语法而言,讲主谓结构是必需的","主谓结构在汉语里至少可以说不像印欧语那样占据中心地位、根本地位"。(沈家煊 2019,6、8、12—13)

2.2.4 句子成分

《华语教材》将句子分为主语、谓语、宾语、名词的附加语、动词的附加语、全句的附加语、动词的补语、形容词的补语。

2.2.5 复合句

《华语教材》指出复合句可以根据分句之间意念上的关系,分成联合、交替(即选择)、因果、目的、条件、转折(对立)、让步、时间八类。连接复合句内部分句最常用的是连词,有时也用副词,或是连词和副词一起用,也可以不用连接成分。

2.2.6 其他方面

关于句型,《华语教材》没有明确主谓句和非主谓句之分,但已经提及主谓句的下位分类:名词谓语句、动词谓语句(叙述句)、形容词谓语句(描写句)以及主谓谓语句。动词谓语句讲到了"把"字句、"被"字句、连动句(连动结构)、兼语句(兼语结构)等。关于疑问句,《华语教材》明确了特指问句、是非问句、选择问句、反复问句(即正反问句)四类。此外,《华语教材》中还讲到了双重否定、判断句、比较句、反问句、双宾语句子、宾语前置、"是……的"强调结构等。

2.3 主要特点

第一,作为开创性教材,语法体系完整,语法项目选择周全,阐释严谨规范,科学性强。从前文的分析来看,《华语教材》几乎囊括了汉语语法的基本内容,形成了一个较为详细的汉语语法系统。语法项目的选择也较为详尽,把从词法到句法的整个语法系统切分为111个语法点,顺应其内在联系,从易到难编排,同时尽量做到主次配合,重点突出,难点分散。在具体解释语法项目时凸显功能和用法，说明问题时为了便于理解，有时还采用图解的办法。如第 19 课用 4 幅图呈现"进、出、上、下"，用 2 幅图呈现"来、去"，用 8 幅图呈现"进来—进去、出来—出去、上来—上去、下来—下去"。第 20 课用 4 幅图分别说明"了"和印欧语"时"的概念不同、汉语中"开始、持续、完成"不同阶段的"态"、两件事都发生在过去和两件事都发生在将来的时态问题，见图 3：

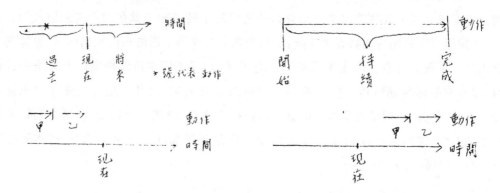

图 3 《华语教材》关于"时"和"态"的形象图示

语法讲解遵循二语教学的特点，必要时特别说明错误用法。如第 19 课讲"趋向补语和宾语在句子里的位置"时，指出像"屋子"这一类宾语的位置不自由，如：

走进屋子。　　　　不能说：走屋子进。

进屋子去。　　　　不能说：进去屋子。

走进屋子去。　　　不能说：走屋子进去。

　　　　　　　　　也不能说：走进去屋子。

第二，作为二语教材，注重汉外语言的对比，发挥保加利亚语对学习汉语的作用，实用性强。汉外语言对比，在《华语教材》中随处可见。教材语音部分，汉保语音对比贯穿始终，凡是有对应的音，都不再讲解发音部位和方法，只讲两种语言的不同，汉语有而保加利亚语没有的音才重点讲解。下图是朱先生手稿中一组单纯元音的讲解内容：

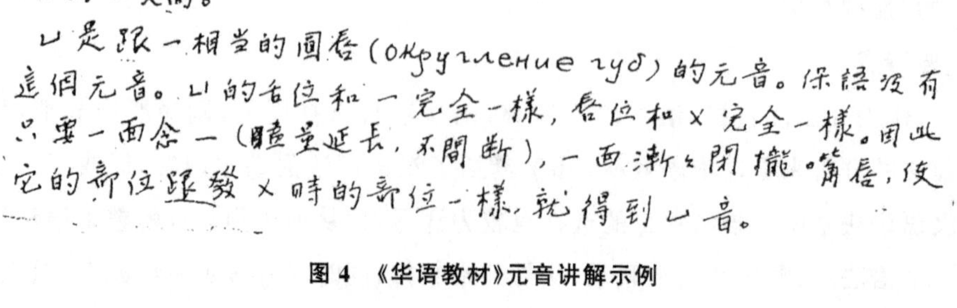

一、ㄨ 右相當於保語的 u 和 y，只是北京話的 一 的舌位比保語的 u 更高。

ㄩ 是跟 一 相當的圓唇（округление губ）的元音。保語沒有這個元音。ㄩ 的舌位和 一 完全一樣，唇位和 ㄨ 完全一樣。因此只要一面念 一（盡量延長，不間斷），一面漸々閉攏嘴唇，俟它的唇位跟發 ㄨ 時的唇位一樣，就得到 ㄩ 音。

图 4 《华语教材》元音讲解示例

语法部分,既有汉保语言对比,也有汉语与其他语言的对比。比如,第7课讲描写句,说"'很'字用得极频繁,因此力量也最弱,除了重读的时候,它不能译为保语的много"。第40课讲词类时,有五点注意,其中后三点注意都涉及汉保语言对比:"汉语的形容词相当于保语的形容词和一部分副词。""副词的特点是只能修饰动词或形容词,不能修饰名词,比保语的副词小得多。""象声词包括两类:一类相当于保语的междуметие⑥,如'啊''唉''哟'之类;另外一类……"第17课讲"在"和"到"的区别时,指出"'在'表示的意念是静止的,就是说,用'在'的时候动作和地方之间只有一种静止的关系。用'到'的时候,动作和地方之间的关系是'动'的。'在'和'到'所表示的意念之间的区别相当于俄语где和куда之间的区别"。第20课讲动词词尾"了"时是这样说的:"汉语的动词没有'时'的变化,'了'字表示的不是印欧语的'时',而是一种'态',印欧语的'时'是以动作发生的时间为根据的。上面两句话(他买了很多中国书。/我照了一张相。)译为保语,动词都要用过去时,因为'买书''照相'的动作都发生在说话时以前。……汉语的'态'是以动作的各个阶段(开始、持续、完成)为根据的。"通过对比分析,呈现学习者所学目的语(汉语)与其母语(保加利亚语)、相对熟悉的语言(俄语等印欧语)的异同,方便学习者掌握目的语(汉语)。

第三,作为最早的国别教材,突出保加利亚特色,融入、利用保加利亚当地资源,凸显了教材的针对性和实用性,也容易引起学生的学习兴趣。这在当时无疑是一种创新设计。《华语教材》大部分课文内容都围绕保加利亚学生的学习和生活设计,也有一些课文直接融入或利用保加利亚的社会文化和国情等。如教材中多处使用了保加利亚人名、地名、货币名称、报刊名称等,体现了教材的国别化、本土化。有三课课文直接介绍了保加利亚的情况:第20课《到维多山去》中的维多山是保加利亚知名风景区和旅游疗养胜地;第26课《保加利亚减低物价》反映的是保加利亚当时的社会形势和经济情况,物价是与保加利亚百姓生活密切相关的内容;第35课《保加利亚诗人瓦普察洛夫》涉及保加利亚文学和文化。这些"本土化"元素的融入和利用,"不但能创造一种使学生感到亲切的氛围,从而引起他们的学习兴趣,同时也可以满足他们表达的需要"(鲁健骥2007)。

三 《华语教材》的历史地位和价值

毫无疑问,《华语教材》在对外汉语教学史和对外汉语教材编写史上,均具有特殊而重要的历史地位。其特殊而重要的价值体现在,这部手稿创下了多个"第一":新中国第一代汉语教师在海外开拓性开展汉语二语教学留下的珍贵资料;新中国第一部在海外正式出版的汉语教材的底稿,开创了现代汉语作为二语教学的教材编写模式;教材中呈现的语言点,建构了第一个对外汉语教学语法体系;第一位由中国的语言学家编写的汉语二语教材;第一部国别化汉语二语教材。所有这些"第一",不仅体现了现代外语教学意义上的汉语二语教材的体例、教学模式、语法体系和内容取向中外兼顾的双向原则与内容诠释的中外对比原则,更是深刻地体现了汉语二语教学的诸多关键性特征(参见上文相关分析),为建构具有汉语汉字特点,体现汉语跟汉字特殊关系的汉语二语教学理念、教学原则和教学模式奠定了坚实的基础。这部手稿的诸多"成果",有不少被后来的教材编写继承了下来,也有不少未能受到应有的重视和承传,更为重要的是,还有更多体现朱先生对汉语特点和汉语二语教学特点的认识以及教材本身所蕴含的理论和思想未被挖掘出来,而这也正是出版这部手稿的意义和价值所在,尤其是国际中文教育需要继承和创新发展的新时代。

作为以语法结构为纲的教材,《华语教材》不但在对外汉语教学史上有重要价值,在现代汉语语法史上也有重要价值。《华语教材》中的语法体系已较为完整,不少具体的语法学观点与朱德熙先生后期的著述一致,可以看成是以《语法讲义》(朱德熙1982)为代表的朱德熙语法学的源头。另外,《华语教材》更注重语言表达功能的分析,这与以《语法讲义》为代表的成熟期的研究更注重语言结构的分析有所不同(郭锐2020)。但因《华语教材》在国内没有出版发行,而手稿又被"束之高阁",学界未能对其进行研究。几部主要的语法学史著作对朱德熙先生语法思想的阐述也主要围绕20世纪80年代出版发行的《现代汉语语法研究》(1980)、《语法讲义》(1982)、《语法答问》(1985)等,而对《华语教材》这一"源头"均未涉及,但实际上,这部教材已然体现出诸多朱先生的语法学思想,如对语素的重视,对汉语主谓结构特点和功能不同于印欧语中主谓结构的认识,等等。1999年推出的五卷本《朱德熙文集》也未收录《华语教材》。然而,《华语教材》体现了朱先生对汉语特点的深刻认识,体现了他早期对汉语语法体系的建构,其中的一些认识和语法思想在后来得到了延续和发展,并更加系统化和理论化。因此,这部教材是研究朱先生汉语语法学思想和理论宝贵的"原始材料",珍贵的"第一手材料"。不仅对朱先生个人语法学思想研究具有不可替代的价值,对新中国成立以来的现代汉语语法史的研究同样具有重要的价值,因为朱先生的语法理论在现代汉语语法学史上具有不可替代的价值。从这个意义上,整理出版这部手稿也是非常必要的。

作为手稿,《华语教材》对研究朱德熙先生为学为教的智慧具有重要价值。常敬宇(2011)在回忆与朱先生的往来时提到手稿:"已发黄的讲稿上,每页的上下及行间的空白处,都填满密密麻麻的小字,这显然是朱先生对讲稿不断修改和补充,说明他备课是何等的认真了。"常敬宇(2011)建议朱先生正式出版这部讲稿以供青年教师学习,朱先生却说"现在还不成,需要做大量的修改整理工作,等以后再说吧"。手稿满篇修改补充痕迹(有的地方甚至反复修改多遍),行文明白晓畅、少用术语,而对于出版建议朱先生仍以"需要做大量的修改整理工作"为由"等以后再说",从中我们可以感受到朱先生为学为教的一丝不苟、精益求精,这对研究朱先生的为学态度和教学智慧也是难得的史料。朱先生在回答常敬宇关于对外汉语教学的经验时说,"给外国学生讲汉语语法不必讲得太多、太细,只要通过大量的例句来总结语法的特点即可,切忌面面俱到,一定要抓住学生的难点进行重点讲练,要坚持'精讲多练,以练为主'的原则"(常敬宇 2011)。这些在《华语教材》中都得到了较好的体现。常敬宇(2011)认为朱先生的话"字字珠玑,视若箴言宝典",对现在的对外汉语教学依然具有指导意义。

四 《华语教材》的保存简况及相关研究情况

《华语教材》手稿命运多舛。据许德楠先生回忆,手稿先是存放在北京大学外国留学生中国语文专修班资料室,1961 年北京大学外国留学生中国语文专修班与北京外国语学院(现北京外国语大学)非洲留学生办公室合并成立北外外国留学生办公室,手稿随之转到北外,最后辗转到了北京语言学院(现北京语言大学)(鲁健骥 2007),"2007 年才由北京语言大学汉语学院正式转交北京语言大学图书馆收藏"(常敬宇 2011)。手稿分两册精装(施光亨 1993),为 16 开白报纸本,用蓝黑墨水书写(鲁健骥 2007)。据常敬宇(2011)回忆,20 世纪 60 年代他从事对外汉语教学工作后拜访朱先生时,朱先生展示过讲稿,那时纸张已经发黄。而据鲁健骥(2007),他在北语汉语学院资料室见到手稿时,纸已变黄,笔迹也已褪色。距鲁健骥先生发文又过去了十余年,手稿虽藏于北语图书馆,但毕竟时间久远,若不做技术处理,则其保存现状堪忧[①]。手稿藏于图书馆,"束之高阁",知之者、见之者甚少,而能借阅研究者更少。通过中国知网(CNKI)检索,研究文献仅有鲁健骥(2007),鲁先生回顾了这部教材的编写过程,重点评介其语音和语法讲解特色,认为这部教材对今天的对外汉语教学仍有很大的启示,是对外汉语教学史上一份珍贵的、应该继承的遗产。2020 年第二十一次现代汉语语法学术讨论会暨纪念朱德熙先生百年诞辰国际学术视频讨论会上,郭锐教授作了题为"朱德熙《华语教材》的语法系统"的报告,对这部教材的语法体系进行了分析。

前文提到,《华语教材》是保加利亚出版本《汉语教科书》的母稿,《汉语教科书》由朱德熙和张荪芬合作编写,1954 年由保加利亚科学艺术出版社出版,以保加利亚语和汉语双语呈现。据董淑慧(2014a),"《汉语教科书》被用作索非亚大学汉语讲习班的主体教材长达 37 年,直到 1991 年索非亚大学建立'汉语言文学'专业"。但国内知之者不多,加之是保加利亚版,国内研究者也很少。通过中国知网(CNKI)检索,涉及《汉语教科书》的论文主要有董淑慧(2006,2014a、b)、沈庶英(2012)。董淑慧(2006)简要介绍《汉语教科书》的主要内容和修订情况,总结归纳了这部教材的特点和价值,并对其历史地位进行了评价;董淑慧(2014a)将编写《汉语教科书》作为朱德熙先生在对外汉语教学史上的贡献之一来阐述;董淑慧(2014b)考察《汉语教科书》的"本土化特征",通过与通用性教材比较归纳"本土化特征"的具体体现,通过与保加利亚语版"一本多版"教材比较分析《汉语教科书》的成功之处。沈庶英(2012)则是从《汉语教科书》的特点出发,探讨新形势下国别化教材的建设问题。

朱德熙先生的《华语教材》在对外汉语教学史、对外汉语教材史、对外汉语教学语法研究史等方面具有重要的史料价值和学术价值,在现代汉语语法史、朱德熙语法学思想研究等方面同样具有重要的史料价值和学术价值,手稿对研究朱先生为学为教的智慧也是难得的史料。然而,我们也发现,《华语教材》只是 20 世纪 50 年代在保加利亚出版,手稿藏于图书馆难以"一睹芳容",且保存现状堪忧。我们呼吁,《华语教材》手稿应该得到更好的保护和更多更深入的研究,应尽快整理和出版这一珍贵的学术遗产。

注 释

① 笔者所用为朱德熙先生手稿复印本的扫描件,该复印本为对外汉语教学界资深教授、知名汉语辞书学家施光亨教授所藏。施光亨教授为所藏复印本梳理列出了较为详细的目录,为阅读提供了方便。感谢北京大学施正宇教授慷慨惠赠。

② 鲁健骥(2007)一文记为"共 283 页(不全,差最后几页)"。参照保加利亚出版本《汉语教科书》,手稿第 42 课课文《田寡妇看瓜》最后一个自然段缺一部分文字及课文注释。

③ 这里参照施光亨先生所拟目录,按照手稿正文整理,未作同一语法点的合并。鲁健骥(2007)依据手稿统计为大小语法项目 102 个,沈庶英(2012)依据《汉语教科书》统计为 113 个。

④ 手稿朱德熙先生删改较多,且清晰度不够,未能精确统计,也未作查重处理。董淑慧(2006)、沈庶英(2012)依据《汉语教科书》的统计也有出入,分别为 2362 个、2393 个(其中关联结构 17 个)。

⑤ 手稿有的课文有标题,有的课文没有标题。原来有标题的沿用原标题,原来没有标题的根据内容拟标题。不一一说明。

⑥ 《华语教材》写作 междометие。几位保加利亚语专家认为应该为 междуметие(感叹词)。感谢南开大学董淑慧老师、北京外国语大学李真老师以及商务印书馆华莎老师帮忙请教保加利亚语专家。

⑦ 据笔者辗转了解的情况来看,目前手稿并未得到妥善的技术处理,处于"顺其自然"的状态。

参考文献

北京大学中国语言文学系(2020)朱德熙:中国语言学大师,https://news.pku.edu.cn/bdrw/ec88d35898044bbd8f6cedfcb085837f.htm。(访问日期:2022 年 12 月 21 日)

常敬宇(2011)对外汉语教学的开路先锋——记朱德熙先生,http://news.blcu.edu.cn/info/1032/15518.htm.(访问日期:2022年12月21日)

陈银元(2017)《对外汉语综合性教材发展史研究》,兰州大学硕士学位论文。

程相文(2001)《老乞大》和《朴事通》在汉语第二语言教学发展史上的地位,《汉语学习》第2期。

董淑慧(2006)朱德熙、张荪芬编著《汉语教科书》评介,《世界汉语教学》第4期。

董淑慧(2014a)朱德熙在对外汉语教学史上的贡献述略,《国际汉语教育史研究》(张西平、柳若梅编),363—374页,商务印书馆。

董淑慧(2014b)汉语教材编写的本土化特征——基于《汉语教科书(1954)》与通用性教材、"一本多版"的比较,《海外华文教育》第1期。

郭　锐(2020)朱德熙《华语教材》的语法系统,第二十一次现代汉语语法学术讨论会暨纪念朱德熙先生百年诞辰国际学术视频讨论会,2020.12.4—6。

鲁健骥(2007)一部值得研读的早期对外汉语教材——读朱德熙《华语教材》手稿,《国际汉语教学动态与研究》第一辑(北京外国语大学国际汉语教学信息中心编),69—78页,外语教学与研究出版社。

吕叔湘(1979)《汉语语法分析问题》,商务印书馆。

沈家煊(2019)《超越主谓结构——对言语法和对言格式》,商务印书馆。

沈庶英(2012)从朱德熙的《汉语教科书》看国别化汉语教材编写,《徐州师范大学学报(哲学社会科学版)》第2期。

施光亨(1993)他的功业在书上也在人们心中——纪念朱德熙先生逝世一周年,《语言教学与研究》第3期。

朱德熙(1980)《现代汉语语法研究》,商务印书馆。

朱德熙(1982)《语法讲义》,商务印书馆。

朱德熙(1985)《语法答问》,商务印书馆。

朱德熙(1999)《朱德熙文集》(第一至五卷),商务印书馆。

作者简介

戴军明,商务印书馆汉语编辑中心副编审,研究方向为现代汉语修辞学、国际中文教育。Email:daijunming@cp.com.cn。

北京官话《语言自迩集》成通用类汉语教材动因探究

张美兰

香港浸会大学中文系

提　要　《语言自迩集》是英国人威妥玛专门为外交官员编写的学习北京官话口语的专门类英汉双语教材。该教材刊布以后迅速成为通用类汉语教材,在清末民初域外汉语教材史上占有重要的地位。本文主要探讨该书的国际适应性、北京官话主流特性、英汉双语受众面、从易到难的系统性,是其转变成通用类教材的主要动因,这些为今后国际中文教材的编写提供了历史参照。

关键词　《语言自迩集》　双语教材　北京官话口语　专门类　通用类

　　大家都知道,《语言自迩集》[①]（Yü-yen Tzǔ-êrh Chi）是英国近代著名外交官与汉学家威妥玛（Thomas Francis Wade,1818—1895）组织编写的一部专门为英国来华的外交人员学习北京官话口语的专门教材[②]。该书一出版,立刻引起了西方来华传教士、商人、海关洋员等各行业人员学习汉语口语的重视,也引起了日本汉语学习从南京官话到北京官话的转移,成为清末民初域外汉语教材领域一件大事,一本专门类的汉语培训教材成为一本通用类汉语教材的范例,并促成了双语型、注解型、专业型等各种类型域外汉语口语教材的推广,在清末民初世界汉语教育领域有着辉煌的贡献。那么,从专门类到通用类的转变,它有哪些动因呢? 这是本文期待回答的问题。

一　英国驻华外交官员专门类培训与清末各类来华群体的需求

1.1　威妥玛在华的外交经历和工作职责

　　自 1840 年第一次鸦片战争后,伴随着 1842 年《南京条约》及一系列不平等条约的签订,中国国门被迫打开,大量的外国传教士、商人、官员等随军队涌入中国。

　　英国人威妥玛于 1842 年随英军来到香港,开始学习汉语粤方言。凭借出色的语言天赋被任命为见习翻译官、临时翻译员,随后也担任过香港总督的私人中文秘书,自此开始了外交生涯。其间开始学习北京官话,自己请中文老师,有了自学汉语的经历。后又到上海海关工作。海关工作为威妥玛提供了更多与中国官员共事的机会,也使他越来越感受到译员中普遍存在的问题,深刻认识到加强语言学习对加深中西交流的重要性。1855年6月,威妥玛辞去海关职务,回到香港担任英国派驻香港的第四任港督宝灵(John Bowring,1792—1872)的中文秘书,任驻华公使馆汉文正使。除了外交工作外,还担任英国来华译员的汉语培训工作。他多次提出关于语言培训的建议,应宝灵的要求,威妥玛在1856年3月设计出了一套旨在调查英国来华见习翻译人员的汉语水平及他们对中国的认知情况的调查表,并于1857年春天进行了一次大规模的测验,调查结果揭示出当时语言培训制度的四大问题,其中最大问题即缺乏可供初学者使用的语言教材、词典。以此项调查为基础,威妥玛向英外交部提交了一份汉语翻译官的教育方案。具体的计划是第一年,把学生都聚集到香港,集中学习中文和中国文化。外交部负责招聘有经验的中文老师,提供足够的教材经费。除了学习中文之外,这些学生其他事务方面的工作量都降到最低。第一年年末进行考试,成绩优秀者获得暂时的职位。第二年开始跟着有经验的翻译人员实习。该方案提交时正值战争,当时的政府因时局动荡未完全接受。在这样的历史背景下,为了更好地服务于英国殖民者,作为负责来华见习译员汉语教育的外交官,他在工作之余开始了汉语教材的整理与编写工作。(转引自宋桔 2020,42—43)期待自己编撰的教学用书,用于英国驻中国领事馆工作人员的培训工作,确保这些在华译员可以胜任日常工作。可以说,威妥玛不仅有自己学习汉语的经历,还有培训在华译员汉语的经历。这也使得他的《语言自迩集》更有针对性、目的性和实用性。

1.2 英国驻华使馆外交人员的汉语培训与《语言自迩集》的出版

在西方列强中,英国在华拥有着最大利益,出于对本国利益的考虑,英国最先开始了对其驻华使馆外交人员的汉语培训工作。如上文所示,作为负责来华见习译员汉语教育的外交官,威妥玛是主要的推手。他决定改革学习模式,亲自编写北京官话教材。第一部针对英国来华使馆译员而编写的试验汉语教材,便是1859年的《寻津录》[③](*The Hsin Ching Lu or Book of Experiments: Being the First of a Series of Contributions to the Study of Chinese*),专为使馆译员学习北京官话口语所编。该书序言这样写道:"《寻津录》,正如书名所示,与其说是一本指导手册,不如说是一部仍在摸索汉语学习的正确方法的作品。"(Wade 1859)在中国老师应龙田的帮助下,威妥玛创立了北京话拼音方案。这为他成功编写适合北京官话口语学习的教材《语言自迩集》奠定了基础。

《语言自迩集》第一版标注的作者是英国驻北京公使馆秘书威妥玛,第二版为前任英国驻中国外交官威妥玛和英国驻北京公使馆秘书禧在明(Walter Caine Hillier,1849—1927)。在《语言自迩集》的编撰中,威妥玛对教学对象和教学目的做到了精准定位,即培养一批精通北京官话的翻译和外交官。该书第一版的副标题"A Progressive Course—Designed to Assist the Student of Colloquial Chinese, as Spoken in the Capital and the Metropolitan Department"(一套循序渐进的课程——供学习通行于京师和直隶衙门官话的学生使用)已经做了最好的诠释。该书第一版序中明确指出:"笔者的一项职责,就是指导英国驻中国领事馆招募人员学习汉语……它的基本功能是帮助领事馆的学员打好基础,用最少的时间学会这个国家的官话口语,并且还要学会这种官话的书面语。"(Wade 1867,iii)

这是英国公使馆指定的学习汉语的基础教材①,也是当时进行汉语水平测试依据的教材。同时,各国驻华使馆也纷纷首选使用。

1.3 《语言自迩集》成为西方在华各个领域人员首选的汉语教材

1840年鸦片战争后,中国门户日益开放。由于传教、政治、经济、外交等各行业利益往来的推动,大批英国传教士、外交官、商人来到中国,各方面的利益需求推动了汉语学习热潮。由于缺乏系统的汉语教学用书,他们的汉语学习大多是零散的、不成体系的。在这样的历史背景下,《语言自迩集》应时出版,不仅满足了外交官员的学习需求,也满足了其他各类外籍人员的汉语学习需求;不仅成了神学院教授汉语、传教士学习汉语的教材,也成为海关洋员、商人群体培训或自学汉语的教材。同时,教材选取的内容贴近生活,不仅方便在华译员的工作与生活,如一些官场对话、寒暄对话、日常闲谈等,也适应外籍在华人员语言的使用环境,因而更加受到欢迎。

1.4 《语言自迩集》传播到海外的汉学机构或民间团体

何娇霞(2015)根据哈佛档案馆1879年至1880年间的相关书信和备忘录发现:1877年,时任美国驻宁波领事萧德(Francis P. Knight,1831—1880)向当时的哈佛大学校长建议将中文教学引入哈佛大学的课程,同时聘用中国本土教师,培养来华译员。该建议得到哈佛大学校方支持后,萧德立即咨询那些在华著名汉学家,如英国外交官禧在明、清皇家海关总税务司监察长赫德(Robert Hart,1835—1911)、英国驻宁波领事固威林(William M. Cooper,1833—1896)、美国人丁韪良(William Alexander Parsons Martin,1827—1916)、清皇家海关总税务司人员马士(Hosea Ballou Morse,1855—1934)、德国汉学家穆麟德(Paul Georg von Mollendorff,1848—1901)等人,有关哈佛大学中文教材选用等问题。根据书信和备忘录档案发现,汉学家们一致推荐哈佛大学使用《语言自迩集》作为中文课教材。哈佛大学授意中国老师戈鲲化采用威妥玛的《语言自迩集》作为其首个中文班的主要教材。由此可见,哈佛大学认可当时的汉语教材《语言自迩集》。

1902年俄国著名汉学家波波夫(Павел Степанович Попов,1842—1913)在彼得堡大学任教期间选用的教材也是《语言自迩集》。

二 文雅的北京官话口语与清末主流官话地位的确立

2.1 外交官以正统的官话和文书为媒介

鸦片战争之后,中国北方地区的港口被迫开放,1861年英、法等西方列强在北京建立公使馆。具有特殊身份和使命的西方外交官员,在各项条约庇护下踏足中国。由于其主要负责处理本国和清政府之间的官方事务,因而汉语官话不可避免成了同中国官员、民众进行书面或口头交流的媒介。威妥玛来华初期在香港,后来去上海海关,由于工作原因,他和来自北京的清政府官员交往密切,需要通过北京话和清政府官员沟通。北京官话在外国人中的通行程度明显增强,威妥玛可以说是第一批认识到外国人学习北京话重要性的西方人,早在1847年的广东,威妥玛结识了一个祖籍浙江兰溪的北京人应龙田,并请他做自己的北京话老师。1859年编写的《寻津录》就已经是北京官话教材。在威妥玛看来,北京官话是优势官话,只要掌握北京官话,就能掌握政府部门通行的官话:"帝国政府主要官员所说的话"[⑤]。因此编撰《语言自迩集》的标准用语是"净化了它的土音的北京话"[⑥]。事实证明了威妥玛编写此书选择北京官话为汉语口语的前瞻性。威妥玛所编撰的《语言自迩集》成为当时以北京官话口语为描写对象的唯一的教科书。作为当时仅有的北京官话教学用书,《语言自迩集》收录了十分丰富的北京话语料。同时,《语言自迩集》的出版,为北京官话提供了历史记录,成为研究北京官话史的必读资料。

2.2 《语言自迩集》的出现,填补了北京官话口语的空白

在19世纪中期之前,外国人所学的都是由南京官话所编写的教科书。《语言自迩集》出版之时的中国正由南京官话转变至北京官话,北京官话教学用书较为缺乏。[⑦]只要学习北京官话,不管什么人都可以拿《语言自迩集》来作为教材,促使该教材从专门类到通用类的转换。《语言自迩集》成为一部为学习北京官话口语而编写的域外汉语教材。

从江户到明治九年,南京话在日本的汉语教学中占主要地位,到了明治七年(1874)开始转向北京话。《语言自迩集》使日本的中国语教科书告别南京官话,开始转向北京官话。日本人开始学习北京官话,使用的正是《语言自迩集》。随着学习汉语的需要,日本也陆续出版了一批截取《语言自迩集》而成的中国语教材,如广部精《亚细亚言语集(支那官话部)》(七卷)(1879—1880)。明治以后日本人自己编译这部教材,如广部精《总译亚细亚言语集(支那官话部)》(四卷)(1880—1882)、兴亚会支那语学校《新校语言自迩集》(1880)、金子弥平等人编译的《清语阶梯语言自迩集》(1880)、御幡雅文《华语跬步》(1886)等。可以说日本明治时期的北京官话教材是对《语言自迩集》的继承、发展与创新。《语言自迩集》也曾在朝鲜半岛流传,在韩国奎章阁就发现过它的一个手抄本。可以说,《语言自迩集》的影响是世界性的。

三 汉语英语双语编写与受众者群体的扩大

3.1 为学习汉语口语而编写的英汉双语教材⑧

该教材英汉双语对照，主体课文也是英语与汉语双语对照呈现，每课由词汇、课文和注解三部分组成，并以英语注解的形式详尽地讲解了汉语的语法知识，便于从英汉双语角度来习得北京官话，即从母语到目的语的双语比较中掌握汉语。这种双语体例，影响了后来的域外北京官话教材，如美国传教士狄考文（Calvin Wilson Mateer，1836—1908）编撰的《官话类编》（1892），其例言说明了编排的目的"乃为学话而作也"，"乃模仿口中句法，以自然为贵也"（Mateer 1892，2）。这种北京官话域外传播模式，使得该教材在英语世界的国家很容易得到使用。传教士、商务人员、海关人员、西方来华人员的家属等学习北京官话常常借助这本教材。《语言自迩集》从起初的专门类教材到后来不同团体人员学习汉语的通用类教材，双语特点是其直接原因。

3.2 成为英美等国学生自学或培训学校使用的教材

该教材分别吸收了东方汉语与西方英语各自教材的编写特点，抓住了汉语的特质，借助英语的翻译和解释，实现了双语解码，实现了双语教材的功用。《语言自迩集》的主体分为中文文本和英文译注两部分。中文文本的可靠性主要源自出身官宦的应龙田、满人于子彬以及其他未具名的本土知识分子参与《语言自迩集》内容的广度及深度。威妥玛等人的英文译注通过直接注释、文本对译、同义词对比、语用规则说明等方式提供了"翻译"之外的珍贵信息，方便西方人，可以自学，可以培训，受众面更加广阔，具有普适性。

此后，翟理斯所编的《汉言无师自明》、禧在明所编的《华英文义津逮》等都是受其影响的双语教材。

3.3 为清末民初中国人学习英语提供了间接教材

清末民初，面对英语教材的短缺，很多人将《语言自迩集》英文部分与汉语进行比较，自学英文。清代著名外交家曾纪泽（1985，67－68）在《出使英法俄国日记》中记载自学英语有"看《自迩集》""看《自迩集》良久"等语，可窥一斑。（转引自王幼敏 2017）

四 一支中西合作的团队与一部循序渐进的汉语教材

4.1 有一支中西合作的编撰团队

从不同版本的序言来看，《语言自迩集》采用了中外合作编著的方式完成，其中包括应龙田、璧斯玛（Charles Bismarck，?）、禧在明、于子彬及本地未提及姓名的中国老师。

这个编撰团队表面看来是民间的，但实际上是在威妥玛带领下，直接为威妥玛所代表的英国外交官方机构培训汉译人员、编写汉语教材服务的。有明确的培训目的：编写一套适合北京官话口语学习的教材，将这些在华译员培养合格，使其可以胜任工作。从某种程度上看，这个教材的编写有一定的使命感和很强的目的性。加之威妥玛本人有汉语学习的亲身经历和培训方案，借鉴了欧洲语法学和语言教学法的最新研究成果，为该书的先进性和前瞻性打下了良好的基础。

4.2 《语言自迩集》针对性强，结构体例完整

《语言自迩集》是一部为学习汉语口语而编写的成系统的中级汉语教材。在该书成书之前，威妥玛已经建立了中西合作团队，开始了北京官话"试验教材"的编写，如1859年在香港出版的《寻津录》、1860年在上海出版的《问答篇》和《登瀛篇》。《寻津录》的大致体例，以及其中的"北京话音节表"，对《语言自迩集》有直接影响，而《问答篇》和《登瀛篇》的主要内容，则成为《语言自迩集》一书的主要构成部分。

《语言自迩集》结构的设置，融西方教材的框架和清代《正音撮要》类汉语教材的结构，将汉语特性贯穿始终。《语言自迩集》第一版为四卷本⑨：

第一卷为"口语系列"，包括课文八章及附编。其中课文八章分别为：第一章发音(Pronunciation)、第二章部首(The Radicals)、第三章散语章(四十章)(The Forty Exercises)、第四章问答章(十章)(The Ten Dialogues)、第五章续散语章(十八节)⑩(The Eighteen Sections)、第六章谈论百章⑪(The Hundred Lessons)、第七章练习燕山平仄编、第八章言语例略。附编包括散语章、问答章、续散语章、谈论百章及练习燕山平仄编的部分生词。

第二卷为"自迩集的解说"，是对第一卷中散语章(四十章)、问答章(十章)、续散语章(十八节)、谈论百章、声调练习及言语例略的英译、注释、练习及勘误。

第三卷为"平仄编"(音节表)，与第一卷"口语系列"相搭配，是在《寻津录》附录部分的"北京话音节表"的基础上进一步完善编写的。

第四卷为"汉字书写练习"，是与《语言自迩集》中所出现的汉字相配套的书写练习。

这本教科书的编排特色在于从发音到部首，再到散语、问答、文章及词类的编排顺序，具有较完善的体系，其中对各部分都作了详细的介绍，满足学生的日常自我学习，是一本较全面的北京话口语教材。正因其成系统，它的第一卷中的散语章(四十章)、问答章(十章)、续散语章(十八节)、谈论百章等都可以被拆分成不同的单行本分别作为教材，或者被辑录、仿编、删节、改编成多种形式，单独使用。如日本人宫岛九成把其中的"谈论百章"改编成《参订汉语问答篇日语解》(1880)；英国人把其中的"散语章"改编成《羊城土话散语四十章》(1877)，作为香港圣保罗书院的粤语口语教材；日本人福岛安正把其中的词汇表"练习燕山平仄编"改编成《自迩集平仄编四声联珠》(1886)。

正是这种从易到难、循序渐进的架构,从散语篇、问答篇到谈论篇的布局,从音节表、词汇表等语言要素篇到会话练习篇的连贯,实现了专门类教材的通用性目的。

总之,《语言自迩集》作为反映19世纪中期北京话口语语言特点最早的汉语教科书,其编撰价值十分重要。

五　结语

《语言自迩集》出版后,在很长一段时间里成为来华外国人学习北京官话的唯一教材。该书讲究汉语学习的系统性和科学性,是一部针对性强的实用汉语教材。

这是一部为英国领事馆的学员量身定制的教材,填补了清末民初域外专门类汉语口语教材的空白,满足来华通商口岸外交翻译所需,同时也适合来华传教、商贸等领域的西方人。尽管在威妥玛之前,以马礼逊为代表的来华传教士们就曾编写过一些汉语学习教材及工具书,但这些著作或偏重方言,或零散而难成体系,《语言自迩集》则凭借其丰富的内容、系统科学的编排,一经出版便大受欢迎,很快成为当时英、美各使馆工作人员学习汉语的必备教材,在很大程度上弥补了汉语教材匮乏之不足,有力地推动了西方人汉语学习的整体进程。

这是第一部成系统的北京官话教材,填补了清末民初北京官话口语教材的短缺,同时也满足了日本、朝鲜、俄国等周边国家的北京官话教材之需,成为通用类汉语教材。别发洋行在1924年的50周年店庆广告上,把《语言自迩集》列为其39种最佳图书之榜首,证明了《语言自迩集》在中外读者中的畅销程度。(王幼敏 2017)

这是一部双语教材,帮助西方母语为英语或通晓英语的外国人学习目的语汉语,也为母语为汉语的人打开了学习英语的一扇门。法国人顾赛芬(Seraphin Couvreur,1835—1919)的法英汉三语《官话常谈指南》(1890)、法国人戴遂良(Léon Wieger,1856—1933)的法汉双语《汉语入门》(1892)、英国人禧在明的英汉双语《华英文义津逮》(1907)都受其影响。

这是一部融汉字、汉语语音、汉语词汇、汉语口语对话、汉语文选泛读等教材元素的教材,可以拆分成若干个不同元素的单行本汉语教材,一个专门类教材变成北京话分类小册子、口袋书,如《散语章》《问答章》《练习燕山平仄编》,甚至可以改写对译成方言小册子,如《羊城土话散语四十章》,转变成了通用类教材。该书内容分为语音、字词、语法的语言要素篇和会话及练习的会话练习篇两大部分,其编写体例对当今对外汉语教材的编写仍有借鉴价值。

注　释

① 《语言自迩集》在1886年出版了第二版,1903年出版了第三版,第三版是第二版的删减版。

② 清代西方传教士团体尤其是教会学校宣教类汉语教材,也属于此期专门类教科书。商务汉语教科书、海关洋员教科书,都属于专门类教科书系列。来华传教士因在开埠港口的缘故,基本上学习的是当地的方言,并设计方言拼音。

③ 威妥玛在《语言自迩集》序中云"1859年我出版的初级读物《寻津录》……"(Wade 1867,v),参见宋桔(2011,400)。

④ 1867年初,翟理斯(Herbert Allen Giles,1845—1935)被英国外交部派遣到北京。他最初学习汉语使用的教材和工具书是:马礼逊的《五车韵府》、威妥玛的《语言自迩集》和儿童启蒙读物《三字经》。《语言自迩集》是其中最主要的教材。

⑤ "自从带有许多学生的外国公使馆在北京建立,不首先学习这种语言那几乎是不可能的了,因为它比任何其他语言都更重要。在总理各国事务衙门服务的初学者,用不了多久就会发现,他正在学习的语言恰是帝国政府主要官员所说的话。同时,他的老师、仆人,他所接触的十之八九的人,都很自然地讲这种话。"(张卫东 2018,44)

⑥ "'the Peking dialect must be studied by those who would speak the language of the Imperial Court, and what is, when purified of its localisms, the accredited kuan hua of the Empire.' The opinion here cited but confirms a conclusion long since arrived at by myself, to wit, that Pekingese is the dialect an official interpreter ought to learn."(Wade 1867,vi)

⑦ 详见陈珊珊(2005)、张美兰(2007、2011)。

⑧ 当英国的见习译员们让威妥玛推荐学习汉语的入门教材时,他首选了王又朴(Wang-yü-po)的《圣谕广训衍》。该教材有英文翻译基础,而从英汉双语角度来习得汉语是一条捷径,因此在编撰《寻津录》时,他把《圣谕广训衍》的第一条作为教材的内容。

⑨ 1886年《语言自迩集》再版。在第二版中,助手禧在明参与其中,进行了调整,卷数由四卷调整为三卷;第一卷包括发音、部首、散语章(四十章)、问答章(十章)、谈论百章、秀才求婚或践约传、声调练习及词类章共八章;第二卷是散语章(四十章)、问答章(十章)、谈论百章、秀才求婚或践约传、声调练习及词类章的英译、注释、练习答案及勘误;第三卷是附录部分,包括英语词语汇编、汉字索引、北京话声韵配合表、北京话音节总表、北京话异读字表及汉字书写练习等。

⑩ 第五章"称之为'节'也没有什么理由,只是要把这第五章的内容跟前面各章以及后面一章相区别"(张卫东 2018,49)。

⑪ "谈论百章"又叫"谈论篇"。"谈论篇"来自《清文指要》的改写,这一点在《语言自迩集》"问答章"对话中就有直接的记录:"那《清文指要》,先生看见过没有?……那一部书却老些儿,汉文里有好些个不顺当的。先生说得是,因为这个,我早已请过先生,从新删改了,斟酌了不止一次,都按着现时的说法儿改好的,改名叫'谈论篇'。"(Wade 1867,75)

参考文献

陈珊珊(2005)《亚细亚言语集》与十九世纪日本中国语教育,《汉语学习》第6期。

何娇霞(2015)威妥玛的《语言自迩集》和哈佛大学的第一个中文班,第十二届国际汉语教学研讨会(2015)第十二届国际汉语教学研讨会论文选,349—356页,2015.12.09,上海。

宋　桔(2011)《〈语言自迩集〉的文献和语法研究》,复旦大学博士学位论文。

宋　桔(2020)《〈语言自迩集〉及其近代汉语语料》,文汇出版社。

王　欢(2011)《日本近代北京官话教本对〈语言自迩集〉继承与发展研究》,东北师范大学硕士学位论文。

王幼敏(2017)《语言自迩集》版本述考,《图书馆杂志》第11期。

曾纪泽(1985)《出使英法俄国日记》(王杰成标点),岳麓书社。

张美兰(2007)《语言自迩集》中的清末北京话口语词及其贡献,《北京社会科学》第5期。

张美兰(2011)《明清域外官话文献语言研究》,东北师范大学出版社。

张美兰(2016)《官话指南》及其四种方言对译本的价值,《国际汉语学报》第7卷第1辑(郑通涛主编),157—165页,学林出版社。

张卫东译(2018)《语言自迩集——19世纪中期的北京话(第二版)》(全三册)(威妥玛著),北京大学出版社。

Mateer, C. W. (1892) *A Course of Mandarin Lessons: Based on Idiom*. Shanghai: American Presbyterian Mission Press.

Wade, T. F. (1859) *The Hsin Ching Lu or Book of Experiments: Being the First of a Series of Contribution to the Study of Chinese*. Hong Kong: Office of China Mail.

Wade, T. F. (1867) *Yü-yen Tzŭ-êrh Chi: A Progressive Course Designed to Assist the Student of Colloquial Chinese as Spoken in the Capital and the Metropolitan Department*. London: Trubner & Co.

作者简介

张美兰,香港浸会大学中文系教授,主要从事汉语文字学研究,侧重汉语史研究(包括近代汉语、禅宗语言)、明清域外汉语教育史、早期北京话研究等。Email: mlzh1809@hkbu.edu.hk。

"的"的语法功能与偏正结构的符号表示

刘勋宁

日本明海大学

提　要　本文重新讨论虚词"的"的语法功能,并把它在"确认"的意义上统一起来。本文认为,作为修饰成分的"的"字短语实际上是由带"的"的确认谓语移位到被修饰成分前形成的。近年来,本人致力于语法符号的制作。本文通过各种类型的实际用例来显示这种符号的使用方法及其价值。

关键词　的-移位　句尾　偏正(修饰)　确认　语法符号

LGS(Liu's Grammatical Symbols,简称 LGS)[①]第一项规定(刘勋宁 2018a):

(一)修饰关系

修饰关系又可以细分为:

(1)定中关系,用符号 ＞ 表示。例如:高＞个子

(2)状中关系,用符号 ≫ 表示。例如:快 ≫ 走

如果不想细分为两类的话,可以合并只用＞表示,如"高＞个子""快＞走"。

定中关系内部又可以细分为限定关系和描写关系。限定关系如"我的书包",就用＞表示,如"我的＞书包";描写关系如"蓝色的天空",可以用 ≥ 表示,如"蓝色的≥天空"。

下面详细说明修饰关系符号运用以及由此引起的语法认知变革。

一

修饰关系又叫偏正关系。这是认为修饰语是"偏",被修饰语是"正"。被修饰语也叫"中心语"。粗一想,似乎偏正关系不会那么复杂,不过前面的成分修饰后面的成分而已。其实不然。先看一个分析现代汉语修饰语的典型案例。换句话说,并不是独此一家这么分析,而是代表着一种普遍的认识。

形容词的一个重要功能就是做名词的修饰语,于是人们常常把修饰名词的成分当作形容词。由于汉语做修饰语的成分相当复杂,由此引出种种分析上的麻烦和困惑。下面以贺阳(1996)关于形容词的功能统计的原则和方法为例说明。

原文共分9条。先看前3条(例句上的语法符号是我们添加的):

(1)语料中出现一例形容词便统计一次且只统计一次功能。

(2)在主谓短语中充当主语或谓语的形容词,无论该主谓短语是独立成句,还是充当更大结构的句法成分,形容词的功能一律记作主语或谓语。例如,"严\是·爱,松\是·害","严"和"松"的功能记作主语;"创造-了·((建设速度\快、质量\好、水平\高)的＞奇迹)","快"、"好"、"高"的功能都记作谓语。

(3)在动宾短语中充当宾语或在动补短语中充当补语的形容词,无论该短语是作谓语,还是作其他句法成分,形容词的功能一律记作宾语或补语。例如,"(黑土\变·黄)的＞地区","黄"的功能记作宾语;"(洗[干净])的＞衣服","干净"的功能记作补语。

从(1)到(3)是说,是什么就是什么:第(1)条是说出现一次算一次,不算两次(夸大)或者零次(抹杀);(2)是说做主语就是主语,做谓语就是谓语,不错记;(3)是说做宾语就是宾语,做补语就是补语,不张冠李戴。至于两条里说到的"充当更大结构的句法成分"或者"作其他句法成分",本来就跟原结构里的功能没有关系。举例来说:

a. 我\去·游乐场。

b. (我\去·游乐场)\是他说的。

c. 你就说(我\去·游乐场)。

a中的"我"是代词做主语,"去"是动词做述语,"游乐场"是名词做宾语。a作为短语整体被搬到了b中成为更大结构里的主语,到了c中成为更大结构里的宾语,括号中短语内部的关系并不变化,依然为"我"是代词做主语,"去"是动词做述语,"游乐场"是名词做宾语。

下面看(4)至(5)条:

(4)在偏正短语中充当修饰语的形容词,无论带"的(地)"不带,功能一律记作定语或状语。

(5)在偏正短语中充当中心语、在形补短语中充当中心语以及在联合短语中充当并列成分的形容词,其功能依整个短语的功能记入。例如,"道理\很≫简单","简单"的功能记作谓语;"(最≫简单)的＞方法","简单"的功能记作定语;"这\比·我想象的+严重-得[多]","严重"的功能记作谓语;"(肥-

得[冒油])的＞东北黑土地","肥"的功能记作定语。

先从(5)说起。"很≫简单""最≫简单"都是短语,都是被副词修饰。可是一个被记作"谓语",一个被记作"定语"。"道理\很≫简单"也可以说成"道理\最≫简单";"(最≫简单)的＞方法"也可以说成"(很≫简单)的＞方法",可见它们在短语内的关系是一样的,差别只在"充当更大结构的句法成分"时不一样而已。下面一句也是一样:"严重-得[多]"和"肥-得[冒油]"的构造是相同的,却一个被记作"谓语",一个被记作"定语"。

我们在刘勋宁(2017)里指出"短语是体现句法关系的直接单位",所以建议用括号括起来。括起来便一目了然,"道理\(很≫简单)""(最≫简单)的＞方法",括号里的部分内部关系是一样的。"严重-得[多]"是"得"字短语,"严重"首先和"得"发生关系,整体在"这\比·我想象的＋(严重-得[多])"中做谓语;"肥-得[冒油]"也是一个"得"字短语,"肥"首先和"得"发生关系,整体在"(肥-得[冒油])的＞东北黑土地"中做定语。就它们自身和"得"的关系而言,"严重"和"肥"是一样的,都是"A-得[……]"的关系。所以说,语法构造是有层次的:先括号内,后括号外,任何跨层次的分析都是不被允许的。

所以,"(4)在偏正短语中充当修饰语的形容词,无论带'的(地)'不带,功能一律记作定语或状语"只是碰巧是对的。

再看(6)至(8)条:

(6)在兼语式"V_1+N+V_2"中充当 V_2 的形容词,与 N 有主谓关系,因此无论该兼语式是作谓语,还是作其他句法成分,形容词的功能一律记作谓语。例如,"(嫌我脏)的＞人\只有·你","脏"的功能记作谓语。

"无论""一律",只管它在短语中的功能,不再跨层次理解。事实上,就"(嫌我脏)的＞人"来说,"脏"被包含在"的"字定语里;就"(嫌我脏)的＞人\只有·你"来说,"脏"被包含在主语里。

(7)由形容词构成的"的"字结构充当主语、宾语时,按定语处理。例如,"脏-的\别要","脏"的功能记作定语;"那朵花儿\是·红-的","红"的功能记作定语。

这一条的意思是,不管是主语还是宾语,都"按定语处理"。

(8)介词后的形容词按宾语处理。例如,"大片良田\正在≫由·黑＋变·黄","黑"的功能记作宾语。

这一条倒是应该的,介词后的成分本来就是宾语。

(9)兼类词的处理:(a)形容词带宾语时,我们将其看作动词,不再统计它的功能;(b)形容词受名量词("种"除外)修饰,或受名词的直接修饰,或充当"有"

的宾语时,我们将其看作名词,不再统计它的功能;(c)性质形容词能直接作状语的很少,我们认为这部分形容词可以处理为形容词兼副词,不过,在本文中,我们暂且不将这部分形容词作兼类处理,仍统计它们的状语功能。

兼类问题较为复杂,这里就不作讨论了。

由上可以看出,问题的关键是层次,以及"的(地)"字前面的位置应该不应该算作形容词特有的功能。形容词和动词的一个重要区别就是:汉语形容词虽然跟动词一样,可以直接做谓语,但是汉语的动词在做修饰语的时候必须后加结构助词"的",与形容词明确区别开来。如果把动词和名词之间的"的"拿掉,动词和名词之间就变成了支配关系而不是修饰关系。例如:

吃-的＞饭　比较：吃·饭　　　吃-的＞饭　比较：好＞饭
喝-的＞水　比较：喝·水　　　喝-的＞水　比较：清＞水
写-的＞字　比较：写·字　　　写-的＞字　比较：小＞字
走-的＞路　比较：走·路　　　走-的＞路　比较：近＞路

其实还不止如此。汉语的任何词加上"的"都可能成为定语。例如:

我的价值　　水的价值　　　　忽的意思　　和的意思
走的价值　　零的价值　　　　跟的意思　　于的意思

至于句子加"的"做定语,是写作本文的主旨,详后。这里先举几个例子(下面用括号把句子括起来):

(他给我)的书
(云变成雨)的书
(如何正确跑步)的书
(一本讲乌鸦喝水)的书
(作者写了多年才写好然而根本找不到出版社出版)的书

总之,说形容词可以做定语,不应该指它可以加上"的"做定语,而是说它不加"的"就可以做定语。相反,副词、连词、介词不加"的"就不能做定语;动词除了名动词,不加"的"也不能做定语。

二

1961年,朱德熙先生发表了结构主义的著名论文《说"的"》。这篇文章的杰出之处,就在于它打破了对"的"的传统认识,而且它的结论是振聋发聩的。传统上,人们把虚词"的"看作两个。一个是放在修饰语和被修饰语之间的"的",如"好的书"的"的",一般叫"结构助词";有人干脆把这个"的"称为连词,因为它是连接前后的。另一个是起名词化作用的"的",如"大的","大的"指一个东西。"送信的""卖菜的"指人或者物,如"送信的"指邮递员或者邮包,"卖菜的"指菜市场售货员或者装菜的筐子。朱先生的结论是"的"有三个:副词性的"的",形容词性的"的",名词性的"的",分别简称"的$_1$""的$_2$""的$_3$"。人们通常所说的名词化的"的"不再是一个独立性的"的",而是跟"好的书"中间的"的"是同一个"的",即"的$_3$";并且不再是人们通常认识的"好的"作为形容词性成分修饰后面的名词,而是作为名词性成分修饰后面的名词。也就是说"好"是形容词,加"的"先名词化,然后作为名词修饰后面的名词。

朱先生把修饰语和中心语之间的"的"和名词化的"的"联系起来看,无疑是正确的。然而到朱德熙(1978),朱先生又把通常认为是语气词的句末的"的"也看作"的$_3$",并且认为这不过是"的"字结构做主语而后置的普通判断句(是我先咳嗽的←先咳嗽的是我)。1963年,陆俭明先生曾发表《"的"的分合问题及其它》,文末注⑨指出:"通常说的语气词'的'是不是'的$_3$',大家的意见很不一致。"而陆俭明(1980)明确指出,第一,从语音形式上看,朱文的所谓后置主语("先咳嗽")不一定轻读,甚至可以有逻辑重音;第二,如出现语气词,一定处于全句句末,例如"是我先咳嗽的吗"。这跟陆文所讨论的易位句的特点完全不合,陆文指出真正的倒装主语一定轻读,且置于全句语气词之后。(李讷等1998)本文同意陆俭明等先生的看法。

三

值得注意的是,李讷等(1998)认为"语气词区别于结构助词",并且用具体事例说明:

首先我们需要确认的是,本文所讨论的"的"确是句末语气词而不是结构助词。我们讨论的现象有以下三类:

A.(是)我去跟他谈的。

B.我是在路上遇见他们的。

C.[韩劲](是)一定会对你好一辈子的。

如果仅从成分之间的语义关系说,似乎可以说它们都是来自某种判断句的变换式:

A'.去跟他谈的是我。

B'.在路上遇见他们的是我。

C'. 会对你好一辈子的是韩劲。

但显然都已远远偏离了原句的本意。朱德熙(1978)曾经指出"在汉语里,凡是指称形式在前分析形式在后的判断句总是表示分类,分析形式在前指称形式在后的总是表示等同"。我们只要看看原句所在的语境就能知道它们并不是表示分类或等同:

(1) 我跟她讲,这样吊着不好,要不,就跟小沈谈清。她不肯。有次小沈来了,我去跟他谈的。(1—47)

(2) 遇见两个朋友,好久没见,就一起来了。……我是在路上遇见他们的,非要来看看,其实那男的我根本不认识。(1—288)

(3) 要说结婚,你还是找韩劲那样的老实小伙子结婚好,一定会对你好一辈子的。(1—133)

如果用 A'、B'、C'代替 A、B、C 放在上面的语境里就使上下文不再连贯。据此,我们可以确定以上三类句子确是属于全句的语气词,而不是仅仅属于一个短语的结构助词。

我们认为李讷等(1998)的看法是正确的。为了方便讨论起见,我们把句尾语气词的"的"称作"的₀"。我们不但认为句尾的"的"是"的₀",而且认为修饰语的"的"也是"的₀",换句话说,带"的"的修饰语其实质是由句子做修饰语,即"(是)……的"移到名词前面做定语:

花是红的→红的花

饭是我做的→我做的饭

围巾是别人送的→别人送的围巾

图书馆是一九九二年建成的→一九九二年建成的图书馆

这样,我们认为上一节李讷等(1998)提到的朱先生的例句"是我先咳嗽的←先咳嗽的是我"的箭头应该倒过来:

是我先咳嗽的→先咳嗽的是我

因为带"的"的修饰语实质是句子做修饰语,我们用短语符号把它括起来。例如:

(吃饭)的＞人

(昨天去过学校)的＞同学

(我昨天还在苦苦思索)的＞问题

哪怕是一个独词句:

(吃饭)的＞人 =(吃)的＞人

很长一段时间以来，人们感受到，带"的"的定语有很弱的谓语性质（张敏 1998；史有为 1999）。现在可以清楚，其实本来就是谓语，不过是把后面的"（是）……的"句移到前面了。

四

1956年，朱德熙先生发表了《现代汉语形容词研究》。文章指出，汉语的单字形容词修饰名词是不自由的：

在甲₁里，定语和中心语是互相选择的，二者不能任意替换。譬如可以说"白纸""白头发"，但是不能说"白手""白家具"。下面是同样的例子。

贵东西	*贵手绢儿
薄纸	*薄灰尘
脏衣服	*脏糖
重担子	*重箱子
窄心眼儿	*窄布
凉水	*凉脸
厚脸皮	*厚雪
香花儿	*香饭
热酒	*热力量
小自行车	*小报复
短袖子	*短沉默
黄制服	*黄汽船
绿绸子	*绿庄稼
蓝墨水	*蓝天空
聪明孩子	*聪明动物
滑稽电影	*滑稽人
老实人	*老实学问

这一类格式之所以不能成立，不能从词汇意义上去找解释，因为我们只要把这些格式里的甲类成分换成跟它相对应的乙类成分，仍旧可以造成合法的格式；不过这样造成的格式已经不是甲₁而是乙了。例如：

甲₁	乙
*白手	雪白的手
*深书	很深的书
*贵手绢儿	挺贵的手绢儿
*脏糖	那么脏的糖
*重箱子	很重的箱子
*窄布	很窄的布
*凉脸	冰凉的脸
*厚雪	老厚的雪
*香饭	香喷喷的饭
*热力量	热辣辣的力量(《骆驼祥子》)
*小报复	小小的报复(《子夜》)
*短沉默	短短的沉默(又)
*黄汽船	黄呼呼的(大)汽船(《新儿女英雄传》)
*绿庄稼	绿油油的庄稼
*蓝天空	蓝蓝的天空
*聪明动物	非常聪明的动物
*滑稽人	挺滑稽的人
*老实学问	老老实实的学问

不仅如此，就某些格式来说，我们甚至可以保留原来的形容词，只是在后面加上"的"字，就能变成合法的格式。例如："深的书""窄的布""重的箱子""聪明的动物"等等，不过加上"的"字以后，整个格式就由甲₁变成甲₂了。

为什么会这样？有了前面几节的分析，我们已经清楚，这实际上是句子在做修饰语：

(雪白)的＞手
(很深)的＞书
(挺贵)的＞手绢儿
(那么脏)的＞糖

包括朱先生已经指出的：

(深)的＞书
(窄)的＞布
(重)的＞箱子

（聪明）的＞动物

如果要问,为什么"深""窄""重""聪明"也算句子? 因为本来就有"独词句"。

在后来朱德熙(1982)的《语法讲义》中,朱先生把利用"很"鉴别出来的形容词叫性质形容词,把下列形容词叫状态形容词。状态形容词包括(朱德熙 1982,73):

(1)单音节形容词重叠式:小小儿的。
(2)双音节形容词重叠式:干干净净(的)。
(3)"煞白、冰凉、通红、喷香、粉碎、稀烂、精光"等。……
(4)带后缀的形容词,包括 ABB 式:"黑乎乎、绿油油、慢腾腾、硬梆梆",A 里 BC 式:"脏里呱唧",A 不 BC 式:"灰不溜秋、白不雌列"。双音节形容词带后缀的只有"可怜巴巴、老实巴焦"等少数例子。
(5)"f+形容词+的"形式的合成词(f 代表"很、挺"一类程度副词):挺好的、很小的、怪可怜的。

过去我们一直不清楚状态形容词中为什么会有(5)这么一类:这能算词吗?现在就可以明白,状态形容词本来就是一个句子格式。这类"f+形容词+的"不过是"(f+形容词)的"而已。

五

朱先生晚年提出了"自指－转指"的概念(朱德熙 1983)。这是朱先生对语言学理论的杰出贡献(袁毓林 2001)。朱先生指出:

如果我们只看到"的"有名词化的功能,看不到它还有语义转化的功能,那就不容易说明为什么"的"除了在谓词性成分后头出现以外,还能在名词性成分后头出现,例如:木头的 ｜ 外国的 ｜ 我哥哥的。"木头 ｜ 外国 ｜ 我哥哥"本来就是名词性成分,加上"的"以后,从一个名词性成分变为另一个名词性成分,语法功能没有变,可是语义功能变了。

朱先生的这段话划清了与过去只讲"的"是名词化手段的界线。带"的"以后,不只是代表一个名词性成分,而更重要的是指示与此相关的另一个事物。例如"我的"不再指"我",而是指与"我"相关的另一个事物:我的——"帽子,鞋,书,眼睛,唾沫,妻子,仇人"——与"我"相关,而彼此或相关或不相关的各种事物。

相对于此,朱先生把那种只能在定语位置上出现,不能离开后头的中心语独立的"VP 的"看成是自指的。例如:

开车的技术｜说话的声音｜走路的样子｜到站的时间｜爆炸的原因｜打架的事情

朱先生之所以要把"的"一分为二，最关键的是他要坚持"句法成分提取"的方法。也就是上面所说的表示转指的"的"字成分都可以出现在定语位置上修饰中心语，也可以离开被修饰的中心语独立，独立后语义上仍然能够指示那个中心语。例如"我的书"去掉"书"之后，"我的"仍然可以指示"书"——"把我的还给我"，而"开车的技术"无法让"开车的"指"技术"。这样就需要把"的"分化，把能够提取中心语的叫"转指"，把不能提取的叫"自指"。朱先生的做法当然是结构主义的做法。

不过在这个问题上，我们采取功能主义的态度。我们认为，语言里的任何一个成分，都有它独自的功能。它与其他成分可以形成交换关系，但不应该是完全交换的。能够有交换关系，反映了事物的普遍联系性；不能完全交换，反映了事物的特殊性。所以我们认为，"的"不论能不能提取成分，都是转指。

袁毓林（1995）也已经指出，不管是可称代的还是不可称代的"的"是同一个"的"："在'的'字结构中，'的'的语法功能是名词化，语义功能是转指。简而言之，'的'是一个表示转指的名词化标记。"至于"开车的技术"的"技术"等为什么不容易被省略，我们同意沈家煊（1999）提出的"显著度"的解释，而不必求助于"自指"的概念。也就是说，"的"最容易指示的是它的主语和宾语，不容易指示其他的。但也绝不是不能指示。

在写作本文时看到了一篇很精彩的论文。这就是古川裕（2021/1989）《"的ₛ"字结构及其所能修饰的名词》。古川裕先生详尽地考察了"自指"时中心语名词的情况，他把这些名词分成7类作了介绍。由于全文数量庞大，我们只能选择性地介绍这项研究成果。每类例词只选前4个，如果内部还有小类的话，每类选1～2个，用分号隔开。例句只选第一条。有兴趣的朋友可以看原文。

1. 思考内容类。共48个：决心、决定、选择、抉择

   原例(9)：假如他有愿意离开人和厂的心意，那决不是为赌闲气。（祥子）

2. 言论内容类。共49个：话、说法；字、字迹

   原例(14)：这段燕北长城的发现，打破了北京北魏以前没有长城的传统说法。（晚报1988.3.5）

3. 感知内容类。共40个：声音；相片；味儿；感觉

   原例(23)："哗啦"，一声玻璃破碎的声响引起了联防队员们的警觉。（晚报1988.3.5）

4. 属性内容类。共63个：习惯、习性、陋习、恶习

原例(36):他已经养成了<u>每天必在澡盆里热气腾腾地泡上一个钟头的</u>习惯。
（立体）

5. 情况内容类。共32个：事儿、事情、事实、事迹
   原例(42):没怎么听说过<u>出租汽车司机发财的</u>事儿。（立体）

6. 抽象内容类。共65个：原则、守则、准则、计划
   原例(48):<u>香港人管理香港的</u>原则也被普遍地接受。（香港）

7. 时空内容类。共20个：工夫、时候；地方、场所
   原例(59):你哪还有<u>回这儿来串门的</u>工夫？（钟鼓）

很明显，这些名词之所以不能被转指，是因为它们的"显著度"不够。其中许多词是一种书面语，确切的含义甚至需要查字典来判定。另一方面，所用修饰语又是如此复杂，很难决定它的指向到底是什么。举例来说，第一类原例(9)的中心语可能是：

他有愿意离开人和厂的<u>心意</u>
他有愿意离开人和厂的<u>愿望</u>
他有愿意离开人和厂的<u>想法</u>
他有愿意离开人和厂的<u>企图</u>
他有愿意离开人和厂的<u>图谋</u>
他有愿意离开人和厂的<u>念头</u>
他有愿意离开人和厂的<u>要求</u>
....

在如此多的选择里，该选择哪一个呢？
再比如古川裕（2021/1989）的论文里有这样几个例子：

原例(3):<u>他推车送信的</u>相片（立体）
原例(4):<u>溥仪从三岁登基到去世的</u>影片（日报1988.3.2）
原例(5):<u>"茶钱先付"的</u>纸条（茶馆）
原例(6):结果在收到我<u>"如果有什么事，遵从你母亲意愿"的</u>信后不久，她就和她的日籍未婚夫自杀了。（北京）

很显然，这些定语都是平日少见的，中心语必定是多歧的。原例(3)"他推车送信"的居然是"相片"而不是"筐子"或者"挂钩"；原例(4)"溥仪从三岁登基到去世"的"影片"固然不好提取，可如果是"（昨天放映）的"就很容易想到是"影片"；原例(5)写着"茶钱先付"的可以是"纸条"，更可以是标语，甚至可以是趴在耳朵边说的悄悄话。

再如：

> 原例(42)：没怎么听说过<u>出租汽车司机发财的</u>事儿。

事实上，日常听到的多是不加中心语的情况：

<u>没听说过出租汽车司机发财的</u>

<u>没听说过当老师发财的</u>

<u>没听说过修马路发财的</u>

<u>没听说过看大门发财的</u>

<u>没听说过干活儿发财的</u>

<u>没听说过写文章发财的</u>

<u>没听说过发财的说自己发财的</u>

…………

所以我们说能不能让修饰语脱离中心语，实在不是因为修饰语要"自指"，而是能不能加上合适的中心语。我们平时没少听到过那些说完修饰语后，半天找不到合适的中心语的；也没少听到过那些加上中心语后，又觉得不合适，慌乱中改口的。

古川裕(2021/1989)还举有这样的例子：

(iii)先有鸡还是先有鸡蛋的问题　　(iii')永远不能解决的问题

(iv)书费又要涨价的谣言　　　　　(iv')没有人相信的谣言

正如古川裕(2021/1989)说的那样："N(笔者按：指转指的中心语)和 n(笔者按：指自指的中心语)并不是互相排斥而对立的类，而是处于包含关系的类。正如例(iii～iii')、(iv～iv')所表示的那样，n 既可以进入 S 类词组也可以进入 T 类词组。这个事实正好说明，n 只不过是包含在 N 里头的小类(子集)，即 n⊆N。"

六

近年来，完权(2016,2018a、b)致力于"的"与"的"字结构的研究。其中完权(2018a)全面检讨了迄今为止的各种学说，有很多经验教训，值得一读。他提出，把修饰语和中心语之间的关系看成"参照物"和"目标"的关系，这是一个不错的看法。不过，"参照物"的说法恐怕很难被接受。"伟大的人民""广阔的土地"很难说是因为参照"伟大""广阔"，我们把它叫作"人民""土地"。事实可能正好倒过来，因为它是"人民""土地"，我们才认为它"伟大""广阔"。所以，我们提议看作"坐标值"和点(质点)的关系。如：

设 $X=2, Y=3$　则有：

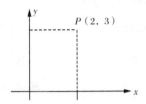

这是二维坐标图。(2,3)就是 P 点的实际值。如果是三维坐标图,无非是增加取值 (X,Y,Z)。一般来说,社会科学比自然科学来得复杂,就是因为决定因素往往是多维的,也就是多数值的。数学上的坐标值是用 (X,Y) 来表示,我们的修饰语也是用(勤劳,勇敢,智慧)来表示,这也是天作之合。

七

最初我们发表语法符号时,有朋友问"＞"是"大于号"吗？不是,其实就是箭头,指示修饰的方向。

我们知道,汉语是修饰语居前、被修饰语居后的语言。但是世界的语言并不是都如此。比如我们熟悉的英语,就是两种方向都有的语言：

```
my ＞ book              the book ＜ of mine
China ＞ map            the map ＜ of China
```

东南亚的许多语言,包括中国南方一些少数民族语言都是中心语在前、修饰语在后的语言。这里引用王均等(1984,6)为例说明(书写格式略有变化)：

	壮语	侗语	黎语(保定)
好人	vun² dei¹	nən² la:i¹	u² a:u¹ ɬen¹
	人＜好	人＜好	人＜好
茅屋	ɣa:n² ha²	ja:n² ta¹	ploŋ³ hja¹
	屋＜茅草	屋＜茅草	屋＜茅草
我的父亲	ta⁶ po⁶ kou¹	pu⁴ ja:u²	pha³ za¹ hou¹
	父亲＜我	父＜我	父亲＜我
高的那棵	ko¹ sa:ŋ¹	oŋ¹ pha:n¹ 'ta¹	ɯ³ phek⁷ ma²
	棵＜高	棵＜高＜那	的＜高＜那

受汉语的影响,这些少数民族语言的修饰语顺序正在发生变化。下面是王均等

(1984,19)提供的例证(书写格式略有变化):

	原有的词序	新的词序
壮语	vun² dei¹	mo² fa:n⁵ ta:ŋ³ jen²
	人＜好	模范＞党员
侗语	le² ja:u²	ja:u² ti⁶ le²
	书＜我	我-的＞书
毛难语	zən¹ da:i²	tswai⁴ da:i² ti⁵ cun⁵ tai⁴
	人＜好	最好-的＞军队
黎语	u² a:u¹ toŋ² kok⁷	toŋ² kok⁷ u² a:u¹
	人＜中国	中国＞人

南亚语系的情况可以参看颜其香、周植志(1995)。

众所周知,从历史上看,汉语的时间状语、地点状语也发生过转移。曾经大多后置,少数前置。我们从沈培(1992,127)引两个例子以见一斑:

甲戌卜,乙亥王其彝＜于祖乙宗。

王于祖乙宗＞彝。

所以,我们希望这套符号不仅能够说明汉语,也能够描写中心语在前、修饰语在后的其他语言;不但可以用它表现左右双向的语言,尤其便于描写那些在长期的历史进程中发生过变动的语言。

注 释

① LGS 为一个系列,包括方案介绍及意义(刘勋宁 2018a、b)、述补结构的符号表示(刘勋宁 2019)、述宾结构的符号表示(刘勋宁 2020),本文介绍的是偏正结构的符号表示。

参考文献

古川裕(2021/1989)"的₀"字结构及其所能修饰的名词,《现代汉语认知语法与教学语法研究》,300－317页,商务印书馆。/《语言教学与研究》第 1 期。

贺　阳(1996)性质形容词句法成分功能统计分析,《词类问题考察》(胡明扬主编),121－132 页,北京语言学院出版社。

李　讷、安珊笛、张伯江(1998)从话语角度论证语气词"的",《中国语文》第 2 期。

刘勋宁(2007)"得"的性质及其后所带成分,《日本现代汉语语法研究论文选》(张黎、古川裕、任鹰、下地早智子主编),269—283页,北京语言大学出版社。

刘勋宁(2017)刘勋宁老师讲语法(第一、二讲),《国际汉语学报》第7卷第2辑(郑通涛主编),293—298页,学林出版社。

刘勋宁(2018a)一套表示语法关系的演算符号,《明海大学外国语学部论集》第30集。

刘勋宁(2018b)刘勋宁老师讲语法(第三、四讲),《国际汉语学报》第9卷第1辑(陶涛主编),244—254页,厦门大学出版社。

刘勋宁(2019)述补结构的重新分析及其符号表示,《明海大学大学院应用言语学研究》第21期。

刘勋宁(2020)述宾结构的重新分析及其符号表示,《明海大学大学院应用言语学研究》第22期。

陆俭明(1963)"的"的分合问题及其它,《语言学论丛》第五辑(北京大学中文系汉语教研室、语言学教研室编),219—231页,商务印书馆。(本文引自2020年"语言学微刊"朱德熙先生百年诞辰纪念专刊)

陆俭明(1980)汉语口语句法里的易位现象,《中国语文》第1期。

沈家煊(1999)转指和转喻,《当代语言学》第1期。

沈　培(1992)《殷墟甲骨卜辞语序研究》,台北文津出版社。

史有为(1999)"的"字三辨,《现代中国语研究论集》,453—480页,福冈中国书店。

完　权(2016)《"的"的性质与功能》,商务印书馆。

完　权(2018a)《说"的"和"的"字结构》,学林出版社。

完　权(2018b)《"的"的性质与功能(增订本)》,商务印书馆。

王　均等(1984)《壮侗语族语言简志》,民族出版社。

颜其香、周植志(1995)《中国孟高棉语族语言与南亚语系》,中央民族大学出版社。

袁毓林(1995)谓词隐含及其句法后果——"的"字结构的称代规则和"的"的语法、语义功能,《中国语文》第4期。

袁毓林(2001)朱德熙先生评传,《朱德熙选集·序言》,东北师范大学出版社。(本文引自2020年"语言学微刊"朱德熙先生百年诞辰纪念专刊)

张　敏(1998)《认知语言学与汉语名词短语》,中国社会科学出版社。

朱德熙(1956)现代汉语形容词研究,《语言研究》第1期。

朱德熙(1961)说"的",《中国语文》第12期。

朱德熙(1978)"的"字结构和判断句(上、下),《中国语文》第1、2期。

朱德熙(1982)《语法讲义》,商务印书馆。

朱德熙(1983)自指和转指——汉语名词化标记"的、者、所、之"的语法功能和语义功能,《方言》第1期。

作者简介

刘勋宁,先后任教于北京大学、美国华盛顿大学、日本筑波大学、日本明海大学,研究方向为中国语言学。Email:liuxn@meikai.ac.jp。

词汇类型学视角的同素单双音节形容词句法语义比较*
——以"温""暖""温暖"为例

钱旭菁

北京大学对外汉语教育学院

提　要　汉语中存在大量同素单双音节词语,本文从词汇类型学的视角考察由相同语素构成的单双音节近义温度词的异同。本文采用语料库的方法,从句法、语义、句法－语义三个方面考察"温""暖""温暖"这三个词的异同。句法方面,"温"大多数情况下充当定语,"暖"较多地做谓语,"温暖"做宾语的比例相当高。语义方面,"温暖"主要表示非温度义,"温"侧重评价触觉方面的温度,"暖"主要评价环境温度。句法－语义方面,在评价触觉温度时,"温""暖""温暖"搭配的词语各有侧重。"温""暖""温暖"语法功能互补,语义表达各有分工,搭配词语各有侧重,正是这些语义句法的分工使得这三个同素单双音节词语能够在汉语中长期共存。

关键词　同素单双音节形容词　词汇类型学　温度词

一　引言

单双音节词语是汉语的一种重要的词汇现象,长期以来关于单双音节词语的异同一直是词汇学研究关注的焦点。对单双音节词语的研究大多是考察某一类单双音节词语的异同,如形容词性的(张国宪 1996;李泉 2001;吴颖 2009)、动词性的(程娟、许晓华 2004;季瑾 2005)、名词性的(刘春梅 2006)、副词性的(王蕊 2005)。关于某一类单双音节词语异同的研究是否能够全面解释具体某一组单双音节词语的异同?例如想要知道"温""暖""温暖"这组同素单双音节词语的异同是否只要参考形容词性的单双音节词语研究就足够?这是需要进一步研究的。

---

* 本研究得到教育部人文社会科学重点研究基地重大项目(15JJD740006)和北京语言大学校级科研项目"中央高校基本科研业务专项资金"(15ZDJ05)、北京语言大学梧桐创新平台项目"中央高校基本科研业务专项资金"(17Wp02)资助,特此致谢。本文根据匿名评审专家提出的建议进行了修改,谨致谢忱。

关于"温""暖""温暖"之间的异同,我们尚未见到专门的研究,在相关的单双音节词语研究中略有涉及。与"温""暖""温暖"这组词关系最直接的是李泉(2001)对同义单双音节形容词的对比研究。该研究从三部形容词词典中穷尽性选择了 156 对同义单双音节形容词作为考察对象,发现同义单双音节形容词在重叠能力、短语组合能力和充当句法成分的能力等方面有同有异。但是该文只从形式方面对比了单双音节形容词,没有考察单双音节形容词语义的差别。该文把所有同义单双音节形容词作为一个整体来考察,涉及的形容词数量较多,这样做虽然有助于了解汉语单双音节形容词语法功能的全貌,但只有对个案进行深入的考察,才能了解单双音节形容词内部的句法—语义差异。例如同是味觉形容词,"酸"67.5%的句式是表示动态变化的,30%的句式表示静态性质;而"甜"95%的句式表示静态性质,表示动态的只有 2%。(唐树华 2010)

除了对单双音节形容词全面的研究以外,个别汉外对比研究也略微涉及了"温""暖""温暖"这三个词的异同。李丽虹(2012)比较汉英温度词时发现,这三个词的搭配词、引申义数量和语体色彩存在差异。但是这些差异尚未涉及温度词词义的本质,也未充分考虑词义与语法之间的相互影响。因此,这三个词词义的本质差别以及存在各种差异的原因尚需深入挖掘。本文将从词汇类型学的视角,通过比较"温""暖""温暖"这组表温度的同义单双音节词之间的异同,进一步探索同素单双音节近义词的异同。

我们从北京大学 CCL 语料库中选取"温""暖""温暖"的相关语料。

表 1 "温""暖""温暖"的语料数量

温度词	CCL 语料库数量	下载数量	选取语料数量
温	100284	50000	1000
暖	25706	25706	1000
温暖	8905	8905	1000

在提取语料的过程中,我们剔除了"温""暖"作为语素构成的复合词。鉴定复合词的标准是《现代汉语词典(第 7 版)》(以下简称《现汉》)是否收该词。有些双音节组合虽然《现汉》没收,但是我们认为是词的也从语料中删除。"不在词库中存储的成分并不等于不是词,只是不需要以清单方式存储而已。""为了研究方便起见,我们可以把一般词典收录的条目看做是可能进入大多数人的心理词库的形式。""是否收入词典不是判断一个形式是不是词的绝对依据,未收入词典的不一定不是词。"(董秀芳 2016,12、14、77)除此之外,我们还剔除了以下语料:(1) 形容词以外的义项;(2) 文言文语例;(3) 四字格、俗语、古诗词、对联等;(4) 与中医相关的义项、语例;(5) 指代目标词本身的语例;(6) 语义无法判断的语例。如果一个语例中有两个目标词,我们只分析第一个目标词。删除无关语料后,根据语料的数量间隔一定数量选取语料,三个词各选取 1000 条语料进行分析。

二 句法功能异同

首先我们统计了"温""暖""温暖"这三个词充当的句法成分。

表2 "温""暖""温暖"形容词义项的句法分布百分比(%)

温度词	定语	谓语	主语	宾语	状语	补语
温	77.8	9.2	0.4	1.2	9.8	1.6
暖	25.1	63.2	0.2	2.9	1.5	7.1
温暖	25.7	14.1	1.6	58.2	0.3	0.1

从充当的句法成分来看,三个词语呈互补分布。"温"大多数情况下充当定语,"暖"较多地做谓语,"温暖"做宾语的比例相当高。例如:

(1)服药通常是用温开水送服的,为何不能用茶水呢?
(2)用啤酒也可以治疗头皮屑。方法是:先用温啤酒将头发浸湿……
(3)现在天气渐渐暖了,到室外散步有益于他的健康。
(4)这话,让人听了心里暖暖的。
(5)到老时,我看不见,动不了,得到的是各方面的关怀和温暖。
(6)他们用血肉之躯维护正义,以自己的清贫换来别人的温暖和幸福。

定语和谓语是形容词的典型句法功能,除了定语和谓语以外,其他几种句法成分都有一个词语占绝对优势,做主语、宾语的主要是"温暖",做状语的主要是"温",做补语的主要是"暖"。例如:

(7)枕着妈妈亲手缝制的枕头入睡,那种温暖自是不可言喻。
(8)这个世界很冷,人与人是多么需要互相给予一点温暖。
(9)以浸出液涂搽或温敷患处,2~3小时更换1次。
(10)在队员们回到家之前,还为他们接回孩子,烧暖屋子。

三 语义差异

首先,"温""暖""温暖"在表示温度义和非温度义方面存在差异。很多温度词除了表示温度义以外,还能表示非温度义。有些温度词的非温度义在《现汉》中已经成为独立的义项[①]。例如:

冷:❸ 不热情;不温和;❽ 形容灰心或失望。

热：❼ 吸引很多人的。

凉：❷ 形容灰心或失望。

而"温""暖""温暖"这三个词在《现汉》中没有独立成词的非温度义义项②,但实际语料中还是有非温度义语例。例如：

(11)演温了,人物性格出不来;演火了,则嫌过分和造作。

(12)国内计算机家用市场终于涅(槃)重生,两年多"温而不热"的"熊市"在一路追涨声中扶摇直上。

(13)哪怕是在山间小憩,一声暖暖的问候,都是那么地让人感到温慰啊。

(14)我也没叫你非把衣服给我。我说冷,只是想听你几句暖话。

(15)这时,背后传来一句"二姐"的声音。呵,是大弟弟悄悄守候在身边。她的心倏地暖了起来……

(16)全市56所敬老院和社会福利院,他走访过48所,把党和政府的关怀、温暖送到孤寡老人和孩子们的心田。

(17)如果孩子从小失去家庭的关心和温暖,就可能在社会上结交一些不良的人……

(18)我渴望您早日回到讲台上,重现您那慈母般的情怀,温暖的语调,祥和的面庞……

(19)今天,福州严寒,但在市中心的五一广场却温暖如春。由福州市委、市政府举办的"下岗职工再创业扶助系列活动"……

例(11)"温"表示表演内敛,例(12)表示市场不火爆,例(13)—(15)中的"暖"和例(16)—(19)中的"温暖"都表示人的情绪温暖。

"温""暖""温暖"这三个词表示温度义和非温度义的比例有较大差异。

表3 "温""暖""温暖"表示温度义与非温度义的百分比(%)

温度词	温度义	非温度义
温	96.6	3.4
暖	91.7	8.3
温暖	21.3	78.7

从表3可以看出,"温""暖"主要是表示温度义,而"温暖"更多的是表示非温度义。

李丽虹(2012)也认为"温""暖"的引申义数量存在差异。但她的研究结果与我们的结果相反。根据她的统计,"温"的引申义更为丰富,引申义用法超过半数,占51.02%,"暖"的引申义用例仅占28.70%。而我们的研究中,"温""暖"的非温度义比例都没那么高,而且"暖"的非温度义比例是"温"的两倍多。之所以会出现这种差异,我们认为主要原因是李丽虹的研究所用的语料包含大量的由"温"或"暖"构成的合成词,如"温柔""温和""温馨""暖和""暖流""暖气"等。我们统计了"温""暖"在合成词中位于词首时表示温度义和非温度义的比例:

表4 "温""暖"在合成词词首表示温度义和非温度义的比例(%)

温度词	温度义	非温度义	温度义和非温度义[③]
温	37.8	48.7	13.5
暖	83.3	16.7	0

从上述统计可以看出,位于词首时,"温"在合成词的词首既可以表示温度义,如"温煦""温度""温差""温床",也可以表示非温度义,如"温存""温厚""温良""温情""温顺""温馨"等,表示非温度义的多于温度义;"暖"在合成词中大部分表示的是温度义,如"暖冬""暖房""暖壶"等。

在表示温度义的时候,"温""暖"也存在差异。"温"可能是从较低的温度达到"温",也可能是从较高的温度变成"温",而"暖"只有从较低的温度达到"暖",没有从较高的温度降低到"暖"。例如:

(20)将甘蔗汁、生姜汁混合,隔水烫温。

(21)顺鹿肉横纹切成均匀的细丝,放入鸡蛋清、小苏打、淀粉浆好,炒锅烧热放油烧温……

(22)加入150克清水,上火化开,加入50克白糖,再煮开,晾温后,倒入杏仁浆,搅拌均匀。

(23)最好的米饭应该是隔夜略微加热或者硬硬的新米饭放温的。

(24)……停止进食,进入冬眠。一直等到第二年三四月份天气转暖时,才出洞游荡,寻找食物。

(25)在队员们回到家之前,还为他们接回孩子,烧暖屋子。[④]

(26)空调开得很暖,睡得口干舌燥。

(27)天色渐暗,那火锅却越烧越暖。

例(20)(21)是从较低的温度加热变成"温",例(22)(23)是从较高的温度冷却变成"温",例(24)—(27)都是从较低的温度加热变成"暖"。

由于上述语义差别,在与其他温度词搭配时,"温"可以和"热"并列使用,也可以跟"凉"并列使用,而"暖"只能和"热"并列使用。例如:

(28)一辆米色"红岩"自卸载重车迎着朝阳从山峰间的白云绿树中驶来,只觉得路在微微颤抖,山风也变得温热起来。

(29) 她打开淋浴,最初的凉水让尹初石打了个寒颤。但<u>温热</u>的水接踵而至,从他们的头上流过。

(30) 这里光照充足,气候<u>温凉</u>。

(31) 洗净荷叶覆其粥面,加盖,半个时辰后,去其叶,至粥<u>温凉</u>。

(32) 秋风爽面,阳光<u>暖热</u>。

(33) 其余两类咖啡要求<u>暖热</u>气候,通常分布在赤道南北纬十度范围内低海拔地区。

"温""暖""温暖"在评价温度的次范畴方面也存在差异。词汇类型学研究发现,温度词有三个次范畴(Goddard & Wierzbicka 2007[⑤];Koptjevskaja-Tamm 2015):

 a. 触觉温度:洗澡水很热。
 b. 环境温度:外边很热。
 c. 个人感觉温度:我觉得很热。

a 是触摸洗澡水感觉到的热,因此是从触觉的维度评价洗澡水的温度;b 是说某个处所的温度很高,因此是从环境的角度评价温度;c 是评价个人感觉到的温度。

汉语、英语的"热""冷"可以表示这三个次范畴。而有些语言可能采用不同的词汇来表达这三个次范畴。例如东亚美尼亚语表示"冷"有三个词语,cʰuɾt 表示环境的"冷",saɾn 表示触觉的"冷",mrsel 则表示感觉的"冷";俄语表示"热"的词语区分触觉和非触觉,gorjačij 表示触觉的"热",žarkij 表示环境和感觉的"热"。(Koptjevskaja-Tamm 2015)

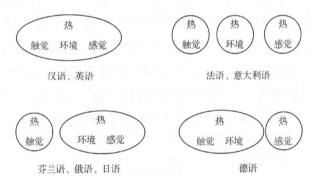

图 1 不同语言"热"充当谓语时的词化方式[⑥](Koptjevskaja-Tamm 2015)

通过语料统计分析,我们发现"温""暖""温暖"分别侧重不同的温度评价维度。

表 5 "温""暖""温暖"用于温度的三个评价维度的百分比(%)

温度词	环境	感觉	触觉
温	4.4	1.7	90.5
暖	73.9	13.6	4.2
温暖	17.1	1.2	3.0

如表 5 所示,在表达温度时,"温"侧重评价触觉方面的温度,"暖"主要评价环境温度,"温暖"在有限的温度义用法中主要评价环境温度。这是这三个词最重要的语义差别。

四 搭配名词情况考察

温度形容词表示温度义时的典型句法功能是做定语和谓语[7],因此我们统计分析了"温""暖""温暖"的温度义做定语和谓语时搭配的名词。这三个词评价感觉、环境、触觉各有侧重,在评价同一个维度时,三个词搭配的名词也有细微的差异。

首先,在评价感觉温度时,"温""暖""温暖"这三个词的差别不大,都可以与表示身体部位和颜色的词搭配。

其次,在评价环境温度时,"温""暖""温暖"这三个词都能与表示地方、气候、天气等词语搭配。最主要的差异是"暖"和"温暖"都能与时间词搭配,但语料中未出现"温"与时间词搭配的语例。例如:

(34)在北半球,20 世纪 90 年代是过去 1000 年中最<u>暖</u>的 10 年。

(35)春风终要度关山,迟来的春天分外<u>暖</u>。

(36)瑞典,<u>温暖</u>的八月。

(37)一个<u>温暖</u>的下午,天气很好,李克农坐在船上……

最后,在表示触觉温度时,三个词搭配的词语差异较大。"暖"主要与表示床褥和液体的词语搭配,"温暖"主要与表示身体部位的词语搭配,而"温"主要与表示液体的词语搭配。"温"表示触觉温度的共 879 例,其中 611 例是与表液体的名词搭配,占 69.5%,其中最高频的搭配名词是"(开)水"。在 1000 条"温"的语例中,"温(开)水"这一组合占了一半。

表 6 "温""暖""温暖"做定语、谓语时搭配的名词[8]

评价维度	温	暖	温暖
感觉	[身体部位]、色调	[身体部位]26、色调 8、[衣物]6、红色、颜色	感觉、红色、色彩
环境	气候 8、风 6、地带、地方、地区、[地方]、海水	气候 179、全球 130、气流 80、天气 42、风 33、[时间词]30、[空气]11、[地方]10、[太阳]9、气温 8、气流、气候、气团、海水、河、地球	[地方]48、气候 41、[太阳]21、[时间词]16、天气 7、空气、地带、地区、河水、洋流

续表

评价维度	温	暖	温暖
触觉	水371、开水135、火71、酒48、油43②、[其他液体]14、[食物]16、[身体部位]5、灰烬、毛巾	[床褥]8、[液体]8、[身体部位]5	[身体部位]13、被窝、[衣物]、水流、泪花、食物

这三个词的搭配倾向跟它们所表达的语义密切相关。"温"侧重评价触觉方面的温度,因此主要与液体搭配;"暖""温暖"主要评价环境温度,因此"暖"主要与跟天气有关的词语搭配,"温暖"主要与表示时间、地方以及跟天气有关的词语搭配。已有研究表明,同一语义类的动词会有相同的句法表现,动词语义对句法形式具有决定作用。(沈园 2007)例如英语动词 hit 和 break 在使动变换、占有者提升、with/against 变换等句法方面都存在差异。原因就在于两类动词的语义不同。break 类动词表示物体状态的变化,而 hit 类动词表示接触,不表示物体状态的变化。(沈园 2007)有关形容词的研究也发现了类似的语义和句法之间的相互作用。唐树华(2010)研究味觉词和温度词时提出了专域专构式原则,即"体验域③的表达通常集中于常规构式,而抽象域表达则集中于几类标记性构式"。同样地,"温""暖""温暖"的搭配也受到它们语义的制约。

五　结　语

本文对温度词的语义分析借鉴了词汇类型学的研究成果。词汇类型学视角的温度词研究最重要的成果就是通过分析全世界的多种语言发现了温度评价的三个次范畴:感觉温度、环境温度、触觉温度。这一具有语言共性的研究成果帮助我们分析、了解同素单双音节温度词的语义差异。

汉语中存在大量同素单双音节词语,本文对"温""暖""温暖"这组同素单双音节词的句法、语义分析表明,同素单双音节词语各有分工,表现为语法功能互补、语义表达各有分工、搭配词语存在差异。这也是同素单双音节词虽然语义相近、形式近似,却能依然存在的原因。

注　释

① 这里的讨论不考虑不成词的语素义,如"热❺情意深厚"。
② "温❹性情平和;温柔"为不成词的语素义。
③ 在某些合成词中,"温"可以表示温度义,也可以表示非温度义,比如"温和"。
④ 重复例句仍连续编号。
⑤ Goddard & Wierzbicka(2007)用自然语义元语言(natural semantic metalanguage)分析了 hot 的三种

用法，这三种用法大致相当于 Koptjevskaja-Tamm(2015)的环境、感觉和触觉。

⑥ 环境、感觉、触觉在同一个圈内代表这些评价维度用同一个词表示，在两个圈内代表用两个词表示，分别在三个圈内代表用三个不同的词表示。

⑦ "温暖"做宾语一般不表示温度义，如"送温暖"。

⑧ "[ ]"表示的是搭配词的语义类别，不是具体的搭配词。如搭配词是"手""脸""胸膛"，我们都归为"[身体部位]"。语义类别或词语后的数字是该搭配语义类或搭配词出现的次数，搭配次数少于5次的不标注，搭配次数少于2次的未在表中列出。

⑨ "温"跟"水""开水""酒""油"搭配的频次远超"其他液体"，归入"液体"会掩盖"温"的重要搭配特点，故将"水""开水""酒""油"单独列出。

⑩ "体验域"是指味觉词的味觉义、温度词的温度义，下文的"抽象域"是指由味觉义和温度义引申出来的抽象义。

参考文献

程　娟、许晓华(2004)HSK单双音同义动词研究，《世界汉语教学》第4期。

董秀芳(2016)《汉语的词库与词法(第2版)》，北京大学出版社。

季　瑾(2005)HSK甲级单双音同义动词部分不可替换的类型探析，《语言教学与研究》第5期。

李丽虹(2012)《汉英温觉词语义对比研究》，中央民族大学博士学位论文。

李　泉(2001)同义单双音节形容词对比研究，《世界汉语教学》第4期。

刘春梅(2006)现代汉语单双音同义名词的主要差异，《华中师范大学学报(人文社会科学版)》第1期。

沈　园(2007)《句法－语义界面研究》，上海教育出版社。

唐树华(2010)《有些隐喻为什么不可能——汉英谓语句物性形容词隐喻拓展异同成因探析》，上海外国语大学博士学位论文。

王　蕊(2005)《单双音节同义副词研究》，上海师范大学硕士学位论文。

吴　颖(2009)同素近义单双音节形容词的差异及认知模式，《语言教学与研究》第4期。

张国宪(1996)单双音节形容词的选择性差异，《汉语学习》第3期。

中国社会科学院语言研究所词典编辑室(2016)《现代汉语词典(第7版)》，商务印书馆。

Goddard, C. & Wierzbicka, A. (2007) NSM analyses of the semantics of physical qualities: Sweet, hot, hard, heavy, rough, sharp in cross-linguistic perspective. *Studies in Language*, 31(4), 765—800.

Koptjevskaja-Tamm, M. (2015) Introducing "The Linguistics of Temperature". In Koptjevskaja-Tamm, M. (ed.). *The Linguistics of Temperature*, 1—40. Amsterdam & Philadelphia: John Benjamins.

作者简介

钱旭菁，北京大学对外汉语教育学院教授，主要研究方向为汉语词汇和词汇习得、论文写作。Email:qianxujing@pku.edu.cn。

美国汉语学习者词义猜测研究*

陈天序[1]　程　萌[2]　王　枫[3]　王梦月[4]

1　中央民族大学国际教育学院　　2　燕京理工学院文法学院
3　北京语言大学汉语进修学院　　4　中央民族大学国际教育学院

提　要　本文以34名美国大学高年级汉语学习者为研究对象,通过三项测试考察双音节名词的语义透明度在不同语境下对英语母语者词义猜测的影响。结果显示:(1)在无语境情况下,被试猜测右向透明词语时,正确率显著高于左向透明词语,而在有语境情况下,两类词语的猜测正确率无显著差异;(2)对右向透明词语而言,有无语境对词义猜测正确率无显著影响,但对左向透明词语而言,有语境条件下的词义猜测正确率较无语境条件下有显著提高;(3)学习者的词汇知识差异不改变语义透明度及语境信息对词义猜测的影响。

关键词　语义透明度　语境信息　词义猜测　美国汉语学习者　母语迁移

一　引言

1.1　缘起

近年来,随着国际中文教育事业的不断发展,美国本土汉语学习者人数稳步增加,汉语作为外语学习在美国大学也受到越来越多的关注。然而由于汉语书写系统与作为拼音文字的英语书写系统存在显著差异,很多美国学习者在面对汉语字词时感到格外困难,在一定程度上甚至影响了他们的学习热情和意愿。因此,如何提高汉语学习者的阅读能力一直是学界关注的热点问题。

作为阅读能力的重要组成部分,词义猜测能力(lexical inferencing ability)的发展对第二语言(二语)阅读能力的提高有直接帮助。(Koda 2005)具体来说,词义猜测是一种

---

* 本研究得到国家社会科学基金一般项目(22BYY162)、世界汉语教学学会全球中文教育主题学术活动计划(SH22Y01)和中央民族大学自主科研项目"青年学术团队引领计划"(2022QNYL40)等的支持。

学习者综合已有知识、语境信息及相关语言知识有效猜测词语意义的能力。(Haastrup 1991)在这一猜词过程中,学习者需要识别(identify)未知词语中的已知元素,区分(distinguish)相关及无关语境信息,整合(combine)词内及词外线索,最后确认(confirm)词语在相应语境中可能的意思。(Sternberg 1987;Koda 2005)同时,作为一个复杂的过程,词义猜测受到多种因素的影响,大致可分为词外信息(即语境信息)和词内信息。(Chen 2019)

前人研究表明,无论是一语还是二语学习者,在词义猜测时都可以利用词内信息和语境信息(王玮琦等 2021),但对于他们如何整合这两类信息并没有一致的结论。Mori & Nagy(1999)认为,中级水平以上的二语学习者能够利用语境信息推测未知词义。Hamada(2014)也同意中级水平的学习者在推测词义时能够从语境信息中获益。相反,初级水平的学习者似乎受到语言水平的限制,主要利用词内信息进行词义猜测,较少能够依靠语境信息(Laufer & Yano 2001)。

而在词内信息中,词频、语素能产性、词语抽象性及语义透明度等(Balota 1994)都会影响学习者对陌生词语词义的猜测。其中,语义透明度是一个重要的影响因素,它是指"合成词本身与其构成语素在意义上的一致性程度"(Cheng et al. 2011)。实验研究表明,语义透明度对学习者汉语合成词加工速度有直接影响(王春茂、彭聃龄 1999)。同时,面对语义透明度较高的词语,学习者比较容易通过其内部语素推测整词意义。相反,对于语义透明度低的词语,学习者很难通过词内语素义对其进行意义推测。

然而,目前在汉语作为外语的词义猜测研究中,关于语义透明度和语境信息如何影响学习者猜测词义的实证性研究相对较少,特别是针对非目的语环境下、单一母语背景被试的相关研究非常缺乏。因此,本文着重探讨在不同语境条件下,语义透明度对美国大学汉语学习者词义猜测的影响。我们相信,实验数据将帮助我们进一步了解语义透明度和语境信息在词义猜测中的作用。同时,本研究也将帮助我们在教学中有针对性地训练学习者的词义猜测能力,进而提高他们的汉语阅读水平和整体语言水平。

1.2 相关研究成果综述

与英语作为外语的研究相比,汉语作为外语的词义猜测研究尚不多见。但近年来越来越多的学者开始关注语义透明度和语境信息在其中的作用。干红梅(2008)以 90 名中级以上汉语水平的来华留学生为样本(日韩组、欧美组和华裔组),通过两个词义猜测测试讨论语义透明度(接近透明和接近不透明)对汉语阅读中词汇学习的影响。实验结果显示,学习者母语背景效应显著,即日韩学生词汇的学习效果明显优于欧美学生;语义透明度效应显著,即透明词的学习效果显著好于不透明词;但语境对不透明词学习的促进作用显著,对透明词的促进作用不显著。张金桥、曾毅平(2010)以 84 名中级水平的来华留学生为研究对象,探讨了语义透明度、句子语境和语言环境三个因素对中级水平留学生新造词语理解与学习的影响。虽然他们并未明确说明词语的语义透明度类型,但从两组词语在6度量表中的得分(4.89和1.21)来看,他们选取了语义接近透明与接近不透明的两类词语。他们的研究结果显示,语义透明度越高、语境信息越丰富、语言环境越丰富,留学生的新造词语理解就越好。洪炜等(2017)针对在华学习的韩国留学生的研究也得到了相似的结果。

关于母语背景的影响,前人主要对比了在目的语环境下,汉字文化圈(如日韩)与非汉字文化圈(如欧美)学习者在词义猜测方面的差异。房艳霞、江新(2012)和江新、房艳霞(2012)借鉴了Mori & Nagy(1999)及Mori(2003)的研究,以语义半透明词作为测试词语,考察了18名日本留学生和18名英美留学生在不同语境条件下词义猜测的策略差异。她们的研究发现,整合语境与构词法线索会比依靠单一线索得到更好的猜测结果。而不同母语背景学习者在利用语境及构词法线索猜测词义时,存在着明显的个体差异。王意颖等(2018)考察了中级水平的欧美学习者和日韩学习者在不同结构类型语义透明词中词义猜测的表现。结果也发现,日韩学习者词义猜测的结果明显优于欧美学习者,且不同语言背景的学生在面对不同结构的透明词语进行词义猜测时,难度有所不同。而吴海燕等(2015)的研究对语义透明度与母语背景在词语学习中的影响有了进一步的探究。她们以27名泰国高中学生为实验对象,研究了语义透明度在汉语整词识别过程中的影响。结果显示语义透明度对初级水平泰国汉语学习者的词汇学习影响较小。据此,吴海燕等认为被试的母语决定了语义透明度对词汇识别的影响程度。

总的来看,虽然汉语作为外语的词语猜测相关研究不甚丰富,但语义透明度效应在汉语作为外语的词语猜测中应当是存在的,只是其作用受到学习者语言水平、母语背景以及语境信息等多种因素的影响。前人的研究,特别是关于语义透明度与语境交互作用对词义理解或猜测的讨论,对本文有重要的启发和参考价值。同时,综合已有的研究成果,我们认为对于这一问题仍存在值得进一步思考的方面。

首先,语义透明度类型需要进一步考察。(宋贝贝、王意颖 2020)关于词语的语义透明度,干红梅(2008)和张金桥、曾毅平(2010)将汉语词二分为透明度高和透明度低两类。但李晋霞(2011)参照Libben et al.(2003)对英语的复合词按照语素的语义透明度的分类——透明语素+透明语素、透明语素+不透明语素、不透明语素+透明语素、不透明语素+不透明语素[①],根据《现代汉语词典(第5版)》的释义,对汉语词语的语义透明度进行了统计分析。她发现在33095个常用双音节、三音节词语中,9488个(28.67%)词语为语义完全透明词,21467个(64.86%)为语义半透明词,2140个(6.47%)为语义完全不透明词。可以看到,汉语中语义半透明词语的数量要远远高于语义完全透明和完全不透明的词语。而房艳霞、江新(2012)和江新、房艳霞(2012)中的语义半透明词语也并没有根据词内语素组合方式的不同进行进一步区分。我们认为，如果透明度相同的两个词语，一个是透明语素+不透明语素的组合方式(TO)，一个是不透明语素+透明语素的组合方式(OT)，学习者在猜测两个词的词义时会有不同的表现。

其次，母语背景的影响因素应当考虑。江新、房艳霞(2012)指出由于被试的母语背景复杂，分组后被试的数量较少，在一定程度上影响了最终的结果。同时，该研究将英语、西班牙语等不同母语学习者归为一组的做法也值得商榷。从 Katz & Frost(1992) "正字法深度假说"(orthographic depth hypothesis)的角度看，英语和西班牙语在向汉语进行母语迁移时，应当有不同的影响。于红梅(2008)和吴海燕等(2015)的研究都指出词义猜测中可能存在母语背景影响。但这一影响如何发挥作用需要进一步讨论。

最后，学习者语言(词汇)水平作为调节变量的影响因素值得探究。(Chen 2018; Chen et al. 2020)据我们了解，已有的研究多是通过学习者的学习时间判定他们的语言(词汇)水平，缺少直接的测量。且目前只有宋贝贝、王意颖(2020)讨论了学习者汉语水平与语义透明度对词义猜测的共同影响，该研究结果显示，随着语言水平的提高，词义猜测的成绩逐渐提高，猜测难度逐渐下降，且对不同水平的汉语学习者来说，各类语义透明度类型的词义猜测的难度顺序是一致的。遗憾的是，该文没有考虑语境信息与母语背景因素在词义猜测中的影响。

总之，学习者的词义猜测是一个复杂过程，受到词内信息(语义透明度)、词外信息(语境)与学习者因素(词汇水平)等多种因素的共同影响。考虑到词义猜测能力在汉语阅读能力发展中的重要作用，以及该课题在目前汉语作为外语研究中仍存在的探究空间，我们将针对母语为英语的汉语学习者，进一步讨论语义透明度在词义测试中的作用以及内在机制。本文的主要研究问题包括：

1. 对不同类型语义半透明词语(TO 类和 OT 类)，母语为英语的汉语学习者在词义猜测方面的表现是否存在差异？如果存在，这种差异是否会因语境信息的增加而改变？

2. 学习者的词汇水平是否会影响语义透明度与语境信息对词义猜测的影响？

二 研究方法

本研究采用课堂实验与统计分析相结合的手段，对被试进行了三个不同的纸笔测试。在全部测试结束后，我们统计了被试在各项测试中的相应得分，使用 SPSS 25.0 作为统计分析工具，对获取的数据进行描述性统计、独立样本 t 检验、重复测量方差分析 (repeated measures analysis of variance)等统计分析，从而考察汉语语义透明度在有无语境信息时对词义猜测的影响,语义透明度与语境信息之间的交互作用,以及学习者汉语词汇水平对上述因素在词义猜测中可能存在的影响。

2.1 样本说明

本研究以美国南卡罗莱纳大学(University of South Carolina)和卡内基梅隆大学(Carnegie Mellon University)高级汉语班的学习者作为研究对象。共有 34 位学生自愿完成全部测试,其中女生 27 人,男生 7 人。被试年龄在 19～23 岁之间,他们在美国的汉语学习时间均为两年以上[②]。

2.2 测量材料

为减少其他因素对测量材料的影响,我们对词义猜测测试中的目标词语进行了控制。

首先,我们对比了两所大学的被试所使用的教材,从中选出了两套教材中均涵盖的 457 个高频汉字,以确保被试熟悉这些汉字。同时,为避免汉字复杂程度的差异对词义猜测造成干扰,所有汉字均被控制在中低复杂程度(Su & Samuels 2010),在本文中平均汉字笔画数为 6.5 笔。

其次,我们用这 457 个汉字组成了 5294 个双音节词[③],并由一名汉语语言学博士依照 Libben et al. (2003)对词语语义透明度进行分类,选择了 46 个语义半透明词语。在此基础上,我们按照如下三个标准从中筛选出 30 个目标词,TO 类和 OT 类各 15 个:(1)为避免词性不同对被试词义猜测造成干扰,所有词语均为名词;(2)这些词语没有在被试的教材中出现过;(3)以《现代汉语常用词表(草案)》为依据,所有词语均为低频词,即在汉语母语者的日常交际中出现频率较低,因此被试在课堂教学之外接触到这些词的概率也较低。上述操作的目的是尽量确保被试熟悉目标词中的汉字,但未接触过目标词。

接下来,我们请 61 名母语为汉语的中国大学生使用李克特量表(Likert Scale),按照 1 到 4 对目标词中的汉字进行语义透明度评分。"1"代表该汉字的意义与所在词语完全无关,"2"代表该汉字的意义与所在词语关联不大,"3"代表该汉字的意义与所在词语有一定关联,"4"代表该汉字的意义与所在词语直接相关。例如在词语"火药"中,"火"的意思与"火药"有所关联,所以"火"可被标注为"4"或"3";而依据《现代汉语词典(第 7 版)》的释义,"药"的常用义为"药物",与"火药"的意思——"炸药的一类。爆炸时有的有烟,如黑色火药;有的没有烟,如硝酸纤维素"没有联系,所以"药"可以被标注为"1"或"2"。

最后,在综合考虑音节数、整词笔画数、字频率、词频率、首字语义透明度、尾字语义透明度和词性等因素后(详见表 1),我们最终选择了 TO 类和 OT 类各 10 个,共计 20 个词作为词义猜测测试的目标词。独立样本 t 检验显示:(1)两类词语在整词笔画数、字频率和词频率上无显著差异,p 值均大于.05;(2)10 个 OT 类词语中首字 O 与尾字 T 透明度的评分存在显著差异,$t(18) = -10.54$, $p < .001$;10 个 TO 类词语中首字 T 与尾字 O 透明度的评分存在显著差异,$t(18) = 11.92$, $p < .001$。鉴于统计所显示的两类词在整词笔画数、字频率和词频率方面无显著差异,再加上两组词均为双音节词,词性均为名词,因此我们认为除了语义透明度以外,其他几方面因素均不会干扰被试对词义的推测。同时,从语义透明度的角度看,通过对首字与尾字透明度差异的检验,证实这两类词属于不同类型的语义半透明词,即 TO 类和 OT 类。

表 1　目标词的特征

词语属性	TO 类	OT 类
音节数	2	2
整词笔画数	13	13
字频率(1—5708)	464	362
词频率(1—56008)	19499	20067
首字语义透明度 (1—4)	3.26	1.93
尾字语义透明度 (1—4)	2.11	3.25
词性	名词	名词

2.3　测量工具

本研究共包括三个测试,分别为词义猜测-1(无语境)、词义猜测-2(有语境)和汉语词汇水平测试。为了避免可能存在的三个测试之间的相互影响,每名被试完成三个测试的顺序是随机的。下面我们对这三个测试分别作简要介绍。

词义猜测-1 主要考察被试在无语境条件下,利用词内语素信息对陌生词语进行意义推测的能力。在本测试的 10 道题目中,我们用汉语向被试提供目标词和 4 个选项,要求被试判断词义并选择他们认为正确的答案。具体形式如下:

茶几

A. 一种饮料　　　B. 一种数字　　　C. 一种家具　　　D. 一种收入

其中,一个选项与首字意义相关(选项 A),一个选项与尾字意义相关(选项 B),一个选项为正确答案(选项 C),一个选项为干扰项(选项 D),四个选项顺序随机排列。本测试中,每答对一题得 1 分,答错不得分。Cronbach 信度测试显示,该测试信度良好($\alpha > .70$)。

词义猜测-2 主要考察被试同时利用词内信息和语境信息在句子中猜测未知词语的能力。本测试共计 10 道题目,我们向被试提供一个包含目标词的句子和 4 个选项,要求被试判断词义并选出他们认为正确的答案。例如:

黑市：不要去<u>黑市</u>买东西，不安全。
A. 一种活动　　　B. 一种颜色　　　C. 一种地方　　　D. 一种人

本测试中，每答对一题得 1 分，答错不得分。Cronbach 信度测试显示，该测试信度良好（$\alpha > .70$）。

需要说明的是，在设计词义猜测-1 和词义猜测-2 中的所有选项时，我们均避免使用目标词中包含的汉字，以避免词内语素对被试的判断产生诱导。同时，我们在这两个测试中均采用 A—B 卷的设计（见表 2），17 名被试使用词义猜测-1 和词义猜测-2 的 A 卷，17 名被试使用词义猜测-1 和词义猜测-2 的 B 卷，这样既可避免练习效应，又可保证每个目标词在整个测试中在两种语境条件下均出现过。被试在测试中的得分将分别代表他们在两种语境条件下猜测词义的能力。

表 2　目标词在词义猜测测试中 A、B 卷的分布

词义猜测情境	A 卷	B 卷
词义猜测-1（无语境）	目标词 1—10	目标词 11—20
词义猜测-2（有语境）	目标词 11—20	目标词 1—10

汉语词汇水平测试主要考察被试的书面词汇知识水平，这一水平在相当程度上与被试的书面阅读能力相关联（Koda 2005）。在本测试中，参照 Ku & Anderson（2003）对汉语书面词汇知识测试的设计，我们从 HSK 词汇等级大纲中，随机选择了 60 个目标词语，其中一级 5 个，二级 10 个，三级 15 个，四级 15 个，五级 10 个，六级 5 个，又加入了 20 个干扰词，即假词，如"跑者、很学"。我们要求被试根据实际情况判断是否认识这些词语，知道词语意思选"YES"，不知道选"NO"。在本测试中，我们参考了 Chen（2018）的分数计算方法：$(h-f)/(1-f)$（h 表示"YES"的真词数量/真词总数；f 表示"YES"的假词数量/假词总数）。例如，被试在 60 个真词中选择了 32 个"YES"，在 20 个假词中选择了 2 个"YES"，则该被试在本测试的成绩为 $(32/60-2/20)/(1-2/20) = 0.48$。我们将用这一分数判断被试的书面词汇水平。Cronbach 信度测试显示，该测试信度良好（$\alpha > .70$）。

三　数据分析

我们对 30 名被试[④]的各分项测试结果进行了描述性统计。为了与词汇水平测试成绩的表达统一，我们将词义猜测各项测试的最终成绩换算为百分比呈现。具体如下：

表 3　描述性统计-1

各项测试	平均数（M）	标准差（SD）	最小值	最大值
词义猜测无语境（TO）	0.29	0.16	0	0.60
词义猜测无语境（OT）	0.56	0.25	0	1.00
词义猜测有语境（TO）	0.58	0.29	0	1.00
词义猜测有语境（OT）	0.60	0.24	0.20	1.00
汉语词汇水平	0.54	0.17	0.23	0.90

我们根据 30 名被试的词义猜测测试成绩，将语义透明度（TO 和 OT）、语境信息（无语境和有语境）作为组内因素，进行了重复测量方差分析。结果显示，语义透明度的主效应在统计上显著，$F(1,29) = 11.26, p < .01$, 偏 $\eta^2 = 0.28$，OT 类词语（$M = 0.58$）[5] 比 TO 类词语（$M = 0.44$）词义猜测的平均正确率高；语境信息的主效应在统计上显著，$F(1,29) = 16.46, p < .001$, 偏 $\eta^2 = 0.36$，OT 类和 TO 类有语境（$M = 0.59$）比无语境（$M = 0.43$）词义猜测的平均正确率高；语义透明度与语境信息存在显著的交互效应，$F(1,29) = 11.03, p < .01$, 偏 $\eta^2 = 0.28$。

随后的简单效应分析显示，对 TO 类词语来说，有无语境信息对被试的词义猜测影响显著，$p < .001$。而对于 OT 类词语来说，有语境与无语境两种条件下，被试的词语测试结果并无显著差异（$p = .50$）。也就是说，在对 OT 类词语进行词义猜测时，有无语境信息对被试影响不大。同时，在有语境的情况下，词语的语义透明度类型（OT 或者 TO）对被试影响差异也不大。图 1 清晰地表明了不同语义透明度类型词语在不同语境信息下对被试词义猜测的影响。

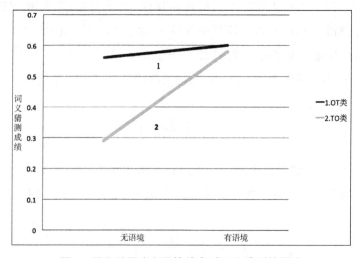

图 1　语义透明度和语境信息对词义猜测的影响

为了回答研究问题 2,我们按照被试的汉语词汇水平将其分为高、低两组(各 15 人)。独立样本 t 检验显示:高组的汉语词汇得分($M = 0.68, SD = 0.10$)明显高于低组词汇得分($M = 0.39, SD = 0.09$),$t(28) = 8.02, p < .001$。

表 4　描述性统计-2

词义猜测测试	组别	平均数(M)	标准差(SD)	最小值	最大值
词义猜测无语境(TO)	高组	0.28	0.13	0	0.40
	低组	0.31	0.18	0	0.60
词义猜测无语境(OT)	高组	0.65	0.22	0.20	1.00
	低组	0.47	0.25	0	0.80
词义猜测有语境(TO)	高组	0.61	0.30	0.20	1.00
	低组	0.55	0.30	0	1.00
词义猜测有语境(OT)	高组	0.64	0.24	0.20	1.00
	低组	0.56	0.24	0.20	1.00

我们将语义透明度(TO 和 OT)、语境信息(无语境和有语境)作为组内因素,被试的汉语词汇水平作为组间因素,进行重复测量方差分析。结果显示:语义透明度的主效应在统计上显著,$F(1, 28) = 11.56, p < .01$,偏 $\eta^2 = 0.29$;语境信息的主效应在统计上显著,$F(1, 28) = 15.90, p < .001$,偏 $\eta^2 = 0.36$;语义透明度与语境信息存在显著的交互效应,$F(1,29) = 11.38, p < .01$,偏 $\eta^2 = 0.29$。但是词汇水平的主效应及其与语义透明度、语境信息的交互效应都不显著($p > .05$)。这一结果表明,虽然词汇水平较高的被试在词义猜测无语境(OT)及词义猜测有语境(TO、OT)的测试成绩高于词汇水平较低的被试,但他们语言水平的优势在统计上并不显著改变语义透明度与语境信息在词义猜测中的作用。

四　讨论

4.1　语义透明度效应与名词右向核心结构的心理迁移

通过上文的数据分析我们看到,在无语境情况下,语义透明度效应明显,即美国学生在 OT 类词语的猜测上正确率明显高于 TO 类词语。我们认为这是由于英语与汉语共同的名词右向核心结构造成的(Huang 1997)。

Plag(2003)的统计分析认为,英语中大部分名词性复合词都是右向核心结构。而 Packard(2000)通过对汉语语素进行分析,发现约 90%的汉语名词性词语也属于右向核心结构。许敏(2003)重点考察了《汉语水平词汇等级大纲》中常用双音节词的结构类型,发现在常用的 3101 个名词性结构中,约有 63.5% 为定中和状中结构。而定中、状中结构的语义核心在中心词,即右侧语素。因此对于汉语作为外语的学习者而言,常见的双音节名词中,超过 60% 的词语都属于右向核心结构。综合许敏(2003)和 Packard(2000)的研究,我们认为汉语与英语在名词复合词的词义上存在一个共同点,即整词意义倾向于以右侧语素作为核心。换言之,词尾语素比词首语素对整词意义的贡献度更大。

参照 Koda(2005)的迁移促进模型(transfer facilitation model),一语和二语共享的元语言意识(metalinguistic awareness)能够促进二语习得。这种共享的能力不仅指传统对比分析(contrastive analysis)中表层结构的具象相似,更重要的是,其代表着学习者深层心理结构上的抽象相似。本研究中所有被试的母语背景均为英语,而汉语与英语具有相同的名词右向核心结构特点,这使得美国学习者在猜测词义的过程中,能够有效地将英语复合名词右向核心结构的意识正向迁移到汉语名词结构的习得中。在没有语境信息帮助的情况下,母语为英语的被试倾向于按照右向核心结构分析未知的名词词语。这就解释了为何他们在猜测词义时,对于右侧语素透明的 OT 类词语,词义猜测成功率较高,而猜测右侧语素不透明的 TO 类词语时,成功率相对较低。毕竟,TO 类词语的核心成分是词尾的不透明语素,无法为学习者提供有效的词义猜测信息。

4.2 语境信息与词内信息的选择

从上文图 1 可以清楚地看到,与无语境情况相比,被试在有语境情况下,对 TO 类词语的词义猜测正确率明显提高。这说明,当无法根据词内信息推测生词意义的时候,高年级的汉语学习者可以有效地利用语境提供的信息猜测词义。这一结果从另一个角度看与 Mori & Nagy(1999)、刘颂浩(2001)和 Hamada(2014)的研究是一致的。也就是说,语言水平较低的学习者不能有效地利用语境信息进行词义猜测,而当学习者的语言水平达到了一定程度后,他们就可以有效地利用语境猜测词义了。这一结果可从语言临界线(linguistic threshold)理论(Yorio 1971;Clarke 1980)中获得解释,即语言知识的缺乏将阻碍学习者有效地利用语境线索猜测词义(Yorio 1971)。如果二语学习者没有足够的语言知识(包括词汇和语法知识)帮助他们注意、理解并适当使用语境信息,则这些语境信息将对他们毫无用处。反之,一旦学习者跨越这一语言临界线,语境提供的词外信息将帮助他们进一步理解未知词语。

而面对 OT 类词语时,被试虽然在有语境条件下表现略好于无语境条件,但从统计上看,二者不存在显著差异。也就是说,当学习者可以利用足够的词内信息猜测词义时,他们并不能更为有效地或是不愿整合语境信息,从而提高他们的词义猜测正确率。这一结果似乎与房艳霞、江新(2012)的研究不完全一致。该研究显示,对于倾向单独依赖语境线索或构词法线索的"非整合者",欧美学生使用语境线索的较多。考虑到两个研究在被试及研究方法上的差异,关于美国汉语学习者如何整合词内信息和语境信息的问题,还有待进一步讨论。

4.3 词汇水平与词义猜测能力的关系

研究问题 2 的统计结果显示,被试的词汇水平对词内外因素对词义猜测影响的改变并不显著。需要说明的是,这一结果与上文关于语言临界线理论的描述并不矛盾。虽然被试的词汇水平有所差异,但从整体上看,他们都是高年级的汉语学习者,因此已经具备一定的语言知识,能够利用语境信息。

同时,当我们进一步考察词汇水平不同的两组被试在不同的语境背景(无语境和有语境)及语义透明度(OT 和 TO)条件下的词义猜测表现时,我们发现:词汇水平不同的学习者在无语境时面对 TO 类词语与 OT 类词语的表现有所不同。TO 类词语明显限制了词汇水平较高的学习者,因为即使他们比同侪拥有更大的词汇量或是更高的语素敏感度,他们也无法利用词尾不透明的语素分析词义,从而正确地猜出词义。相反,在面对 OT 类词语时,词汇知识高的学习者词义猜测的正确率提高幅度明显更大。这在一定程度上说明他们的词汇知识发挥了作用,也与前人的研究结果一致,如宋贝贝、王意颖(2020)。而当语境信息加入以后,词汇水平高的学习者在面对 TO 类和 OT 类词语时,都有相对较好的表现,这与洪炜等(2017)的研究结果可以相互辅证。考虑到本研究被试均来自高年级的汉语学习者,且人数有限,我们对词汇水平无显著影响这一结果持谨慎的态度。

4.4 教学建议

鉴于语义透明度对汉语学习者的词义猜测水平有重要影响,而词义猜测水平是学习者汉语阅读能力的一个重要分技能,我们认为,在教学中应该重视学生词义猜测能力的培养。这将会更为有效地实现学生的课外自主学习,实现课堂教学的延伸。毕竟,学生在课堂外的生活、学习、工作中也会遇到大量没有学过的词语,提高词义猜测能力可以帮助他们更好地利用偶发学习(incidental learning)的机会,扩大词汇量,迅速地提高阅读能力乃至汉语综合水平。

首先,我们建议针对语素的不同组合形式采用不同的词语教学方法。从上文的分析我们可以看到,同样是整体词义为半透明的名词,美国学生在分析 OT 类和 TO 类两种不同组合类型的词语时,其心理机制或策略是不同的。具体来说,对于词尾语素透明(OT 类)的词语,由于核心语素意义透明,学生能够通过分析词内语素信息推测出词义,如"别字、小人、黑市"等。因此在教授这类词语时,可以适当增加语素分析环节,帮助学生了解核心语素的意义,从而更好地理解、记忆新词。相反,对于词尾语素不透明(TO 类)的词语,如"家底、病号、外快"等,尽管首字语素与整词意义有一定的相关性,但由于核心语素不透明,学生通过词内信息正确推测完整词义的难度较大,因此他们在习得过程中更倾向于对这类词语进行整词记忆(王春茂、彭聃龄 1999、2000),并通过语境信息理解词义。因此,对于这类词语我们建议进行整词教学,减少不透明语素的意义对词汇理解的干扰,同时重视语境信息的提供,以帮助学习者理解和记忆词语和词义。

其次,在教学过程中,教师可以适当增加有针对性的词义猜测方面的练习,比如经常性开展词义猜测比赛,既可以帮助学习者提高词义猜测能力,又可以活跃课堂气氛,激发学生的学习兴趣。学习者的语言知识虽然与其词义猜测能力直接存在关联,但两者属于语言能力的不同组成要素。词汇、语法知识的记忆、扩展及语言水平的提高并不等同于学习者词义猜测能力的提高。因此我们认为有必要在汉语教学过程中增加有目的性的词义猜测练习。这一点无论对于何种词性的词语习得都是通用的。

五　结语

词义猜测能力是汉语第二语言阅读能力的一项重要的分技能,而语义透明度是影响学习者词义猜测准确率的一个重要因素。它与语境交互作用,共同影响着学习者词义猜测时的表现。就本研究所考察的两种不同类型的语义半透明的名词而言:(1)无语境条件下,美国学习者猜测右向透明词语时的正确率显著高于左向透明词语,这是由于英语和汉语拥有共同的名词右向核心结构,这一相似的心理结构使得被试的第一语言对第二语言产生了积极的迁移影响;(2)有语境条件下,两类语义半透明词语的猜测正确率无显著差异,说明语境信息可以在相当程度上弥补词内信息的不足,帮助学习者提高词义猜测的正确率;(3)对于不同类型的语义半透明词语,语境对提高词义猜测正确率的贡献度不同,对 OT 类词语来说,语境对于提高被试词义猜测的正确率无显著贡献,表明当可以利用词内信息猜测词义时,高年级美国学习者不能有效地或者不愿整合语境信息,提高词义猜测表现,而对 TO 类词语而言,语境可以显著提高被试的词义猜测正确率,说明当无法根据词内信息推测生词意义的时候,高年级学习者可以有效地利用语境信息猜测词义;(4)对于高年级汉语学习者,内部的词汇水平差异并不影响语义透明度及语境信息对词义猜测的影响。

当然,本研究仍存在一定不足。首先,由于本研究采用 A－B 卷的实验设计,虽然避免了练习效应,但也使得测试题目的数量相应减少。其次,如何更好地利用学习者的母语迁移优势虽然是一个老问题,但是仍然值得讨论。特别是如何利用学习者深层的元语言意识和相似的心理结构来促进汉语学习,在理论及实践中都值得继续研究。例如,与英语普遍的右向核心结构不同,汉语的名词倾向右向核心,而动词则倾向左向核心结构

(Huang 1997),那么美国汉语学习者面对不同结构的汉语词语时,将会如何进行词义猜测呢？最后,本文的目标词分类是以其语素的语义透明度为标准的,我们并没有考察词语结构对词义猜测的影响(王意颖等 2018)。两种不同类型的语义半透明名词,在词语结构类型的选择上有无倾向性,也是值得我们进一步研究的课题。总的来看,汉语词义猜测能力对于汉语作为外语学习者阅读能力的提高有着重要帮助,但目前有待我们进一步挖掘的课题依然很多。

注　释

① 为方便表达,下文我们用"T"(transparent)表示"透明语素",用"O"(opaque)表示"不透明语素"。TO 表示该词的构成为"透明语素＋不透明语素",OT 则表示该词的构成为"不透明语素＋透明语素"。
② 之所以选择美国汉语学习者作为研究对象,我们认为这一方面可以帮助我们更好地认识美国学生在词义猜测乃至汉语习得方面的特点,同时也可以有效地避免由于母语背景的不同对汉语习得造成的影响,从而更有利于讨论母语迁移对语言习得的作用。
③ 本文的目标词语选择了双音节词,主要是因为双音节词的数量在汉语常用词中远远超过其他音节组合的词语。在 56008 个常用汉语词中,单音节词有 3181 个（5.7％）,双音节词有 40351 个(72.0％),三音节词有 6459 个（11.5％）,四音节词有 5855 个（10.5％）,五音节及以上词语有 162 个(0.3％)。(《现代汉语常用词表》课题组,2008)
④ 因有 4 名学生在词汇水平测试中假词选择"YES"超过 10 次,未通过测试,所以统计时我们只使用了 30 名被试的数据。
⑤ OT 类词语语义猜测的得分(M 值)相当于 OT 类无语境和 OT 类有语境 M 值的平均值。下同。

参考文献

房艳霞、江　新(2012)外国学生利用语境和构词法猜测汉语词义的个体差异研究,《世界汉语教学》第 3 期。
干红梅(2008)语义透明度对中级汉语阅读中词汇学习的影响,《语言文字应用》第 1 期。
洪　炜、冯　聪、郑在佑(2017)语义透明度、语境强度及词汇复现频率对汉语二语词汇习得的影响,《现代外语》第 4 期。
江　新、房艳霞(2012)语境和构词法线索对外国学生汉语词义猜测的作用,《心理学报》第 1 期。
李晋霞(2011)《现代汉语词典》的词义透明度考察,《汉语学报》第 3 期。
刘颂浩(2001)关于在语境中猜测词义的调查,《汉语学习》第 1 期。
宋贝贝、王意颖(2020)不同语义透明度合成词的词义猜测研究,《汉语学习》第 1 期。
王春茂、彭聃龄(1999)合成词加工中的词频、词素频率及语义透明度,《心理学报》第 3 期。
王春茂、彭聃龄(2000)多词素词的通达表征:分解还是整体,《心理学报》第 4 期。

王玮琦、易 维、鹿士义(2021)句子语境类型对汉语二语学习者伴随性词汇习得的影响,《世界汉语教学》第 3 期。

王意颖、宋贝贝、洪 炜(2018)词语结构对中级水平留学生习得语义透明词的影响,《汉语学习》第 1 期。

吴海燕、彭建玲、陈 展(2015)语义透明度对泰国学生学习汉语影响度研究,《语文学刊》第 1 期。

《现代汉语常用词表》课题组(2008)《现代汉语常用词表(草案)》,商务印书馆。

许 敏(2003)《〈汉语水平词汇等级大纲〉双音节结构中语素组合方式、构词能力统计研究》,北京语言大学硕士学位论文。

张金桥、曾毅平(2010)影响中级水平留学生汉语新造词语理解的三个因素,《语言文字应用》第 2 期。

中国社会科学院语言研究所词典编辑室(2016)《现代汉语词典(第 7 版)》,商务印书馆。

Balota, D. (1994) Visual word recognition: The journey from features to meaning. In Gernsbacher, M. A. (ed.). *Handbook of Psycholinguistics*, 303—358. San Diego: Academic Press.

Chen, T. (2018) The contribution of morphological awareness to lexical inferencing in L2 Chinese: Comparing more-skilled and less-skilled learners. *Foreign Language Annals*, 51(4), 816—830.

Chen, T. (2019)The role of morphological awareness in L2 Chinese lexical inference: From a perspective of word semantic transparency. *Reading and Writing*, 32(5), 1275—1293.

Chen, T., Koda, K. & Wiener, S. (2020) Word-meaning inference in L2 Chinese: An interactive effect of learners' linguistic knowledge and words' semantic transparency. *Reading and Writing*, 33(10), 2639—2660.

Cheng, C., Wang, M. & Perfetti, C. (2011) Acquisition of compound words in Chinese-English bilingual children: Decomposition and cross-language activation. *Applied Psycholinguistics*, 32(3), 583—600.

Clarke, M. A. (1980) The short circuit hypothesis of ESL reading — or when language competence interferes with reading performance. *The Modern Language Journal*, 64(2), 203—209.

Haastrup, K. (1991)*Lexical Inferencing Procedures or Talking about Words: Receptive Procedures in Foreign Language Learning with Special Reference to English*. Tübingen: Narr.

Hamada, M. (2014)The role of morphological and contextual information in L2 lexical inference. *The Modern Language Journal*, 98(4), 992—1005.

Huang, S. (1997)Chinese as a headless language in compounding morphology. In Packard, J. L. (ed.). *New Approaches to Chinese Word Formation: Morphology, Phonology and the Lexicon in Modern and Ancient Chinese*, 261—284. Berlin & New York: Mouton de Gruyter.

Katz, L. & Frost, R. (1992) The reading process is different for different orthographies: The orthographic depth hypothesis. In Frost, R. & Katz, L. (eds.). *Orthography, Phonology, Morphology, and Meaning*, 67—84. Amsterdam: Elsevier North Holland Press.

Koda, K. (2005)*Insights into Second Language Reading: A Cross-Linguistic Approach*. Cambridge & New York: Cambridge University Press.

Ku, Y. & Anderson, R. C. (2003) Development of morphological awareness in Chinese and English. *Reading and Writing: An Interdisciplinary Journal*, 16(5), 399—422.

Laufer, B. & Yano, Y. (2001) Understanding unfamiliar words in a text: Do L2 learners understand how much they don't understand?. *Reading in a Foreign Language*, 13(2), 549—566.

Libben, G., Gibson, M., Yoon, Y. B. & Sandra, D. (2003) Compound fracture: The role of semantic transparency and morphological headedness. *Brain and Language*, 84(1), 50—64.

Mori, Y. (2003) The roles of context and word morphology in learning new kanji words. *The Modern Language Journal*, 87(3), 404—420.

Mori, Y. & Nagy, W. (1999) Integration of information from context and word elements in interpreting novel kanji compounds. *Reading Research Quarterly*, 34(1), 80—101.

Packard, J. L. (2000) *The Morphology of Chinese: A Linguistic and Cognitive Approach*. Cambridge & New York: Cambridge University Press.

Plag, I. (2003) *Word-Formation in English*. Cambridge & New York: Cambridge University Press.

Sternberg, R. J. (1987) Most vocabulary is learned from context. In McKeown, M. G. & Curtis, M. E. (eds.). *The Nature of Vocabulary Acquisition*, 89—106. Hillsdale, NJ: Lawrence Erlbaum.

Su, Y. & Samuels, S. J. (2010) Developmental changes in character-complexity and word-length effects when reading Chinese script. *Reading and Writing: An Interdisciplinary Journal*, 23(9), 1085—1108.

Yorio, C. A. (1971) Some sources of reading problems for foreign-language learners. *Language Learning*, 21(1), 107—115.

作者简介

陈天序,中央民族大学国际教育学院副教授,研究方向为第二语言阅读。Email: tianxuc@muc.edu.cn。

程萌,燕京理工学院文法学院专职教师,研究方向为第二语言词汇习得。Email: chengmeng@yit.edu.cn。

王枫,北京语言大学汉语进修学院讲师,研究方向为国际中文教育。Email: wangfeng@blcu.edu.cn。

王梦月,中央民族大学国际教育学院硕士研究生,研究方向为第二语言阅读。Email: wangmengyue@muc.edu.cn。

从汉喃辞书看 18—19 世纪越南汉语学习和教育[*]

咸蔓雪

北京大学外国语学院

提 要 汉字在越南被作为官方文字使用有两千余年的历史,汉语教育在越南也有着悠久的历史。由于越南古代文献散佚严重,我们对古代越南汉语教育的微观了解不多,而越南目前保存的汉喃双语辞书则为我们了解古代到近代越南人学习汉语的方式提供了最直接的资料。本文以《指南玉音解义》《三千字解音》《嗣德圣制字学解义歌》《大南国语》等越南几部重要的汉喃辞书为例,探究越南人学习汉语的传统方式,总结越南传统汉语学习和教育的特点,并探讨越南汉语学习和教育在时代变迁背景下的发展和变化。

关键词 汉语教育 汉语学习 汉喃辞书 越南语

一 引言

汉字是越南历史上使用时间最长的文字。从公元前 214 年秦始皇设岭南三郡对今越南北部地区实施管辖开始,汉字在之后两千多年历史中的大部分时间里都是当地的官方文字。19 世纪末 20 世纪初,随着以汉文取士为中心的科举制度在越南逐步走向终结,汉语汉字在越南也逐渐衰微,直至 1945 年越南民主共和国成立,宣布国语字为越南的官方文字,汉字最终退出越南的历史舞台。在如此漫长的历史时期,古代到近代越南如何进行汉语教育,这一问题一直受到学界关注。

此前对越南古代汉语教育史的介绍和研究,主要是围绕以汉字为中心的科举制度和儒学教育展开,对微观的汉语学习方式、教科书和学习材料则相对缺乏研究。[①]由于越南古代史籍文献散佚严重,我们几乎看不到 15 世纪前古代越南进行汉语学习和教育的具体文献资料,15 世纪之后的史料文献相对增多,19 世纪后保存的文献尤为集中。近年

---

[*] 本文曾在 2021 年"国际化视野下的汉语全球教育史"国际学术研讨会暨第 12 届世界汉语教育史研究学会年会上宣读,感谢与会专家学者提出建议。也感谢本刊评审专家的宝贵意见。

来,随着越南汉喃文献整理研究工作的系统推进,国内和越南学界开始通过汉喃文献从微观视角去了解古代越南的汉语教育传统,有了一些初步的成果,如李无未(2017)对近代越南汉喃课本进行了初步的分类梳理,分析了其体例及结构形式、文献来源、语体性质及汉语教育史价值;陈仲洋(2017)、梁茂华(2017)分别对中世纪越南汉字词典和越南古代汉喃辞书的情况作了介绍;何华珍等(2019)对越南汉喃小学类文献进行了整理介绍;此外还有一些成果探讨了越南汉字汉喃辞书的某个具体问题(何华珍、阮俊强 2017)。从前人研究可见,越南18—19世纪的汉字汉喃辞书已经颇成规模和体系,从通用字书词典到日常生活领域的主题词典,从民间编写到官方编撰刊印,各种类型的辞书覆盖了越南社会生活的各个方面。

辞书是越南人学习汉语的重要工具书,从中可以窥见越南人习得汉语的方式。古代越南人学习汉语的工具书包括汉语(单语)辞书和汉喃(双语)辞书。我们把用汉语解释汉语的辞书归入汉语辞书,把用喃字解释汉语字词的各类汉喃训蒙字书、词典等统称为汉喃辞书。本文拟从汉语学习和汉语教育史的角度,以越南代表性汉喃辞书为例,探究越南人学习汉语的传统方式,总结越南古代到近代汉语学习和教育的特点,并探讨越南汉语学习和教育在近代越南时代变迁背景下的发展和变化。

二 越南汉喃辞书出现的历史背景

公元 10 世纪越南自主国家建立之后,汉字在相当长的时间内仍作为官方文字被使用。随着越南独立国家的发展,越南社会生活内容不断丰富,民众交往增多,越南本民族语言也不断发展。汉语在越南民间的使用范围逐渐缩小,多用于书面语,而越南语逐渐上升为官方和民间日常交际语言。当时的越南社会存在书面语和口语分离的现象。阮才谨(1998)指出,在公元 8—9 世纪,安南地区使用的语言是汉语和越南语,其中汉语还在口语中使用;而到了 10 世纪后,口语语言(日常交际用语)只有越南语,汉语文言文变为书面语。汉字被广泛用于官方文书、朝廷制诰、科举和学校教育、文学创作、宗教活动、村社生活等各个方面。在这种双语社会的背景下,越南人在运用母语——越南语进行日常交流的同时,越南文人以及上层人士需学习、掌握汉语,从古代到近代,越南社会中的汉语学习需求始终存在。

越南历代封建王朝实行以儒家思想为主导、以汉字为载体的科举制度和教育制度。从史料记载可见,越南科举制度在李朝时期开始确立,到陈朝逐步成型,后黎朝和阮朝臻于完备。1070 年李朝在京都升龙建文庙,1075 年"诏选明经博学及试儒学三场"[②],1076 年建国子监,开启了国家层面的儒学教育,陈朝时期,陈圣宗"诏求贤良明经者为国子监司业。能讲论四书五经之义,入侍经幄"[3],至后黎朝,1467年黎圣宗"初置五经博士","颁五经官板于国子监"等[4],都显示了古代越南封建王朝官方教育体系对儒学教育的重视。以后黎朝时期的科举制度为例,"是科试法,第一场四书,论三题,孟四题,中庸一题,总八题。士人自择四题作文,不可缺。五经每经各三题,独春秋二题。第二场诗赋各一,诗用唐律,赋用李白。第三场诏、制、表各一。第四场策问"[5]。可见汉文儒家经典是越南科举制度的核心内容。阮朝时期越南科举制度更趋完备,从颁印典籍、制定各级学校制度章程到完善各级科考制度,越南科举制度达到顶峰。汉字是儒学教育和科举取士的基础,虽然史籍中没有记载古代越南士子文人学习汉语的过程,但从有关科举制度的记载可以推知,汉文儒家典籍习读在古代越南是汉语教育的重要内容。

越南封建国家层面的汉语教育制度自然也会影响到民间。陈文(2015)总结了后黎朝时期乡学私塾的教学内容,包括启蒙读物和节要式儒学读物、中国历史和安南历史、举业文体三大类,其中初学教材主要是《三字经》《初学问津》《幼学五言诗》《千字文》《小学》《孝经》《忠经》以及安南人编纂的书籍如《天南四字经》《裴家训孩》等启蒙书籍和儒家伦理简易读本。阮朝的乡学教学内容则包括《小学》《孝经》《忠经》《论语》《孟子》《中庸》《诗经》《书经》《易经》《春秋》等,同时也印刷了一些蒙学书籍,供初学者学习。

由上可见,到后黎朝和阮朝,越南人除了通过汉语教材、儒学经典来学习汉语,越南人自行编纂的汉喃蒙学读物和儒学读本也开始登上历史舞台。15世纪之后,随着越南本民族语言的发展及社会交往、文学创作的需要,喃字不断发展并日趋成熟,越南人开始通过自己更熟悉的母语——越南语(喃字)来学习汉语和汉字。毕竟对于越南人而言,汉语并非母语,具有外来语言的性质,需要后天习得。把汉语翻译成越南人能听懂的语言,让本地人更好地学习、识读汉字,由此,汉喃双语辞书的出现成为必然。汉喃辞书是为了适应古代越南人的汉语学习需求而产生的,在其之前已有大量汉语辞书作为参照,其产生也是越南本民族语言文字——越南语和喃字发展到一定阶段的产物。

陈仲洋(2017)指出,目前留存的汉喃辞书中,相对较早的是单主题词典,如编写于14世纪的医药词典《南药国语赋》、编写于15世纪的《本草植物纂要》等。17世纪后开始出现多主题词典,《指南玉音解义》被认为是目前所见最早的汉喃词典,其前身是可能成书于15世纪的《指南品汇》(今已不存)。18—19世纪比较重要的汉喃辞书有《指南幼学备品协韵》(1718年刊印)、《三千字解音》(18世纪末至19世纪初)、《日用常谈》(1827年编成)、《嗣德圣制字学解义歌》(1898年刊印)、《大南国语》(1899年刊印)等。今人所见汉喃辞书主要集中在18—19世纪,20世纪初也有为数不少的汉喃辞书继续刊印发行。

我们主要以影响较大、具有代表性的《指南玉音解义》《三千字解音》《嗣德圣制字学解义歌》和《大南国语》为例,从汉语学习和教育的角度总结越南汉喃辞书的编写特点,从中探究越南汉语习得的传统方式。19世纪末20世纪初,随着越南拉丁化国语字的应用推广,汉喃辞书逐渐向汉—喃—国语或汉越(国语字)辞书转变,后文也将结合汉喃多元辞书的发展来探讨近代越南汉语学习和教育的发展演变。

三 汉喃辞书的编写体例

3.1 《指南玉音解义》(以下简称《指南玉音》)

《指南玉音》是迄今可见越南最早的汉喃词典。其1761年刻本首页有书名《重镌指南品汇野谭并补遗大全》(根据越南社科院汉喃研究院藏本,编号 AB. 372),其汉文序文中也提到"指南品汇",显示该书基于《指南品汇》而编写。全书共收录3394个汉语词条,分列在上下卷共40章(部、类)之中,包括天文、地理、人伦、身体、饮食、农耕、衣冠、器物、虫鸟、植物等类别。从章节目录可见,《指南玉音》的性质是一部供越南人使用、用喃字解释汉语词汇的汉喃词典。所收词条以名词为主,也有一些表示日常生活、社会活动、生产劳动的动词,如"理发""搔痒""捋须""拍手""犁耤""耤耕""浸谷""采桑"等。

《指南玉音》在编写体例上以字号大小表示汉喃区别,汉字词条为大字,喃字释义和注音用小字。该书的一大特点是以越南民族特有的诗体六八体①为主要编写形式,如下所示:

表1 《指南玉音》汉喃—国语字对照例释②

《指南玉音》汉喃原文	现代越语国语字转译	中文译义
(天文章第一) 天文畧呐朱咍 洪钧㪯𦦄高世重重 金乌密㪯朗红 蟾轮月朗连空漏漏 (人伦部第三) 帝王连治工代 正跪天子台㪯治民 明王立政施仁 中外勉德赊近曳威	Thiên văn trước nói cho hay Hồng quân trời cả cao thay trùng trùng Kim ô mặt trời sáng hồng Thiềm luân nguyệt sáng trên không làu làu Đế vương lên trị trong đời Chính ngôi thiên tử thay trời trị dân Minh vương lập chính thi nhân Trong ngoài mến đức xa gần dậy uy	天文之理先知晓 洪钧高挂九重天 金乌赤焰即红日 蟾轮皎皎月高悬 帝王代天治万民 天子正位掌世间 明王立政施仁道 内外远近威名传

从表1可见,该书对汉语词汇进行释义,有的是一句诗解释一个汉字词,也有两句解释一个词的情况。每章(部、类)正文之后有补遗,补遗部分的形式则比较灵活,不一定限于六八体,也不一定是韵文,如"朔风逾冬,谷风逾东,凯风逾南,熏风同上"(Sóc phong gió đông. Cốc phong gió đông. Khải phong gió nam. Huân phong đồng thượng)③。

《指南玉音》主要是对汉语名词进行解释。从《指南玉音》所解释的汉语字词形式上看,以双音节词为多。据陈春玉兰(1985)统计,双音节词占86%,三音节词占4.5%,此外还有四字词、五字词甚至六字词(其实为单字词或双字词组合,如"角井奎斗木禽"为多个星宿名称组合)。全书只有"鹅""鸭"两个单音节词。

　　该书前附汉文序文中,作者表示编写此书的目的为"……音其字,解其义……可谓明明览详之要,使其读者,走韵连声。皇天不负读书人,必有子孙登科目"(陈春玉兰 1985)。其韵文形式正是"走韵连声"的体现。作者希望此书用于读书人识读汉字以助科考,可见该书具有汉语教学的用途。

3.2 《三千字解音》(以下简称《三千字》)

　　《三千字》是越南古代最重要的蒙学字书之一,其作者为越南西山朝时期著名文人吴时任(1746—1803),目前所存版本最早的是越南国家图书馆藏辛卯年(1831)富文堂版。

　　《三千字》是一部对汉字进行释义的字书,共收录2988个常用汉字。其编写体例是按照汉字纵向排列,每一个汉字右侧以小号喃字给出对应释义,大多数是用一个对应的喃字,少量用喃字双字词进行解释,如"暮"的右侧注小字"班最",即为越南语 ban tối,义为"晚上"。①

　　《三千字》以韵文编写,采用的是更为简单灵活的四字联句形式。以开篇前六句举例说明如下:

表2　《三千字》汉喃－国语字对照例释

《三千字》汉喃原文	现代越语国语字转译
天𠀧地坦	Thiên trời Địa đất
举拮存群	Cử cất Tồn còn
子昆孙玿	Tử con Tôn cháu
六赵三匹	Lục sáu Tam ba
家茹国渃	Gia nhà Quốc nước
前𪨊后𨂔	Tiền trước Hậu sau

　　从引文可见,《三千字》以汉－喃相搭,两两一组,喃字为汉字释义。四字一句,两句为一联,按照押腰韵的格式,上句末字与下句第二字押韵。在识读时,句子短小,朗朗上口,韵律感强,有利于初学者学习汉字。

　　从例释可见,该书虽然名为"解音",但标注的喃字实为"解义",即汉字对应的越语义。只不过该书的释义方式与前引《指南玉音》不同,是用单个喃字来解释汉字,而一个喃字在发音上也是一个音节,因此呈现出"解音"的效果。该书也对个别汉字进行了注音,如"曰",右侧有小字"音舅","鲤"注"音里"。这种以常用同音汉字为难字生僻字注音的方式,是采用了汉语传统辞书中的直音法。

吴时任编写此书时取名为《字学纂要》,该书序文中写道(越南国家人文社会科学中心汉喃研究院 2003,773—774):

> 余早事翰墨,今观华簪,有意义所不足者,质之大方,辄相筑舍。凡以音切迥殊,字母各别,无所究其指归。近日,承之黄扉,因得遍阅名书,旁搜广采,得其梗概者,拾袭而珍藏之。音注为义,义联为韵,韵分为对,该得三千字,颜曰:字学纂要。……余之为三千字,其音常,其义约,而于其所不常用者不曾泛及。诚以林枝海勺,未涉于字典。韵会之翻,而隐现之理细大之事,凡皆鄙夫鄙妇之所易知,亦可为课童活套。庶有助于吾徒之登高行远者,非敢取圣贤之文字寻而丈之为私家自说也。

可见,吴时任编写此书的目的是进行汉字教学,选取的都是常用汉字,以求达到"凡皆鄙夫鄙妇之所易知,亦可为课童活套"并"有助于吾徒之登高行远"的效果。吴氏也说明自己所做工作是"音注为义,义联为韵,韵分为对",我们看到的正是此工作流程的结果。

3.3 《嗣德圣制字学解义歌》(以下简称《字学解义歌》)

《字学解义歌》是越南最后一个封建王朝阮朝的第四位皇帝嗣德帝(阮福时,1847—1883 年在位)主持编撰的一部汉喃字典。该书编成时,越南正值法国入侵,直至 1896 年,阮朝国史馆修书所才继续对书稿进行检缮,至 1898 年正式刻印发行。

《字学解义歌》是越南封建朝廷最高统治者亲自主持编写的一本汉字字书。陈荆和(1971,13)指出,嗣德帝通过《论语释义歌》和《字学解义歌》希望达成两点目标:"1.完成一部官撰之论语解释本及汉越字典以为教学之基准;2.利用越南人民对六八体演歌之爱好以促进汉学在民间之浸透与普及,并期望学问之民众化。"越南学者丁克顺(2017)也认为该书"是一部教学用途的汉喃字典"。

该书收录汉字条目是越南汉喃字典中数量最多的,达 9028 条,分七类十三卷排列,包括:堪舆类(上、下),人事类(上、中、下),政化类(上、下),器用类(上、下),草木类(上、下),禽兽类,虫鱼类。该书前附成泰八年(1896)礼部奏片中概括此书"上自人事政化堪舆之大,下至器用草木禽虫之微,无不备载注释详明。其于格致之学,诚非小补"(陈荆和 1971,21)。

在体例上,《字学解义歌》也是按照六八体格式编写。汉—喃相搭,先以大字表示需注释的汉字,之下以一个或几个喃字释义。如有生僻字则在汉字右侧以细字注音,同时在该联八字句之下以小字解释生僻字。全书所用字体有大、中、小、细四种,除中字为喃字外,其他三种均为汉字。如图 1(陈荆和 1971,29):

94　汉语教学学刊·总第16辑

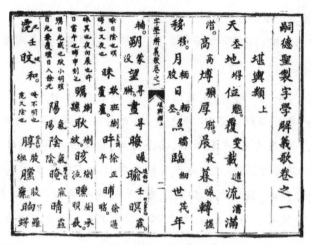

图1　《字学解义歌》正文第一页

我们以该书正文前六句举例说明如下：

表3　《字学解义歌》汉喃－国语字对照例释

《字学解义歌》汉喃原文	现代越语国语字转译
天𡗶地𡔦位𦬑	Thiên trời Địa đất Vị ngôi
覆𫝅载𱉴流𣳮满𣹓	Phúc che Tải chở Lưu trôi Mãn đầy
高高博𱄵厚𱎃	Cao cao Bác rộng Hậu dày
晨𣋀暮曘转搓移移	Thần mai Mộ tối Chuyển xây Di dời
月𣎃腋日𣋾盃	Nguyệt mặt trăng, Nhật mặt trời
照𤐜临细世𠇨年𢆥	Chiếu soi Lâm tới Thế đời Niên năm

从所引诗句可见，《字学解义歌》对汉字进行释义的方式，首先是采取直接对译法，按照汉－喃相搭的格式，用一个喃字解释一个汉字；也有用双音词或一句诗解释一个汉字的情况，如"月𣎃腋日𣋾盃"（解释"月""日"二字），"昧欺班熰𤎜"（Mùi khi ban sáng lờ lờ，解释"昧"字）。收录词语以汉文单字为主（8243字），也有少量双音节叠音词、联绵词，如"飘飘𩙻𠺙𩙻𩙻𩙻和"（Phiêu Phiêu gió thổi, Lưu Lưu gió hoà），"朋𢀭啥𩙻𠺙边幔幛"（Bành hoành tiếng gió thổi bên màn mùng）。

由上可见，该书的编写形式综合了前述《指南玉音》和《三千字》的特点，以六八体的体裁，用喃字解释汉字，简单汉字可以实现一个喃字对应一个汉字，相对复杂的汉字则用喃字词或句子来解释。除此之外，该书还有生僻字注释。如图1中汉字"曘"为生僻字，该字右侧用细字注音为"通都切"；汉字"瞑"右侧有细字注音"明，又莫定切"，同时使用了直音法和反切法两种注音方式。在该句之后有小字注明生僻字的字义："曘，日阴也；瞑，晦也，又夜也。"《字学解义歌》不仅用喃字为汉字释义，同时还注出生僻字的汉字读音并释义，是真正意义上的汉喃字书。

《字学解义歌》由于收录汉字较多,且是皇帝亲自主持编撰,作为工具书的功能比之前的汉喃辞书更为全面、准确,同时也自然具备了规范文字的功能。从汉字学习的角度,规范汉字字音和释义,可作为汉语学习者的权威工具书;从喃字学习的角度,规范了字形。喃字由于自身的局限性和越南社会发展水平的限制,存在着字形不统一的问题,如与汉字"地"对应的越南语 đất(土地),在《三千字》中借用"坦"为喃字,在《字学解义歌》里则用"塔",从声符"得"的汉越音 đắc 来看,"塔"更接近 đất 的实际读音。《字学解义歌》反映了喃字在 19 世纪的使用情况,为统一喃字字形确定了标准。陈荆和(1971,17)指出,可把此书视为"阮朝晚期官撰之一部标准汉越字典。其所注之音应属当时越南学界之标准音";同时,该书使用的喃字也可认为是"越南上流社会所通用之标准俗字"。

3.4 《大南国语》

《大南国语》是越南 19 世纪另一部重要词典,编者为阮文珊,成书于 1880 年,1899 年刊刻面世。作者在该书序言中写道:"夫中国一国也,而有楚人齐语,况我国与北国言语不同,非南译北音万物何由而详?"(吕明姮 2013,45)可见作者编写此书的目的是"南译北音"以求万物之详。

《大南国语》共收录汉字词语 4779 条,分列在天文、地理、人伦、身体、耕农、蚕桑、饮食、饼饵、杂技、人品、酬应、疾病、俗语、水部、土部、金部等 50 个门(部)之下。从门类列表看,该书与前文所引《指南玉音》的门类目录有相似之处,但《大南国语》所列门类比《指南玉音》的范围明显拓宽,收词数量也更多。从词语类型看,以多字词(双字、三字、四字词)居多,如"俗语门"收录了"猜谜""言语在行""说谎""油头粉面""装乔""衣裳褴褛""且听下回分解"等词语甚至短句。

《大南国语》的编写体例也以字号表示汉喃区别,汉语词语用大号字体,词语下方用小号喃字或汉字进行释义,一些较简单的常用字不作解释,如"大冶""洪钧""青穹""新月""残月""月落""月蚀""王父""王母""祖叔父""祖叔母"等词语;有的字只有注音而没有释义,也有的兼有注音和释义,如"哂"解释为"嗔怒",注音为"申上声"。整体上看,词语是注音还是释义、是否需注音或释义,没有一定之规。

与之前的汉喃辞书相比,《大南国语》有一处显著不同,即不采用韵文编写的方式。全书词语完全是无序排列,没有任何规则,包括中国传统辞书常用的笔画排序的方式,该书都没有采用。《大南国语》的内容和编写体例打破了此前汉喃辞书按照韵文编写的传统,在内容和体例上都更接近于近现代辞书。从收词数量和涉及领域看,称得上是一部小型的百科全书。越南学者陈文玾(1990,21-22)评价:"与《指南玉音》《指南备类》《日用常谈》等其他一些同类型书籍相比,《大南国语》虽然条目排列顺序尚显混乱,不便查阅,但由于是后编纂的,所以收录词条较多,喃字释义也更为清晰、准确。"

综上，我们把四部代表性汉喃辞书的基本情况总结如下：

表 4 四部代表性汉喃辞书对比

书名	成书年代	收词数量	体裁形式	性质
指南玉音解义	约 17 世纪	3394	韵文（六八体）	释名词典
三千字解音	18 世纪末至 19 世纪初	2988	韵文（四字句）	汉字字书
嗣德圣制字学解义歌	19 世纪末	9028	韵文（六八体）	汉字字书
大南国语	19 世纪末	4779	非韵文	释名词典

四 从汉喃辞书看越南传统汉语学习和教育

通过以上对几部汉喃辞书的介绍，我们可以看到在古代越南社会，虽然汉字是越南官方文字，但随着喃字在越南社会中的使用频率提升、使用范围扩大，通过喃字来学习汉语汉字已成为越南人学习的主要方式。可以想见，在汉语只作为书面语使用的古代越南社会，通过喃字来学习汉文是必然的学习方式，汉喃双语辞书成为重要的汉文学习工具书，其编纂方式也体现了越南人学习汉语的方式和汉语教育传统。

我们从汉喃辞书可以看出古代越南的汉语学习和教育呈现如下特点。

4.1 以六八体或其他韵文体为主要形式

古代越南长期使用汉字，其汉语学习也体现出中国传统汉语学习方式的痕迹。如《三千字》和《字学解义歌》作为以字为单位来编写的汉语启蒙教材和工具书，就是受到中国以《千字文》为代表的蒙学字书的影响。采用韵文的形式也是中国蒙书的特点之一。但越南人根据越南语特点和自己的使用目的，对汉喃辞书的编写体例进行了适当的改造，最突出的特点就是采用了越南人喜闻乐见的诗体六八体，或是采用四字一句的腰韵体韵文，使得辞书更易于越南人诵读和接受。

从上文可见，汉喃双语辞书从一开始就采用了越南人更为熟悉的韵文形式，尤其以六八体为多见。六八体是越南特有的喃字诗体，从其产生之初就与喃字紧密相连。目前所见最早的汉喃辞书《指南玉音》就采用六八体编写。联系到越南更早期的汉喃医药词典《南药国语赋》，也是采用六八体，以喃字解释汉文药名。黄氏午（2012）在分析了《指南玉音》正文和喃字序文的六八诗体后指出，该书有的诗句押韵不是非常严格，喃字词汇也保留了不少 17 世纪后很少见的古越语词汇，体现了六八体早期的特点。可以说，汉喃辞书从其产生之初就选择了越南民间诗体六八体作为主要编写体裁。

18—19 世纪是喃字使用的繁荣时期，也是目前可见汉喃文献保存最多的时期，六八体被广泛运用于文人创作和民间歌谣,代表着越南喃字文学巅峰的《翘传》(*Truyện Kiều*,也称《金云翘传》)即为 3254 句的六八体长诗。在这样的背景下,韵文也成为汉喃辞书蒙书的主要形式。如编写于 19 世纪中后期的《字学四言诗》《字学训蒙》《字学求精歌》等字学蒙书均采用四言诗格式。在这一时期,六八体更是成为各种汉喃蒙学读物、辞书、教材最常用的形式,如嗣德帝为教化民众而编写的《嗣德圣制论语释义歌》(即前述《论语释义歌》),采用六八体以喃字对汉字《论语》进行释义。《字学解义歌》前附阮朝礼部奏片中评价《论语释义歌》"玉音宝思,演绎精详,旨义简括,律吕铿锵,非惟学者易于讽诵,而妇女儿童皆可与知"(陈荆和 1971,21)。可见以韵文和诗歌体裁来编写汉喃辞书、释读儒学典籍,能达到妇孺皆知、学者和普通民众都易于接受的效果,成为古代越南传统的学习和教育方式。

　　汉喃辞书从《指南玉音》开始(甚至可追溯到其前身《指南品汇》以及更早期的《南药国语赋》),就采用了韵文的形式,这是越南的创新。相较于此前可参考的汉语辞书,创新的同时也增加了编写难度。作为双语辞书,用喃字去解释汉语就已经有难度,加之要考虑韵文的格律要求,如六八体在平仄和押韵上的要求,汉字喃字间杂,难度就更大。辞书的内容、所选字词要充分考虑汉字和相应喃字的音韵特征,合理选字,重新编排。以《三千字》为例,虽然其书名和编写体例都明显受到《千字文》的影响,但其选字和排序则是按照汉喃相间且押腰韵的要求去排列,如前四句"天𡗶地坦,举拮存群,子昆孙招,六䘢三㠪",押韵字皆落在喃字上,编者要根据喃字字音来编排内容,再确定汉字顺序,因此汉字排序与《三字经》《千字文》等传统汉字蒙书并不相同。我们在另一本汉喃字书《千字文解音》中也可见类似情况。该书采用六八体,开篇前两句为"天𡗶地坦云霙,雨湄风䬔昼暚夜暚"⑩(Thiên trời Địa dất Vân mây, Vũ mưa Phong gió Trú ngày Dạ đêm),其汉字排序与《千字文》完全不同,而是按照越南六八体的要求进行了重新编排和选字。又如代表着越南官修字书的《字学解义歌》,由于其选字更多、体量更大,编者也需进行全新编排。汉喃交替的韵文编写难度显然大于纯汉文诗歌,但正是这种韵律感强、汉喃相间的韵文,越南民众通过诵读就能熟练掌握汉字及其含义。

　　传统汉喃辞书以韵文为主,尤其是六八体的编写形式,是符合本民族习惯的创新和创造,这种创新使得汉喃辞书作为汉语教科书和工具书可以达到最佳学习效果。越南人把源于喃字文学创作的六八体运用到汉喃辞书中,汉语习得方式呈现出鲜明的民族语言特色,也为汉喃工具书赋予了新的活力。

4.2　收录词语以书面语为主,兼顾口语词汇,更好地发挥其作为汉语教科书和工具书的作用

　　汉喃辞书的首要功能是解释汉语字词。汉字在越南长期作为书面语使用,因此汉喃辞书收录词语偏向于书面语也是很好解释的。但同时,辞书也是日常生活的记录,有大量汉语词汇已经深入越南人的日常生活中,辞书也必然会涉及一些日常生活中使用的口语词汇。如《指南玉音》中有"洪钧""金乌""蟾轮""萱堂"等大量书面语词汇,但同时也有"阿公""阿哥""胳膊""胳肢"等口语词汇。《字学解义歌》作为收录 9000 多个汉字的字书,也收录大量汉语常用字词,如"扛""挑""抱""擤""洗""蹙鞠""逗留"等词语;在常用字之外还有大量难字生僻字,字典也用一些口语词来解释,如"腱"字之下使用了"浪头筋""筋头"等口语词。《大南国语》中除了书面语词汇,还收录了"打秋风""拈酸""做甚事""没理会""久仰久仰""不敢不敢"等白话成分,有的词语还体现出 19 世纪汉语的特征。

  由此可见,越南的汉喃辞书在功能上不仅能满足汉字作为书面语使用的需要,同时编者也考虑到其在越南民间接受和传播的实际情况,收录汉语常用字和口语词,不仅能反映当时汉语的实际发展状况,也更易于越南民众日常使用汉语。吴时任在《三千字》序文提到编纂目的时,也希望书中"隐现之理细大之事,凡皆鄙夫鄙妇之所易知,亦可为课童活套"(越南国家人文社会科学中心汉喃研究院 2003,773-774)。汉喃辞书以书面语为主、兼顾口语的特点,使其可以更好地发挥作为汉语教科书和工具书的作用。从汉喃辞书收录词语的情况,也可见越南接受汉字和汉文化的广度和深度。不同时代的辞书反映当时汉语词汇的特征,体现了汉语、汉文化一直通过各种方式影响着越南语和越南社会,例如《大南国语》收入"且听下回分解"这样的白话短句,就体现了中国古典章回体小说在古代越南的影响。由此我们也可以窥见越南人学习和接受汉语的方式和渠道。

  作为越南人使用的辞书,汉喃辞书也需进行合理选词和编排,从而满足越南人使用的需求。这一特征主要体现在辞书的类目编排上。上述辞书都是按照门类排列,这种编写方式可以说上承中国最早的词典《尔雅》,下承宋元明清时期的中国古代辞书。《大南实录》在记载嗣德帝主持编撰字典的史事时,提到"钦定字典分类凡四十二卷,分部略如《渊鉴类函》,编为类字(如天乾地坤等字)、偶字(如天混沌地寥廓等字)、叠字(如天苍苍地茫茫等字)等类,均以字典音义分注"[①]。可见清朝类书、辞书、字书对这部阮朝官修辞书产生了影响。

  但汉喃辞书并非照搬中国汉文辞书的类目体系,而是根据使用目的和越南实际情况进行重新编排。以《指南玉音》为例,陈春玉兰(1985,31-32)在考察《指南玉音》的汉字词条后指出:"从中国词典学传统的角度考察,我们未发现有哪本词典的词表与《指南玉音》的相似——其词表既包括常用词,也包括一些专业词语和不少典故。……《指南玉音》的词表可能与《尔雅》及其他同类汉语词典相近,如《小尔雅》《释名》《广雅》等,或是典故辞典如《佩文韵府》《编字类编》,或是具有百科全书性质的辞典如《辞海》等。但分析词表具体情况可见,《指南玉音》的词表并非以其中某一本词典为基础补充而成。"中国学者徐时仪(2015)认为,《指南玉音》"基本上承袭宋元明流行的碎金系和杂字系等日用通俗辞书,而适应越南的地理、历史、社会、生活的实际略有增损改易",如把藤类植物细分为根藤类和皮藤类。《指南玉音》最后一类"南药类"更具有明显的越南特色,越南学者阮氏林(2013)把《指南玉音》中的甲虫类、果类、南药类与《南药国语赋》部分内容进行了比对,认为《指南玉音》的前身《指南品汇》的部分内容与《南药国语赋》有着高度的相似性。可见,汉喃辞书作为越南人学习汉语汉字的工具书,在反映汉语词汇最新进展的同时,也体现了越南社会使用汉语的需求。

4.3 越南人学习汉语的方式随着越南语言文字的发展而发生变化

汉喃辞书是用越南语(喃字)和汉字解释汉语字词的工具书和教科书,不同时期的辞书自然会体现出越南语的发展演变。结合喃字的发展历程,汉喃辞书的产生和应用本身就体现了喃字在越南社会从上至下的推广使用。从较早的《指南玉音》到 18 世纪末 19 世纪初的《三千字》再到 19 世纪末的《字学解义歌》,这几个世纪中喃字也不断发展,在越南社会中的认可度和接受度不断提升,嗣德帝亲自主持编撰汉喃辞书就是最好的证明。《字学解义歌》对于喃字发展最突出的作用就是有助于规范喃字字形,推动喃字字形统一,体现出越南本民族语言文字有了长足的发展。同时,这也显示了汉语学习和教育在 19 世纪后期依然受到越南社会自上而下的重视。

19 世纪末的《大南国语》打破了此前字书按照韵文编写的传统,也体现出越南语的新变化。《大南国语》不采用韵文形式,表明越南语在 19 世纪末 20 世纪初与西方接触的过程中开始发生转变,越南汉喃辞书的编纂也开始受到西方词典的影响。汉喃辞书所使用汉字和喃字都是不表音的方块字,与表音的国语字相比,方块字也存在不足,《大南国语》没有排序正是这一不足的体现。我们在上文所考察的辞书更侧重于"解义",即对汉语字词给出相应的喃字或汉字释义,轻"解音",只有少数难字生僻字有注音,但注音仍采用古代汉语字书常用的反切法或直音法,这种注音方式并不能表示准确读音。与古代中国相似,越南人学习汉字读音需借助专门的韵书,越南在历代也参考中国韵书编写汉字韵书用于诗词歌赋创作,如《诗韵集要》(16 世纪)、《钦定辑韵摘要》(刊印于 1839 年,参考《佩文韵府》而作)等,或者依靠师徒授习的"口耳之学"。黎贵惇在《芸台类语》就记录了自己对汉字的认识:"非翻切则音字不能通,非训诂则意义不能别。"[12]可见古代越南学者已经能清楚认识到汉字学习包括音和义两方面的内容。囿于汉字和喃字不能准确表音的限制,古代越南人只能依靠汉字韵书或通过师徒传习来学习汉字字音。

这种情况在 19 世纪末 20 世纪初开始发生变化。从 17 世纪开始,西方传教士就为越南语创制了一套拉丁化的记音字母,出版于 1651 年的《越—葡—拉丁词典》标志着越南国语字基本成型。19 世纪晚期,随着法国殖民统治的加强,国语字在越南社会逐步推广,并因其易于学习和使用逐渐为越南社会所接受。1895 年出版的《大南国音字汇》为第一部由越南人编写的国语字词典。此后,越南开始出现用国语字给汉字注音的辞书,较为人熟知的如《三千字解译国语》。该书基于此前《三千字》而编写,最大的变化就是在每一个汉字之后,除了喃字记音,还增加了国语字注音。如汉字"天"右侧标注喃字"𠀧",其下方还用国语字标出汉字"天"的汉越音⑬thiên 和喃字"𠀧"的读音giời。

《三千字解译国语》实为汉—喃—国语字典。该书序文中写道:"三千字书之作流传已久,一字一义,叶以音韵,所以便初学之记诵也。前此注以喃字,或一字而可叶数音,未足为据。自有国语字注而书各有字,字各有音,截然不相混乱。善哉,国语字体诚为吾国普通学之第一法门也。"⑭可见,当时国语字在越南社会生活中已经发挥越来越重要的作用。但与此同时,汉字仍然是越南人社会生活中不可或缺的重要元素,因此,用国语字来给汉字注音,编写汉—喃—国语双语三文词典,成为近代越南辞书发展的新趋势。

进入20世纪后,随着拉丁化国语字的推广使用,字形复杂的喃字逐渐被取代,汉喃辞书逐渐转变为汉越(国语字)辞书。如前述汉喃字书《千字文解音》在1914年出现了用国语字替代喃字的汉—国语字版本,喃字完全被删除,同时还加注法语释义,成为汉—越—法多语字典。⑮

随着以汉文为核心的科举制度在越南的终结,汉语汉字在越南社会生活中的地位下降,汉语学习也不再是越南蒙学和基础教育的必要内容。同时,法国殖民当局不断推动国语字教育,越南民族志士也以国语字作为启发民智的武器而推动其在民间传播。在此背景下,国语字逐渐取代喃字,越南的汉喃辞书也发生了转变,逐渐向现代意义的汉越辞书发展。汉语工具书形式上的改变也对越南人学习汉语的习惯产生影响,20世纪中叶之后,除了源于中国的汉字《千字文》《三字经》等蒙学读物,越南新出版的汉越词典基本不再采用韵文的形式。越南人识读汉字、学习汉语的方式以及汉语教育方法也随着越南语言文字的发展和越南社会的巨变而发生变化。

五 结语

18—19世纪是越南汉喃辞书集中出现、保存相对完整的时期。通过对上述代表性汉喃辞书基本情况的介绍梳理,我们可以了解古代到近代越南学习汉语的方式,从而对这一时期的越南汉语学习和教育有更为微观深入的认识。汉喃辞书是在越南社会长期作为双语社会的背景下产生的,其内容和编写体例显示出古代汉语辞书影响的痕迹,但又具有越南自身的特点,最为突出的就是多以六八体或押腰韵的韵文为主要形式,这有助于越南人诵读、识读、熟记汉字。汉喃辞书所收汉语词语以书面语为主,也有口语词汇,内容反映了所处时代汉语的特征,也适应当时越南社会的使用需求,从而体现其作为教科书和工具书的实用性。与此同时,汉喃辞书也随着越南语言文字的发展变化而变化。

进入20世纪之后,随着拉丁化国语字在越南社会的日益推广,越南人运用可直接拼读的国语字为汉字和喃字注音,越南传统的汉语汉字习得方式也发生了改变。

汉喃辞书是古代越南人学习汉语汉字最重要的工具书和教科书,蕴含着丰富的汉语和越南语语言史资料,具有词汇学、文字学、词典学等方面的研究价值。由于篇幅所限,本文只是对汉喃辞书与古代越南汉语习得方式相关的问题进行大致梳理,围绕汉喃辞书还有很多问题可以深入挖掘,如汉喃辞书与中国古代辞书的关联、汉喃辞书在越南的传播和使用等,由此对汉喃辞书与越南汉语教育史相关问题有更全面的认识。从更大视野考察,我们还可以对比同属东亚汉字文化圈的古代日本和朝鲜的汉字辞书和汉语习得方式,在东亚汉语教育史的视野下去研究越南古代汉喃辞书在编写体例、内容选择等方面所体现的对汉语和汉文化的接受以及本民族语言文化特点。汉喃辞书只是越南汉语教育史研究文献中的一部分,要深入了解越南的汉语教育史,还有更多的汉语和汉喃教材、蒙学读物、韵书等文献有待进一步发掘。我们期待着以后有机会对越南丰富的汉喃文献作深入研究,结合史籍记载,逐步勾勒出古代到近代越南汉语教育史更为完整的面貌。

注 释

① 参看张西平(2009,250—267)。
② 《大越史记全书·大越史记本纪全书卷之三·李纪·仁宗皇帝》。参看孙晓(2015,187)。
③ 《大越史记全书·大越史记本纪全书卷之五·陈纪·圣宗皇帝》。参看孙晓(2015,282)。
④ 《大越史记全书·大越史记本纪实录卷之十二·黎皇朝纪·圣宗淳皇帝》。参看孙晓(2015,620—621)。
⑤ 《大越史记全书·大越史记本纪实录卷之十二·黎皇朝纪·圣宗淳皇帝》。参看孙晓(2015,659)。
⑥ 六八诗体即两句为一联,上句六字,下句八字,腰韵与脚韵两种押韵方式交替。最基本的押韵规则为:六字句末字与八字句第六字押韵,即腰韵;八字句第八字换韵,与下一联上句的六字句末字押韵,为脚韵。
⑦ 本文举例表格中,粗体为汉字词条或单字,国语字转译中的画线音节为越南语韵文的押韵字。下同。诗句中文译义为本文作者所加。本文所引《指南玉音》汉喃原文和国语字转译,综合参考陈春玉兰(1985)、陈文玾(1990)和梁茂华(2017)。
⑧ 参见《指南玉音解义·天文章第一·补遗·风雨类》,参考陈春玉兰(1985,81)。该句中"逾"为喃字,即国语字gió,义为"风";"逾冬"即冬风,"逾东"即东风,"逾南"即南风。"谷风""凯风"均出自古汉语。《尔雅·释天》:"东风谓之谷风。"《诗经·邶风·凯风》:"凯风自南,吹彼棘心。"越南语语序与汉语不同,除数量定语外其余定语皆后置。根据《指南玉音》词条可见,汉语词汇按汉语语序,喃字释义按越南语语序。
⑨ 《三千字解音》,越南国家图书馆汉喃古籍库:http://hannom.nlv.gov.vn/hannom/cgi-bin/hannom?a=d&d

=BNTw-EHieafdGG1831&srpos=1&e=-------vi-20-BNTwEHieafdGG-1--txt-txIN%7ctxME-tam+thiên+t?-----。（访问日期：2021年10月22日）

⑩ 《千字文解音》，1890年观文堂藏板，法国国家图书馆藏本：https://gallica.bnf.fr/ark:/12148/btv1b10099861h/f3.item。（访问日期：2021年10月22日）

⑪ 引自《大南实录正编第四纪·卷二十五》。见《大南实录（十六）》第6231页。其中记载嗣德帝编撰字典事仅此一处。《渊鉴类函》是清朝官修类书，《字学解义歌》的类目体系与其相去甚远。但《字学解义歌》前附阮朝礼部奏片提到，"惟字学解义歌缮写分款与卷次目录未有成式，请由该修书酌拟写成样本进呈候"。可见该书卷次目录是在成泰年间阮朝国史馆修书所对书稿进行检缮时重新拟定，可能与嗣德帝最初参考《渊鉴类函》的设想有所不同。越南学者认为《字学解义歌》在选字上受到《康熙字典》的影响。越南另有以《康熙字典》为基础编写的简化版汉字字书《字典节录》（19世纪中期）。参见陈文珥（1990，19）。

⑫ 《芸台类语·卷之六·音字》，参见黎贵惇（1995，CXXXVIII）。

⑬ 用国语字给汉字注音，即汉越音。

⑭ 《三千字解译国语》，1915年柳文堂藏板，越南国家图书馆汉喃古籍库：http://hannom.nlv.gov.vn/hannom/cgi-bin/hannom?a=d&d=BNTwEHieafdHM1915&srpos=1&e=-------vi-20-BNTwEHieafdHM-1--txt-txIN%7ctxME-tam+thiên+t?-----。（访问日期：2021年10月22日）

⑮ 《千字文解音》，1914年越南河内海防文明印馆藏板：https://www.scribd.com/document/329832078/1914-Thien-T%E1%BB%B1-Gi%E1%BA%A3i-Am-Nguy%E1%BB%85n-V%C4%83n-Xuan#。（访问日期：2021年10月22日）

参考文献

陈荆和（1971）《〈嗣德圣制字学解义歌〉译注》，香港中文大学。

陈　文（2015）《越南科举制度研究》，商务印书馆。

陈仲洋（2017）中世纪越南汉字词典的类型与特点，《东亚汉籍与越南汉喃古辞书研究》（何华珍、阮俊强主编），14—39页，中国社会科学出版社。

丁克顺（2017）《嗣德圣制字学解义歌》版本及文字等问题研究，《东亚汉籍与越南汉喃古辞书研究》（何华珍、阮俊强主编），52—59页，中国社会科学出版社。

何华珍、阮俊强主编（2017）《东亚汉籍与越南汉喃古辞书研究》，中国社会科学出版社。

何华珍、李　宇、王　泉（2019）越南汉喃小学类文献整理研究导论，《越南汉喃文献与东亚汉字整理研究》（何华珍、阮俊强主编），182—191页，社会科学文献出版社。

李无未（2017）近代越南汉喃"小学""蒙学"课本及其东亚汉语教育史价值——兼与朝鲜朝、日本江户明治时期汉语官话课本进行比较，《东疆学刊》第3期。

梁茂华（2017）越南古代汉喃辞书略论，《东亚汉籍与越南汉喃古辞书研究》（何华珍、阮俊强主编），40—51页，中国社会科学出版社。

阮朝国史馆(1979)《大南实录(十六)》,东京庆应义塾大学言语文化研究所。

孙　晓主编(2015)《大越史记全书(标点校勘本)》(全四册),西南师范大学出版社、人民出版社。

徐时仪(2015) 汉字文化圈与辞书编纂,《江西科技师范大学学报》第 3 期。

张西平主编(2009)《世界汉语教育史》,商务印书馆。

Hoàng Thị Ngọ（黄氏午）(2012) Suy nghĩ thêm về văn bản *Chỉ nam ngọc âm giải nghĩa* và thể thơ lục bát đầu thế kỷ XV, *Tạp chí Hán Nôm* 6，12－19.《指南玉音解义》文本及 15 世纪初六八诗体新考,《汉喃杂志》第 6 期,12－19 页）

Lã Minh Hằng（吕明姮)(2013)*Khảo cứu từ điển song ngữ Hán Việt Đại Nam quốc ngữ*, Nhà xuất bản Đại học Quốc gia Hà Nội.《汉越双语词典〈大南国语〉考察》,河内国家大学出版社）

Lê Quý Đôn（黎贵惇）(1995)*Vân đài loại ngữ (Tập II)*, Nhà xuât bản Văn hoá thông tin.［《芸台类语》(第二册),文化信息出版社］

Nguyễn Tài Cẩn（阮才谨）(1998)Thử phân kỳ lịch sử 12 thế kỷ của tiếng Việt, *Ngôn ngữ* 6，1－12.（试论越南语十二个世纪的历史分期,《语言》第 6 期,1－12 页）

Nguyễn Thị Lâm（阮氏林）(2013) Ai là tác giả *Chỉ nam phẩm vựng*?, *Tạp chí Hán Nôm* 4，40－48.（谁是《指南品汇》的作者?《汉喃杂志》第 4 期,40－48 页）

Trần Văn Giáp（陈文玾）(1990)*Tìm hiểu kho sách Hán Nôm (Tập II)*, Nhà xuất bản Khoa học xã hội.［《对汉喃书库的考察》(第二册),越南社会科学出版社］

Trần Xuân Ngọc Lan（陈春玉兰）(1985) *Chỉ nam ngọc âm giải nghĩa*, Nhà xuất bản Khoa học xã hội.（《指南玉音解义》,越南社会科学出版社）

Trung tâm Khoa học xã hội và Nhân văn Quốc gia, Viện nghiên cứu Hán Nôm（越南国家人文社会科学中心汉喃研究院）(2003) *Ngô Thì Nhậm toàn tập (Tập 1)*, Nhà xuất bản Khoa học xã hội.［《吴时任全集》(第一册),越南社会科学出版社］

作者简介

咸蔓雪,北京大学外国语学院副教授,主要研究方向为越南语语言学、汉越语言接触和语言对比。Email:xianmanxue@pku.edu.cn。

朝鲜朝时期的汉语教学研究

姚 骏

北京大学对外汉语教育学院

提 要 朝鲜半岛的汉语教学是历史上开展时间最长的汉语教学。由于政府重视,其教学也非常系统,在教材编写和汉语译官培养方面都有很多值得后人借鉴的经验。前人研究对《老乞大》《朴通事》关注甚多,也有部分论文介绍司译院汉语人才的培养。本文结合二语习得中提及的语言习得影响因素,从汉语学习种类、汉语学习地位、教材与工具书编写、汉语学习环境营造等四个方面进行系统的梳理。研究发现朝鲜朝时期的汉语学习既有重视交际的译官培养,也有重视书面语的文官教育选拔。而以学习儒家经典为主的文科的地位远高于译科。另外朝鲜朝时期的汉语教学并不是只有《老乞大》《朴通事》,其实是在"事大至诚"这一国策的指导下,由丰富的教学资源和前瞻性的语言教学政策共同营造的完善的语言学习体系。从整体的角度看待这些举措,将有助于我们更全面地把握朝鲜朝汉语教学特点。

关键词 朝鲜朝汉语教学 司译院 汉语教学史

一 引言

朝鲜朝时期(1392—1910)的汉语教学在朱德熙先生撰写《"老乞大谚解""朴通事谚解"书后》(1958)一文以后在国内就开始受到多方关注。汉语史方面有大量利用《老乞大》《朴通事》的对音材料对元明清时期的语音、词汇和语法开展的研究(胡明扬 2003/1963;刘公望 1987;李得春 1997;李泰洙 2000;李泰洙、江蓝生 2000;梁伍镇 2000a;金基石 2001;汪维辉 2005b)。在对外汉语教学方面,中韩学者主要对《老乞大》《朴通事》两书的版本源流、教材内容及教学启示进行了详尽的分析(郑光、韩相权 1985;梁伍镇 1998;郑光 1998;程相文 2001;关辛秋 2004;汪维辉 2011;岳辉 2011)。另外也有研究者对朝鲜朝汉语教学的特点进行梳理介绍(林东锡 1983;郑光 1990;姜信沆 2000;梁伍镇 2000b;朴京淑 2000;金基石 2004、2005;张敏 2010;金美玲 2019)。作为世界汉语教学历史上时间最长、最系统的早期海外汉语教学实践,朝鲜朝时期的汉语教学吸引了汉语史、对外汉语教学、朝鲜译学各方的关注。朝鲜朝时期汉语教学史的研究也基本是对该时期的汉语教学发展过程、教材、师资及考核方法的介绍。张西平(2003)曾指出:"西方人的早期汉语学习史为世界汉语教学史的研究提供了大量丰富的文献……对它的深入研究不仅将为对外汉语教学学科的确立提供一个坚实的历史基础,也将会为我们研究汉语作为第二语言教学提供直接的经验。"这清楚地指出梳理早期汉语学习史的目的是对现在的汉语教学有所启发。本文希望在前人研究成果的基础上结合《朝鲜王朝实录》①、《经国大典》(1934)等一手史料,系统呈现朝鲜朝时期汉语教学的全貌,挖掘这一令人瞩目的域外汉语教学史实,进而阐述其对当前国际中文教育的启示。

从语言学习的角度来看,有诸多因素会影响学习效果:学习的动机和目的、目的语的语言地位、丰富多样的学习资源和良好的学习环境。(Ellis 1999;Freeman & Long 2000)为了更好地探寻朝鲜朝时期汉语教学对当代海外汉语教学的启示,本文以二语习得理论揭示的语言习得影响因素为线索,从汉语学习的类别、不同种类汉语学习的地位、汉语教材与工具书和教学环境的营造四个方面系统梳理朝鲜朝时期的汉语教学。

二 汉语学习的类别

1444年《训民正音》创制以前,朝鲜半岛没有自己的文字。上层知识分子的学习都使用汉字。汉语学习早在朝鲜半岛三国时代(公元前57年—公元668年)就已经存在。当时的政府设立太学教授中国汉文。(李得春1984)之后的王朝也一直延续这个传统。新罗时期(668—901)更是设立了"读书三品科",以是否读懂《论语》《礼记》《孝经》《文选》等典籍来选拔官员。到了高丽时期(918—1392),仿照中国科举制度设立了进士、明经等科目来选拔人才。(田以麟2007)朝鲜朝时期,也延续了这一传统,进士科最受重视,初试考察内容为程朱注释的"四书""五经",中场为辞赋,终场内容则为策论。(参见《太祖实录》1年7月丁未条)

前人关于汉语教学的讨论更多聚焦于司译院的汉语教学,忽视了儒学这一方面的汉语学习。《原本老乞大》中有一段关于高丽时期朝鲜人学汉语的描述:"我在汉儿学堂里学文书来。……每日清早晨起来,到学里,师傅行受了生文书。下学到家,吃饭罢,却[到]学里写仿书。写仿书罢对句,对句罢吟诗,吟诗罢,师[傅]行讲书。……讲《小学》、《论语》《孟子》。……到晚,师傅行撒签背念书。背过的师傅与免[帖]一个;若背不过时,教当直学生背起,打三下。"(汪维辉2005a,6—7)这种学习方法与中国私塾的教育几乎没有差异。这一类汉语教学可以称为儒学,其主要目的就是通过学习儒家经典掌握汉语书面语和儒学义理。但口语交际能力却不足。朝鲜非常有名的大儒李穑,曾经出使明朝。朱元璋久闻大名,问他"汝仕元朝为翰林,应解汉语",李穑以汉语回答"亲朝"。朱元璋没有听懂,问是什么意思。后来评价他说的汉语像元代辽东地区蒙古将领"纳哈出"。(参见《太祖实录》5 年 5 月癸亥条)后来朱元璋在诏书中明令"尔那里使臣再来时,汉儿话省的着他来,一发不省的不要来"(参见《太祖实录》6 年 3 月辛酉条),即明确要求不能用汉语交流的就不要来了。但是与此同时,朝鲜的文臣却能用诗赋与中国皇帝和官员流畅交流。权近因"表笺问题"赴京城解释时,和朱元璋对诗,受到了皇帝的赏识,他没有被责罚还受赏了。(参见《太祖实录》6 年 3 月辛酉条)明朝的文臣出访朝鲜时,也常和朝鲜的文官吟诗作对,临别时甚至要求赠送诗卷。(参见《太宗实录》1 年 6 月壬申条、1 年 12 月壬子条、2 年 3 月丁亥条)这说明在朝鲜朝时期的儒家典籍学习更重视儒家思想的义理和诗赋创作能力,但口语交际能力较弱。这一定程度上也是中国古文和实际口语差别太大导致的。

另一个被忽视的特殊汉语教学是吏学。由于朝鲜朝之初就确立了对明朝的"事大至诚",因此应对明朝的各种官方文件就显得尤为重要。实际上朝鲜朝早期并未单独设立吏学部门,一直到 1411 年朝鲜太宗时期才将之前负责对明文书的"文书应奉司"改为"承文院"。(参见《太宗实录》11 年 6 月戊申条)最初都为文臣兼职,也就是让通过科举的人直接负责对中国朝廷的文书撰写。后来因为"事大"文书特别重要,不再允许兼职,并从通过科举的年轻官员中选拔。(参见《太宗实录》16 年 4 月己巳条、17 年 3 月丙辰条)世宗时期特别重视事大关系,特别设立了专门的吏学教学和教材(黄仙姬 2020),但是由于明朝长期不同意派遣留学生赴中国学习,实际吏学的教学效果并不理想。到了中宗时期,"承文院汉语、吏文成才者无之,只有崔世珍一人,而其后更无能通者"(参见《中宗实录》23 年 1 月癸巳条)。到了壬辰倭乱后,光海君虽然名义上还重视吏学,但承文院在奏请重视汉吏教育的奏折中提及"吏文似不必专意讲习,而祖宗旧制不可擅废也"(参见《光海君日记》12 年 11 月戊子条),从这段措辞可以看出当时政府对吏学的态度已经发生了很微妙的变化。

纵观吏学的发展,可以看到该类汉语学习主要针对中国的正式官方文书。但是官方文书的制作对非母语者来说是非常困难的。历史上比较有名的有两次"表笺问题"。当时朱元璋认为朝鲜政府在对中国皇帝的上书中使用了不当的文字和格式,甚至要求朝鲜押送参与撰写审定表笺的人员及其家属到中国,有些人还死在了中国。虽然有学者认为这可能是因为朱元璋晚年多疑以及因为辽东的移民问题借题发挥(郑红英 2011;王小甫等 2014),但永乐年间明朝礼部官员旧事重提,并明确指出朝鲜所上的"表笺"中"皇帝陛下四字后不能连写""乐器不是民间物品不能用'贸易'一词"的问题(参见《太宗实录》5 年 8 月辛未条)。从这段记录可以推测朝鲜向明政府上表出现的问题是对汉语书面公文格式的不熟和行文中对词语理解不同造成的。如果撰文者不是特别精通儒家经典、公文体例和当时的汉语表达,可能会处处"触雷"。因此,朝鲜历史上的偰长寿、李边、崔世珍都是同时精通吏文和汉语口语。偰长寿本人是因元末战乱随父亲逃到朝鲜半岛的中国人，同时也是朝鲜司译院的创始人（参见《太祖实录》3年11月乙卯条、《定宗实录》1年10月乙卯条）；李边则是《训世评话》的编著者，朝鲜朝时期著名的汉学大家，长期同时在承文院和司译院工作，精通汉语（参见《成宗实录》4年10月戊辰条）；崔世珍更是朝鲜中宗时期著名的汉学大家，他可以在朝堂上和中国使者引经据典辩论，其汉语能力可见一斑，而且还编著了《老乞大谚解》《朴通事谚解》《四声通解》《训蒙字会》等汉语教材和工具书（金基石 2006）。可以说要真正精通吏学对大部分非母语者来说是最困难的。

常见的朝鲜朝汉语教学论文（林东锡 1989；董明 1999；朴京淑 2000；金基石 2004、2005）介绍最多的就是司译院"四学"中汉学的教学。偰长寿在设立司译院的上书中明确指出成立该院的初衷是，"俾习中国言语、音训、文字、体式，上以尽事大之诚，下以期易俗之效"（参见《太祖实录》3年11月乙卯条），可见主要是对外服务于与中国的外交，对内以中国文化进行教化。从现存的史料可以看到，司译院官员主要的任务是担任使团通事（即口语翻译）并且汇报出使的相关情况，为来访的中国使节翻译，押送人员和贡物，通报边境情况及迎接中国使臣等。（参见《太祖实录》2年7月辛未条，《太宗实录》1年9月辛丑条、3年9月甲申条、4年5月乙巳条、10年1月癸未条，《世宗实录》1年10月己丑条、2年5月己巳条、5年11月壬午条）这些工作都需要较好的口头交际能力，这与其他两类汉语学习重视中国儒学的义理和正式书面语表达完全不同。

前人研究中经常谈及的司译院经典教材《老乞大》《朴通事》也是根据出使需要而编写的。《老乞大》以一个高丽商人从都城王京到中国去贩卖货物这一场景为主线，《朴通事》则以出使中国为线索，介绍中国的风土人情，这都契合这一类学习者实际的工作需求。同时，由于需要与中国的官员沟通，还需要了解一些中国儒学思想，因此在要求背讲[2]的三本教材中除了《老乞大》《朴通事》之外，在初期还加入了偰长寿编著的《直解小学》，18世纪则替换成《伍伦全备》，到19世纪换成《译语类解》。（李得春 1984）另外在临文部分加入了《论语》《孟子》《大学》《中庸》，并要求翻译《经国大典》（参见表1）。可以说司译院的汉语学习是以口语交际为中心，但也重视了解对象国的文化思想并要求能用汉语介绍本国政治制度，能很好地服务对华外交工作这一中心任务。

表1　朝鲜朝时期译科初试内容（林东锡 1989）

项目	经国大典 （1485）	通文馆志 （1720—1888）	续大典 （1746）	六典条例 （1876）
背讲	老乞大、朴通事、直解小学	老乞大、朴通事、伍伦全备	老乞大、朴通事、伍伦全备	老乞大、朴通事、译语类解

续表

项目	经国大典 (1485)	通文馆志 (1720—1888)	续大典 (1746)	六典条例 (1876)
临讲	经国大典	四书、经国大典	四书、二经、通鉴	——
临文	四书	——	——	四书、大典会通

可以说,儒学重儒家义理、吏学重外交文书、司译院重口语交际,这三者各有侧重。只关注司译院的汉语学习会失之偏颇。但这三者也不是完全割裂的,朝鲜政府也发现司译院译官不重儒家义理导致在实际翻译中无法准确达意,而后增设了训导官用母语讲授义理。(参见《太宗实录》13 年 6 月乙卯条)但纵观整个朝鲜朝汉语教学史,完全精通这三方面的人非常少。这一定程度上也反映了中国古代书面语与实际口语有较大差距的现实。当然另一个原因是,明朝从李朝建立后就一直不允许派遣留学生(参见《世宗实录》15 年 12 月壬戌条),没有良好的交际环境也没有丰富的语言输入,要想同时精通这三个方面在当时的确很难。这三类各有侧重的汉语学习也提醒我们,真的要完全精通一门外语非常难,外语学习者通常是结合自己的需要选择某一类。

三　不同种类汉语学习的地位

从上述三类汉语学习来看,儒学汉语学习者和中国一样,需要通过生员试、复试,最后成为进士,进入国家文官系列。(参见《经国大典》卷三礼典)而承文院的官员也是在文科进士中选拔,身份地位以及个人发展也较好。从考试内容来看,初试考查"四书"的理解,需要通至少"两经"(参见《太宗实录》17 年闰 5 月己巳条),在复试中还有诗赋策略等写作考试(参见《太祖实录》1 年 7 月丁未条)。文科考试是朝鲜朝文官出身最重要的起点,有了进士出身仕途就会有一个光明的起点,因此甚至出现了已任职的官员再去参加科举考试而被言官弹劾的现象。(参见《太宗实录》5 年 3 月庚子条)

从教育机构来看,中央有类似中国太学的成均馆,后来又增设了五部学堂,地方上也设立了政府支持的乡校进行官方教学。(参见《世宗实录》即位年 11 月己酉条)关于儒学教导的选拔、文科考试方式,在朝堂上也经常开展深入讨论。从这一点看,儒学经典和汉语书面语的学习在朝鲜朝时代一直非常受重视。这类学习者是未来的政府精英,学成后社会地位很高。

朝鲜司译院的汉语学习从一开始就是为外交服务的。它基本延续了高丽时代通文馆的职能。译科虽然列在六科之中,但从地位来说仍然属于杂科,尽管进入了政府官员系列,但不属于两班③所属的贵族官僚阶层,属于"中人"。从司译院考试的规定来看,考试通过者"及第一等为从七品,二等为从八品,三等为从九品"(金基石 2005)。如果要继续晋升,只能靠国王的破格提拔。历史上也有从司译院出身升到二品的高级文官,但非常少。历史上最著名的只有汉学大家崔世珍。他是司译院译科出身,因为精通汉语和吏文,不可替代,逐步被提拔为同知中枢府事。但是每次提拔的过程中,仍有不少言官指责他身份过于低贱。史官最后在对他的评价中写道:"世珍系出卑微,自小力学,尤精于汉语。既登第,凡事大吏文,皆自主之。得蒙荐擢,官至二品。"(参见《中宗实录》37 年 2 月辛酉条)译科出身要成为高级官员,整体而言是非常难的。

从机构设置来看,成均馆和司译院同是礼曹(等同于中国的礼部)下设机构,但由于培养的是"中人",司译院的地位明显要低,汉学教授是从六品,汉学训导是正九品。司译院的汉语教学主要在司译院内进行,后来在使团经常到的一些地方如义州、平壤等处也设立了学校培养地方的乡通事,他们也承担着迎接中国使团和汇报中国有关情况的职能。(李得春 1984)

因此,从汉语学习的地位来看,书面语学习者的地位明显要高于擅长口语交际的译官,前者是高级官员,而后者更接近于技术型官员。朝鲜朝时期的史书中,经常能看到国王和大臣感慨能够胜任汉语翻译的人才太少。虽然制订了周密的教学和考核计划,"然能通华语者罕少,虽或有通者,音亦未纯,每当中国来使,御前传语,尤难其人"(《世宗实录》24 年 2 月乙巳条)。这一定程度上与译官的实际地位较低、优秀人才不愿参加司译院的学习也有一定的关系。

四 汉语教材与工具书

朝鲜朝时期的汉语教材由于学习目的不同,内容种类也非常丰富。前人研究将目光主要集中于《老乞大》《朴通事》,对其进行了较为深入的介绍分析。本文希望从汉语经典教材、汉语学习工具用书的角度来梳理朝鲜朝时期的汉语学习书籍编写特点。

汉语经典教材主要分两类,一类是直接引入中国的儒家经典,如"四书"《大学》《中庸》《论语》《孟子》。"四书"是成均馆、五部学堂、乡校的正式教授内容以及生员试的考试内容。在创制本国自己的文字后,朝鲜又编写了《大学谚解》《中庸谚解》《论语谚解》《孟子谚解》《诗经谚解》《周易谚解》等。谚解一方面利用韩字表音文字的特点对书中的汉字进行了标音,另一方面还逐句进行翻译,更利于自学。

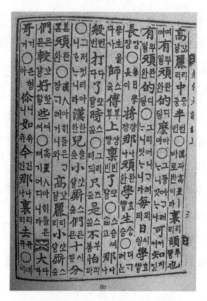

图 1 《老乞大谚解》书影(转引自汪维辉 2005a,96)

  另一类则是经典口语教材,早期的有《老乞大》《朴通事》等,晚期的有《华音启蒙谚解》(1883)、《中华正音》①等。但是最为权威的依然是《老乞大》《朴通事》。在司译院的正式考试中,这两本书一直占据着不可动摇的地位。《老乞大》《朴通事》是高丽时期编的教材,在高丽时期就开始广泛使用。司译院的考试使得这两本教材有了很高的地位。《老乞大》以高丽商人一行在辽阳城路遇中国商人一路同行去做生意为线索,涉及从辽东由陆路进入中国一路上的衣食住行和买卖等方方面面,可以说是到中国出使经商的实用交际教材。而《朴通事》则是以一个外交使节出使中国为主线,反映了中国的风俗、世态、婚丧、宗教、买卖、文书等中国社会文化的各个方面,可以说是高级会话课本,涵盖的主题都较为专业。值得注意的是由于韩字的创制和汉语实际使用的变化,后来还出版了《老乞大谚解》《朴通事谚解》以及《老乞大新释》《重刊老乞大谚解》《朴通事新释谚解》。后出版的谚解,不仅根据实际调查的结果,创制了左右音系统对当时汉语语音进行精准注音(金基石 2006),还根据语言变化对汉语词句进行了适当的调整(李泰洙 2003)。这种不断修正的教材更新方式,在古代的语言教材中显得难能可贵,它保证了经典课本的生命力长久不衰。

  司译院背讲书目除了经典的《老乞大》《朴通事》之外,还有《直解小学》《伍伦全备》。《直解小学》是由偰长寿编写的反映元代时期北方口语的汉语会话体教材,但现在已失传。当时人们对它评价甚高,甚至世宗的经筵也多次请司译院的李边、金何讲《直解小学》。(参见《世宗实录》16 年 5 月甲午条)史书也记载,用此书教学可以使学习者和中国人说话没有区别,而且辽东地区的中国人非常欣赏这本书,想拿其他书来换。(参见《世宗实录》16 年 4 月己酉条)一般而言,朝鲜朝国王的经筵都是请精通儒学的经筵官讲解儒家经典,使国王能够明了治国之道。综合考虑以上情况,加之创作时朝鲜半岛的韩字并没有创制,这本书不可能是之后的谚解类书籍,很可能是用元代口语解释儒家小学思想的书。这也就可以解释为什么当时辽东地区的中国人也想要这本书。司译院后期考试中,《伍伦全备》代替了《直解小学》成为背讲必考书,其重要性也不言而喻。该书又名《伍伦全备记》,是一个戏曲剧本,作者是明代的丘濬。该剧假借北宋末年伍伦全和伍伦备这两个兄弟的成长际遇来宣教三纲五常在社会生活中的重要性。因此,林东锡(1983)认为这本书虽然在中国影响不是特别大,但被选为朝鲜朝译科考试书目不只是为了汉语的语言学习,也有教化层面的考虑。后来为了便于学习,司译院也组织了谚解的编写,一直到1721年在刘克慎等人的资助下,《伍伦全备谚解》最终刊行。(金敏永 2011)综观这两本书,一本是躲避战乱逃到朝鲜半岛的中国人编的,一本是中国明代用于宣传三纲五常的剧本。与《老乞大》《朴通事》不同,这两本书是由中国人写的白话文书籍。一个体现了元代末年的口语实际情况,一个则体现了明代口语的情况。从内容来看,一个重视儒家小学思想,一个则是从个人的遭遇来反映中国社会中的三纲五常思想。因此与《老乞大》《朴通事》相比,这两本教材更侧重对中国当时社会文化背后的伦理进行解释。这样的教材搭配,从现代语言教学的角度来看也是相当具有前瞻性的。

除教材以外,还有一些工具类辞书,虽然不如教科书那么重要,但是对汉语学习也起到了积极的作用,比如针对汉语标准发音的韵书、服务于汉字学习的字书、配合汉语词汇学习的辞书。从"事大至诚"的角度出发,汉字发音准确无疑是汉语学习中最重要的一点。在史书中朱元璋嘲笑朝鲜大儒发音奇怪,无疑也说明在古代没有音像学习资料且目的语教师资源匮乏的情况下,汉语发音的字正腔圆是很难做到的一件事。1444年《训民正音》颁布后,朝鲜半岛有了自己的表音文字,用韩字来标注汉字的发音就成了韵书编写的必然。但是值得注意的是,编写者还注意到了中国编写的韵书与当时中国北方地区实际发音的区别,特意区分了正音和俗音。正音指中国经典韵书所规定的汉字发音,通常是守旧的,朝鲜时期的正音通常依据《洪武正韵》,俗音[⑤]指当时中国的实际发音。除了直接引进刊行《集韵》《古今韵会举要》《中原音韵》《洪武正韵》等中国著名的韵书外,当时的学者们也利用韩字对中国韵书进行标音。第一本朝鲜朝学者编著的韵书是《东国正韵》,该书由申叔舟、成三问等编写,1447年完成,1448年颁布。该书以《古今韵会》为准,各韵部按韩字[⑥]二十三字母为序排列,同字母以平上去入的顺序来排列,都以韩字进行注音。另一本有名的韵书是1455年由成三问、申叔舟翻译《洪武正韵》而编成的《洪武正韵译训》。在该书的编写过程中,成三问、申叔舟经常赴辽东质问韵书。申叔舟当时以使臣的身份出使中国,在辽东遇到了被贬的翰林学士黄瓒,他利用注音的方法读出汉字的发音,不差毫厘,"瓒大奇之"(梁伍镇 2000b)。之后有一本较为简明的韵书《四声通考》,与《洪武正韵译训》不同的是它删去了字释,但该书未能传世。之后崔世珍在该书基础上于1517年编成了《四声通解》。他更改部分字序,重新恢复了字释,在正音和俗音的基础上又增加了今俗音。其他朝鲜朝时期编写的比较有名的韵书还有崔世珍的《韵会玉篇》(1536),朴性源的《华东正音通释韵考》(1747),洪启禧的《三韵声汇》(1751),李德懋、徐命膺的《御定奎章全韵》(1796)等。(李得春 1984、2003)这些朝鲜本国人编写的韵书利用韩字标音的优势,仔细考察不同时期汉语韵书的标准发音和实际汉语发音,为当时科举考试用韵的准确和学习地道的汉语口语打下了良好的基础。

  汉语中汉字繁多,如何快速掌握一些基础常用汉字,提高汉字学习效率,一直是汉语母语者和汉语非母语学习者比较关心的问题。朝鲜朝以前,朝鲜半岛没有自己编纂的字书,半岛广泛流行的是中国顾野王的《玉篇》,汉字启蒙教育则主要依靠中国的《千字文》。(金基石 2006)韩字创制以后李朝开始刊行汉韩对音字书,对一些主要汉字进行标音并用本国语言进行解释。比较经典的是对《千字文》进行标音和注释,如《类和》(1576)和《石峰千字文》(1583)。崔世珍的《训蒙字会》(1527)较为特殊。他放弃了常见的千字文体例,而将汉字根据天文、地理、花品、树木、果实等33个类别进行归类,共收录汉字3353个。18世纪末的《全韵玉篇》则是根据《御定奎章全韵》所编,共三卷,其释义比之前朝鲜半岛编纂的"玉篇"类字书更详细。1909年,池锡永依据《康熙字典》,择汉字的精要进行简明注释,编成《字典释要》。(李得春 1984)整体来看,朝鲜朝时期编著的字书,或根据《千字文》的体例,或根据当时的韵书选择较为常用的汉字重新标音和注释,能较好地服务汉字启蒙这一根本目标。

  李朝后期汉语教育非常重视词汇教学,开始出现了一批词汇工具书。慎以行、金敬俊等编纂的《译语类解》(1690)是其中的代表,并被列入后期译科考试三大背讲书目之一。该类辞书的体例是先列汉语词条,再用韩字标注汉语发音并进行释义。其他较为有名的辞书还有《译语类解补》(1775)、《华语类抄》(1883)。《译语类解》《译语类解补》共收录词条5800多条,《华语类抄》收录词条2400多条。除了汉朝对译的辞书,还有汉满朝三语对译的辞书,如《同文类解》(1748)、《汉清文鉴》(1771)。《同文类解》收词4800多条,《汉清文鉴》收词12000多条。(李得春 2003)

  从上面所提及的朝鲜朝时期汉语教科书、韵书、字书、辞书的编写情况来看,朝鲜朝汉语教学材料并非只有耀眼的口语教科书《老乞大》《朴通事》,而是针对汉字启蒙教学、汉字学习、词汇学习、实用口语、儒家经典、中国社会文化诸层面都开发编写了相应的书籍,为有效的汉语教学提供了全面支撑。谚解也是汉语教材编写的一大创新,通过这种方式既可以给单字注音,又可以用母语进行简单释义,对自学无疑大有裨益。此外,汉语教学用书也不是一成不变的,而是会根据汉语的变化和实际需求的变化进行调整,有很强的科学性和时代特点。

五　教学环境的营造

在朝鲜朝汉语教学中,除了上述提及的不同的学习考核方式和全方位的教学用书的编写外,面对中国朝廷不允许派遣留学生的规定,朝鲜朝国王积极实施了派遣译学生充当使臣从事官、质正制度、在教学场所禁止说母语、使用中国教师等多种政策来强化汉语输入,提高汉语教学质量。这些政策在董明(1999)、梁伍镇(2000b)和金基石(2005)等的论文中已有提及。本文结合有关史料,对相关教学政策进行重新梳理归纳。

古代缺乏音像学习资料,在外语学习中如何获得更多的目的语输入无疑非常重要。1433年9月,朝鲜申请向明朝派遣留学生学习汉语,明宣宗以路途遥远为由明确予以拒绝。得到明朝政府的正式答复后,世宗大王决定采取变通的方法选派译学生做使团的从事官,利用出使中国的机会学习汉语。(参见《世宗实录》15年12月壬戌条)这个办法实行10年后,世宗感慨"今观业译者,习华语至十年久而不及奉使中国数月往来之熟。此无他,于中国则凡所闻所言无非华语,而耳濡目染"(参见《世宗实录》24年2月乙巳条)。这充分说明世宗大王已经清楚地认识到,目的语的语言环境对学习汉语非常重要,没有这样的环境就算学很久,也很容易变成"哑巴汉语"。这一定程度上也印证了现代外语教学中到目的语国家体验的重要性。

朝鲜朝时期另一项重要的研习汉语的制度被称为"质正"。董明(1999)将其定义为"向入明使节布置汉语汉文化方面的咨询任务"。质正一词源自"质正官"。"国朝于朝燕使行,例送质正官,质问华训于中朝,必以博文详雅之士充之。"(《宣祖修正实录》7年11月辛未条下史臣注)由这条注解可见质正一般是由精通汉语的高级文官来充任的。世宗时期朝鲜政府就曾因为上书的表笺中少写了日期受到明政府严厉批评,随后派人就是否要写日期专门向礼部员外郎黄钟进行咨询,黄钟回答:"正朝、圣节、千秋,以贺日填之,谢恩、进贺,以拜表日填之。"(参见《世宗实录》3年6月壬子条)这是较早的专门就文书格式请教中国官员的记录。前文所提及的成三问、申叔舟在编写《洪武正韵译训》时经常往返辽东向中国学者询问,也是非常著名的事例。除了给使团布置专门的咨询问题,质正其实也包括向来朝的中国使节讨教。1459年4月,世祖"命示奏草于明使",请求改正,明朝使节陈嘉猷改了几个字,朴元亨、金何还就对中国的正式文书该用毛晃韵还是《洪武正韵》进行了交流。(参见《世祖实录》5年4月己未条)由此可见,质正一般是朝鲜高级官员就外交实际工作中出现的文书格式、用韵、礼仪等专门问题请教中国的专家,可以由国王向使团专门布置,也包括向来朝的中国官员请教。

禁止使用母语交流是朝鲜朝时期另一个推进汉语学习的利器。在非目的语环境中学习外语,课堂中难免会借助母语。在世宗时期,司译院都提调申概就指出有些学生"入本院则不得已而习汉音。若常时则令用乡语[①],一日之内汉语之于乡语不能十分之一也";司译院建议

"自今本院禄官前衔权知生徒讲肄官汉学生等,每至院中一禁乡语,上而师长官僚相与应对,下而权知生徒招呼应诺一用汉语,大而公事议论,小而饮食起居,一用汉语"。(参见《世宗实录》24 年 2 月乙巳条)从该条记录来看,司译院师生当时使用汉语的情况并不乐观,因此司译院规定,只要是拿俸禄的汉学师生一进入司译院就必须全部使用汉语。在肃宗时期的司译院偶语厅也严格执行禁止使用母语交流的禁令,"日会公廨,禁乡语,勤讲习。时复亲试,赏罚分明,五年之间大有成效"(《通文馆志》卷 8 故事条)。这种在教学机构禁用母语的方法,比现在美国大学暑期汉语项目的"语言盟誓"足足早了五百余年。

在朝鲜朝时期的汉语教学中,另一个不可忽视的因素就是积极启用因战乱避祸或其他各种原因流落到朝鲜半岛的中国人做本国汉语教师。在《朝鲜王朝实录》中有记录的著名汉语教师有太祖时期的偰长寿,世宗时期的李相、徐士英和张显,以及肃宗时期的文可尚和郑先甲。偰长寿原来是元代高昌偰氏家族的后代,家族中多人中进士,后因红巾军之乱家族迁到高丽。他本人参加元代科举考试中进士,并在高丽朝任职。李成桂发动兵变建立朝鲜朝,他也是重要的参与者之一,后一直身居高位。他曾七次出使明朝,对推动两国交流作出了积极贡献。(桂栖鹏、尚衍斌 1995)他本人还是司译院的创始人,制定了司译院的一系列制度。他编写的《直解小学》是朝鲜朝早期司译院背讲的三本必读书之一,影响极大。(参见《世宗实录》23 年 8 月乙亥条)说他是朝鲜朝时期汉语教学的奠基者一点儿也不为过。世宗时期,由于明政府拒绝了派遣留学生的建议,承文院就积极任用流落到朝鲜的中国人做汉学训导。徐士英和张显是表兄弟,原住在明开原城,从乡校回家的时候被女真族童猛哥帖木儿掳掠。后于世宗九年逃到吉州后被送到王京。世宗十六年,在承文院提调鼓励翻译人才培养政策中建议增设徐士英和张显为汉语训导司正。(参见《世宗实录》9 年 4 月甲戌条、16 年 1 月壬午条)李相的经历更为离奇。他原来是辽东铁岭卫军人,被女真人抓住为奴,咸吉道都节制使驰启发现李相"粗知经书,习吏文"(参见《世宗实录》23 年 8 月丙戌条),请示是否可以买下来为政府所用。经过讨论,朝鲜政府决定买下李相,并任命他为承文院博士。承文院要求"择吏文生徒文理通晓者,每日来往李相处,学《至正条格》《大元通制》等书。本院官员二三人轮次来往,质问吏文,又令讲肄生六人来往读书"(参见《世宗实录》23 年 11 月己亥条)。从这三人的经历可以看出世宗时期对于中国汉语教师资源非常重视。在朝鲜朝另一个非常重视汉语人才培养的肃宗时期,朝鲜朝政府也起用了因在中国落难流落到半岛的文可尚和郑先甲,安排他们到新设立的司译院"汉学偶语厅"任教并取得了卓越的成效(《通文馆志》卷 8 故事条)。而且据记载文可尚还参与了汉语教材的编写。(参见《成祖实录》24 年 5 月辛卯条)当然记录在史书上的教师只是朝鲜朝中国汉语教师群体的一部分,从他们的经历也可以看到目的语母语者的参与是不可或缺的。

六　结　语

　　前人对于朝鲜朝时期汉语教学的措施和成果都非常推崇,特别关注司译院的汉语人才培养方式。本文从二语习得的影响因素出发,从汉语学习的类别、不同种类汉语学习的地位、汉语教材与工具书、教学环境的营造四个方面,重新系统梳理朝鲜朝时期的汉语教学。研究发现,朝鲜朝时期的汉语学习根据重视儒家义理的学习和外交文书的写作、实际口语交际等不同目的,大体上分成书面语和口语教学两部分。这两大类的汉语教学中,文科出身的官员地位远高于译科出身的司译院官员,大部分司译院学员是"不得已而习汉音",学习动机并不强,像李边、崔世珍这样译科出身"手不释卷"学习汉语,最后达到同时精通吏文和汉语口语的人才历史上非常罕见。而且从语言政策的重视程度来看,太宗朝、世宗朝、成宗朝以及后期的肃宗朝更重视汉语人才的培养,出台了设立承文院、大规模派遣译学生充当使团从事官、重编《老乞大》《朴通事》教材及韵书、设立汉学偶语厅等政策。但其他国王在位时对汉语的关注则较少,可见政府的关注对汉语学习影响也不小。

　　从朝鲜朝汉语教学的特点来说,很多早期文献更多关注《老乞大》《朴通事》等经典教材,近来开始关注司译院的培养制度。本文认为,朝鲜朝时代汉语教学各类教学资源丰富,在创造积极的汉语学习环境方面也采取了多样的措施。虽然会话教材令人瞩目,但朝鲜朝的汉语教学资源并不是只有会话教材,还包括介绍中国文化和儒家义理的教材,同时在语音、汉字、词汇方面也有丰富的韩字标音释义工具书供参考。在编写过程中,编者还注意结合当时的语音和韵书资料进行调整。另外司译院的考试书目也会根据汉语的发展和实际需要进行相应的修订,这一点也十分难得。在学习环境的创造方面,政府也非常重视目的语的输入。由于当时明朝政府不愿意再接受留学生,世宗时期就开始利用出使的机会派遣年轻的汉语译员充当使团从事官赴中国交流提高汉语水平,还派遣资深的官员与中国学者探讨中国音韵,创立了质正制度。另外世宗和成宗时期,司译院主管官员注意到汉语学习期间使用母语会造成干扰,制定了禁止使用"乡语"的规定。利用汉语母语者也成为教学中增加汉语输入的另一种积极手段。在几百年前就具有这种前瞻性的教学管理理念无疑是相当先进的。

　　回顾朝鲜朝时期汉语教学的这些特点,综合前人对朝鲜朝汉语教学的相关研究和有关史料,我们可以看到,朝鲜朝时期汉语教学取得了辉煌成绩,不仅是因为实用性很强的会话体课本,而且是国家重视汉语的政策下,丰富的教学资源和积极的语言教学政策整体营造的良好教学环境而产生的结果。这些举措对于当下的国际中文教育仍有很大的启发。

注　释

① 参见 https://sillok.history.go.kr/main/main.do.（访问日期：2022 年 4 月 16 日）
② 背讲指背诵经典的汉语口语教材，临文指看着书讲读经典，临讲指说明经书或者法典。（金基石 2005）
③ 两班阶层即文武两班，朝鲜朝时期泛指统治阶层。而"中人"属于技术官僚，比文科武科正科考试出身身份要低。
④《中华正音》的抄本现存有四种版本，两种抄本与《骑着一匹》一样，实际是同一本书三个不同抄本；另外两种则与前者不同，可以判断是两类不同的书。汪维辉等（2011，25）推测"中华正音"是当时汉语口语教科书的一种通称。
⑤ 部分韵书中还区分俗音和今俗音，俗音指元代时期的中国口语发音，今俗音是指当时的汉语发音。
⑥ 此处所指的韩字是《训民正音》颁布时的韩国文字，与现代韩语不同。
⑦ 此处的"乡语"指的是朝鲜当地语言。

参考文献

朝鲜史编修会(1944)《通文馆志》，朝鲜总督府。
朝鲜总督府中枢院(1934)《经国大典》，朝鲜总督府中枢院。
程相文(2001)《老乞大》和《朴通事》在汉语第二语言教学发展史上的地位，《汉语学习》第 2 期。
董　明(1999)明代朝鲜人的汉语学习，《北京师范大学学报(社会科学版)》第 6 期。
关辛秋(2004)元以来一部多个语种版本的第二语言教材——三种文本《老乞大》教材编写特点分析，《汉语学习》第 3 期。
桂栖鹏、尚衍斌(1995) 谈明初中朝交往中的两位使者——偰长寿、偰斯，《民族研究》第 5 期。
胡明扬(2003/1963)《老乞大谚解》和《朴通事谚解》中所见的汉语、朝鲜语对音，《胡明扬语言学论文集》，119-135 页，商务印书馆。/《中国语文》第 3 期。
黄仙姬(2020)朝鲜朝前期的汉学政策研究，《东疆学刊》第 2 期。
姜信沆(2000)《韩国的译学》，首尔大学校出版部。
金基石(2001)尖团音问题与朝鲜文献的对音，《中国语文》第 2 期。
金基石(2004)韩国汉语教育史论纲，《东疆学刊》第 1 期。
金基石(2005)韩国李朝时期的汉语教育及其特点，《汉语学习》第 5 期。
金基石(2006)崔世珍与韩国李朝时期的汉语文教育，《汉语学习》第 4 期。
金美玲(2019)朝鲜司译院汉语教学制度考，《科学·经济·社会》第 4 期。
金敏永(2011)《〈伍伦全备谚解〉在国语史上的价值》，延边大学博士学位论文。
李得春(1984)朝鲜历代汉语研究评介，《延边大学学报(社会科学版)》第 2 期。
李得春(1997)关于标记在朝鲜谚解书中的近代汉语舌尖元音，《民族语文》第 3 期。
李得春(2003)朝鲜王朝的汉语研究及其主要成果，《民族语文》第 6 期。

李泰洙(2000)《老乞大》四种版本从句句尾助词研究,《中国语文》第1期。

李泰洙(2003)《〈老乞大〉四种版本语言研究》,语文出版社。

李泰洙、江蓝生(2000)《老乞大》语序研究,《语言研究》第3期。

梁伍镇(1998)《老乞大朴通事研究》,太学社。

梁伍镇(2000a)论元代汉语《老乞大》的语言特点,《民族语文》第6期。

梁伍镇(2000b)韩国汉语译官培养的历史考察,《中国语言研究》第11卷。

林东锡(1983)《朝鲜译学考》,亚细亚文化社。

林东锡(1989)对朝鲜时代外国语教育的思考,《建国大学学术志》第33集。

刘公望(1987)《老乞大》里的语气助词"也",《汉语学习》第5期。

朴京淑(2000)《试论韩国朝鲜时代的汉语教学》,北京语言文化大学硕士学位论文。

田以麟(2007)朝鲜半岛科举制度兴衰刍议,《考试研究》第1期。

汪维辉(2005a)《朝鲜时代汉语教科书丛刊》(全四册),中华书局。

汪维辉(2005b)《老乞大》诸版本所反映的基本词历时更替,《中国语文》第6期。

汪维辉(2011)《老乞大谚解》《朴通事谚解》与《训世评话》的词汇差异,《语言研究》第2期。

汪维辉、远藤光晓、朴在渊、竹越孝(2011)《朝鲜时代汉语教科书丛刊续编》(全两册),中华书局。

王小甫等(2014)《中韩关系史(古代卷)(第2版)》,社会科学文献出版社。

岳 辉(2011)朝鲜时期汉语官话教科书体例和内容的嬗变研究,《社会科学》第10期。

张 敏(2010)韩国译学源流考,《韩国研究论丛(第二十二辑)》(复旦大学韩国研究中心编),319-333,世界知识出版社。

张西平(2003)西方人早期汉语学习史的研究初探——兼论对外汉语教学史的研究,《国外汉语教学动态》第4期(张西平、张晓慧主编),5-11页,北京外国语大学海外汉学研究中心、北京外国语大学国际汉语教学信息中心。

郑 光(1990)《朝鲜朝译科试卷研究》,成均馆大学校大东文化研究院。

郑 光(1998)《司译院译学书书板研究》,高丽大学校出版部。

郑 光、韩相权(1985)司译院和司译院译学书的变迁研究,《德成女大论文集》第14集。

郑红英(2011)朝鲜初期对明朝表笺问题探析,《延边大学学报(社会科学版)》第4期。

朱德熙(1958)"老乞大谚解""朴通事谚解"书后,《北京大学学报(人文科学)》第2期。

Ellis, R. (1999)《第二语言习得概论》(*Understanding Second Language Acquisition*),上海外语教育出版社。

Freeman, D. L. & Long, M. H. (2000)《第二语言习得研究概况》(*An Introduction to Second Language Acquisition Research*),外语教学与研究出版社。

作者简介

姚骏,北京大学对外汉语教育学院副教授,主要研究方向为对韩汉语教学、现代化技术与汉语教学。Email:yaojun@pku.edu.cn。

清末民初对日汉语教学管窥*
——以日本近代汉语教学文献为视角

赵晓晖

北京第二外国语学院汉语学院

提　要　日本近代汉语教学文献十分丰富，其中有些部分直接涉及汉语教师的延聘、教学活动的开展及不同教学方法的比较。本文通过挖掘这部分文献材料，透视清末民初的对日汉语教学，认为其中呈现出的教师状态与教学方法，既与个体的知识素养及社会教育环境有关，也是当时中日两国境况及社会对汉语作为第二语言教学特征、规律认识的历史反映。

关键词　日本汉语教学文献　教师　教学方法　国际中文教育史

一　引论

　　传统上，日本的汉语教学主要服务于汉学教育，没有独立地位。明治维新以后，汉语教学转向实用，北京官话成为教学的重点，部分中国人开始赴日从教。教材也经历了一个由直接使用《语言自迩集》到模仿改编，逐渐本地化的过程，中国人参与其中，教材编写呈井喷状态，同时还出现了汉语学习杂志。这些汉语教学文献虽是语言材料，但同时也记录了当时的社会文化，是历史的映射，具有相当的史料价值。值得注意的是，其中有些部分直接涉及汉语教师的延聘、教学活动的开展及不同教学方法的比较，为研究国际中文教育史提供了难得的资料。本文通过挖掘这部分资料，对其中涉及教师和教学方法的内容进行梳理，揭示清末民初对日汉语教学的一些事实。本文所论日本近代主要是指明治、大正时期，大致相当于中国的清末民初，由于论述的需要，有时可能稍有延展；教学文献包括教科书及学习杂志等相关资料。

---

　　* 本文为北京第二外国语学院北京对外文化传播研究基地2019年度北京社科基金重点项目"日本汉语教学文献中的清末民初北京城市文化研究"（19JDLSA001）阶段性研究成果。

二　教师的延聘及课程的区分

明清两代,国子监虽然接收留学生,承担官方对外汉语教学之责,但规模很小。自晚明耶稣会士入华以来,朝廷是允许外国传教士自行学习汉语的①,清政府最初也继承了这一政策,但 1759 年"洪仁辉事件"②之后,就予以禁止,外国人私下聘请汉语教师遇到了很大困难,直到 1844 年《望厦条约》签订,此禁才开。之后,来华的外国人络绎不绝,学习汉语的需求也与日俱增,但清政府似乎并未特别重视此事。

日本 1870 年与清政府预备签订《日清修好条规》,次年 5 月就派出了明治初年第一期"清国留学生"(东亚同文会 1968,78—92),在缺乏专门汉语教学机构的情形下,日本驻北京的公使馆就成为当时进行汉语教学的重要场所,日本人在此延请教师,学习汉语。晚清时在京有影响的汉语教师绍古英继(又名英绍古)就与日本公使馆有往来,曾长期帮助在华日本人学习汉语,其教授的学生有中田敬义、御幡雅文、福岛安正、宫岛吉敏等;晚清著名的汉语教师金国璞赴日之前也曾在日本驻北京公使馆长期教授汉语。(杨铁铮 2017,52)此外,还有很多教学活动在民间以私人授受的方式进行,如 1873 年日本净土真宗僧人小栗栖香顶来京,曾聘请私塾先生落魄文人杨朗山教授《幼学须知》,后又就学于龙泉寺僧人本然,向其学习北京口语。(小栗栖香顶 2008,147—151)由此可见,延请私人教师是清末外国人学习汉语的主要形式,甚至是唯一形式。

那么,当时的汉语教学对教师有何要求？课程又如何区分？在近代日本的汉语教学文献中出现了多处延聘汉语教师的对话,有助于我们了解这一问题,如 1898 年初版于日本的《北京官话谈论新篇》第 44 章(金国璞、平岩道知 1940,73—74):

A:今儿我请您来,是有一件事情奉恳,昨天我接到天津我们领事官来了一封信,说是那边儿那位先生,因为家里有事,把馆辞了回去了,托我给请一位先生,不知道您宜中有合宜的人没有。

B:既然是领事官请先生,那总是秉笔的事情了。

A:不错,是办公事,可是还有一件事,信里头说,那边儿行里有一个敝国商人要学话,领事官的意思,打算请这位先生,早半天儿在公馆里办公事,后半天儿到行里去教读。

B:是了,这件事也倒相巧,我有一位朋友,新近解广东回来,现在赋闲没事,他原先也教过外国人多年了,我想和他商量,他必肯去的。

…………

是他原先是在京里教过几年话,后来在外头口岸上,也办过领事官的公事,也在海关上办过笔墨。

对话内容虽然不一定完全属实,但由此不难窥见当时外国人聘请中国教师的情形:与中国人聘请坐馆的教书先生类似,汉语学习者基本上是自己出资聘请私人教师,对于教师的经验比较看重,有时候还要协同处理一些文字工作。后来,虽然出现了一些专供外国人学习汉语的学校③,但私人教师仍很流行,如1916年初版的上海同文书院教材《华语萃编》(初集)中题为"聘请西席"的这段对话(东亚同文书院 1921,117—119):

东:昨天到府上来请安,赶上您出门了。

中:是,失迎失迎,回来听说您留下话了,今儿还到舍下来,我竟恭候您了。

东:不敢当,您昨儿个是有什么应酬啊?

中:舍亲新打外头来,给他接了接风。您有甚么话吩咐么?

东:好说。是因为我们行里新近解敝国来了两位同事的,要请位先生给讲讲新报,和学学尺牍,知道您交往的很广,有相当的人,求您给介绍一位。

中:可以,话都会说罢?

东:他们是毕业商业学校的,话倒说得上来。

中:汉文想必很高明了?

东:那还不行,不过是我们两国同文,眼面前儿的粗通点儿就是了。

中:太谦太谦,您说请先生的话是白天是晚上?

东:总是晚上好。

中:一天几点钟的功课?

东:每天两小时。

中:是,我必给举荐。刚才提的我们舍亲,他教外国人多年了。

东:哦,他纳这是打那儿回来呀?

中:他从先在美国公馆里教书,这回是英国人请到新嘉坡去教书带书启,因为不服水土,所以才回来的。

东:令亲肯就这小事情么?

中:那儿的话,昨儿在席面上闲谈,他说愿意在这儿就个事,不出外去了。

东:哦,是了,那么求您分心给提提,要是肯就的话,问问每月送多少束脩。

中:是是,您等我和他说去。要是他答应了,我想束脩这层,您给作顷(原文如此,疑为"作主")就是了,他怎么好说数呢?

东:就是罢,赶您说妥了,咱们再定规多咱上馆,见天甚么时候儿用功。

中:喳,那等你们二位会了面再细谈罢。

二者成书时间相差将近二十年,作者亦不相同,但内容如出一辙。通过私人介绍,以个人辅导教授汉语的模式在近代对日汉语教学中长期延续,如日本著名汉学家仓石武四郎来华留学之前曾在东京接受张廷彦的个别辅导⑥,1928年获得文部省的资助来华留学,在1929年5月前,一直通过聘请私人教师奚待园等进行学习;后来虽然进入大学旁听,但从未停止过跟随私人教师学习。(谭皓 2012)在学习过程中,有人根据需要,甚至同时聘请数位老师进行教学,这从《官话续急就篇》中"求聘西席"一章中可以看出(宫岛大八 2018,149—150):

> 但是还有一件无厌之求,我想非托您办不可。
> 您请说,如果我能办,必要效劳的。
> 我是请两位先生。
> 您是要请那一路的?
> 总得学问好一点儿的。因为我学话之外,带着学点尺牍甚么的。
> 教话的先生倒不难,文学深的一时恐怕没有相当的。等我慢慢的想一想。
> 那么就先请位教话的先生吧。
> 好吧,我赶紧给您请去。
> 您多分心吧,过两天我再来打听信吧。
> 就是就是。

所谓"教话",应该就是教授口语。一些学习者不满足于日常的口语交际,提出了更高的要求,《华语萃编》中的"讲讲新报,和学学尺牍"即是希望在书面语上更进一步,满足正式工作的需求;在《官话续急就篇》中学习者要求除了"教话",还要一位"文学深的"(此处"文学"应指包括书面语在内的中国文化修养),体现了学习者对口语和文化的区分。果然,在下一章就给他请妥了两位先生(宫岛大八 2018,150):

> 您以前说的请先生,我已然找着了。
> 费心费心。
> 那儿的话呢。
> 可是一位还是两位呢?
> 是两位。教话的是我的朋友,姓赵,号叫立言。教文的那一位,是莫兄给荐的,姓王,字芝俊。那位赵先生,他向来教官话,于教话上很有些经验的。那位既是莫兄认识的,大约着总不会错的。可不知道您愿意不愿意?
> 好极了,我既求您请,岂有不愿意的呢?就求您同着我去见那两位,好定规日子念书。
> 不用了,请您定个日子,我同着他们上您这儿来就是了。

果然见面之后,双方十分满意,约定上午由赵先生教话,下午由王先生教文。对于有

更高要求,希望研究中国学问的学生应该学习哪些课程,《官话续急就篇》里也有介绍(宫岛大八 2018,153):

> 至于我请先生,所为的学文字(原文如此,似应为"文学"),语言在其次。因其甚么呢?文学是言语的根基,若一味舍本求末,也没大益处。惟是汉文浩如渊海,我在这儿虽然不过三年,总打算知其大概。先生可有甚么高见么?
>
> 您的见解却不错,可是我也有个愚见。学文比不了学话,非十年的工夫,怕学不到好处。既是您在这儿不长,倒要想个事半功倍的法子才好。
>
> 先生说的正合我的意思,究竟是怎么个学法呢?就请您先说一说。
>
> 我想经书最要紧,可是一两年绝念不完。倒不如先念四书,念完了如有余力,跟着再念念五经。其次就属史书了,看史书总是看编年的好,编年的又以《资治通鉴》为最全。然而这部书甚多,若没真工夫,恐怕不容易看,最好是先挑着简便一点儿的,像《通鉴辑要》或《易知录》《鉴撮》等书过过目。过目的时候儿,即把历朝的事迹留心记一记。然后只要有余暇,再愿往深里追求也未为不可。再进一层说,从古至今所有政治民情的关系,满出在念四史上。就以现时而论吧,外面上瞧着很复杂,其实是陈陈相因,一点也没大改变。若不看史书,又从何处知道这里头的真相呢?阁下系有志之士,可谓先研究中国的历史,一面再考察风俗。照这么一互相印证起来,赶到年满,于中国的事情大概齐也就可以了然了。
>
> 果然高明!这些话于用功上真是大关键,我从此就遵命吧。

"文学是言语的根基,若一味舍本求末,也没大益处"一句,可谓深刻道出了掌握文化对于语言学习的重要性。可见,不同于日本传统上作为汉学附庸的中国语教学,清末民初的对日汉语教学以中国教师为主,在教学中对汉语口语和书面语、语言和文化的关系已经有了比较明确的认识,学习者可以根据自身的需要,有针对性地进行学习。

三 汉语教师的构成及其贡献

清末民初,日本人的求学对象,除了少数像张裕钊[⑤]这样的著名文人外,大部分是民间人士。小栗栖香顶《北京纪事 北京纪游》中记录了自己汉语老师杨朗山的自述(小栗栖香顶 2008,121):

> 予浙江绍兴府余姚县人,距京三千七百里。年十九,举秀才。不幸家罹火灾,又遭粤匪劫掠,家财荡尽。遁走京师,捐资应试,三不中。只身流落,才屯此寺,授徒糊口,不知何地埋骨。一念至此,热泪雨下。

可见这是一个落魄文人。清末适应市场的需求,出现了一批以教授汉语为业的人,特别是在北京,很多旗人借此谋生。目前已知的很多当时的对外汉语教师都是满族,除了前文提到的绍古英继、奚待园外,还有恩禄(绍古英继之子,又名龚恩禄)、张廷彦、王恩荣、金醒吾等⑥。在实行教学的过程中,一些人获得了赴日从教的机会,如薛乃良、恩禄、蔡伯昂、关桂林、张滋昉等,最有名者,当属金国璞与张廷彦。

据考证,金、张二人都是京师同文馆出身,都曾学习英语。金国璞赴日之前就在北京的日本领事馆任教,张廷彦则有过在京教授英国人和俄国人的经历。(杨铁铮 2017,52、63)1897 年,他们二人一起受日本文部省之邀,赴日本东京高等商业学校教授汉语,交往应该比较密切。张廷彦甚至把金氏写到了自己 1898 年初版的《北京风土编》中(张廷彦 2018,24):

> 本月几儿咱们聚会一天,没外人,请您给陪一陪。
> 主客是那位啊?
> 提起来您也认得。姓金,号叫卓安。我们多年相好。他新近打东洋回来,这一局是给他接风。
> 我久仰得很,正要会一会哪,您定了地方儿了么?
> 是,定的是会元堂吃早饭。
> 是。是日,我必到。

对话中的金卓安即金国璞。课文对话虽不能当真,然而单单选了金国璞为例,恰恰说明了二人关系之熟稔。至于他们赴日的原因,亦可从教学文献中找到一些线索,张廷彦友人沈保儒在 1911 年为其《北京官话中外蒙求》一书所作的序中说(沈保儒 1911):

> 吾友张子少培,博学通儒,凤娴著述力,以生逢乱世,遭际不偶,惟抱道自重,又不甘尽弃其学,听之湮没,于是远游东瀛,以教化之责自任。偶有闲暇,则闭户著书以自娱……惟张子著作最富,固不仅以是书名世也……

由此可以看出,赴日教学可能成了当时一些不得意知识分子寻求人生出路的一个途径。金国璞在日本工作六年后,于 1903 年回到北京,后受邀继续在京教授汉语,去世日期不明;而张廷彦除 1899 年回国一年外,一直生活在日本,直至 1929 年 2 月 12 日去世。张廷彦去世之后,日本的《斯文》杂志(1929 年 2 月的第十一编第 3 号)曾刊登了讣告。

金、张二人除了教授汉语,还编写了大量汉语教材,据不完全统计,金国璞一生参与编写的教材当在 16 种以上,而张廷彦则有 23 种以上。(杨铁铮 2017,61、72)此外,二人还参与了当时很多日本汉语教学文献的校阅工作,例如金国璞校阅了吴启太、郑永邦的《官话指南》和冈本正文的《北京纪闻》,而张廷彦则为宫岛大八的《急就篇》编写了"家庭常语"和"应酬须知",校阅了伴直之助编的《清语和清文》等。1905年的《清语和清文》(第九号)刊登了张廷彦于1904年十二月廿五日写给伴直之助的一封信,成为清末赴日中国教师在日交游,协助推动日本汉语教学的佐证(伴直之助1905):

> 伴先生仁兄大人阁下:
> 　　前由清水君闻悉大名,并嘱改正日本唯一杂志《清语清文》,弟已改毕一号,交清水君转呈。其中错误无多。后又接到第八号一册,其中错误较多。是否速为删改? 亦或俟覆印时再为删改? 祈示知可也。
> 　　昨又收到华语跬步总译三十部,亦未知系赠弟者,或由弟处转交他人者,亦祈函示为盼。至覆印杂志,欲列贱名一事,弟不敢辞。惟望将其本按删寄下,略加删改为妥。特此布达,顺颂著安,并贺年禧。
>
> 　　　　　　　　　　　　　　　　　　　　　　　弟 张廷彦　顿首
> 　　　　　　　　　　　　　　　　　　　　　　　　十二月廿五日

从该杂志第十号开始,果然在"清语"部分的开头,用括号注明"张先生校阅",可见张廷彦所言不虚。从近代日本汉语教学文献中透露出的一鳞半爪信息中,我们大致可以勾勒出金、张二人的形象,他们为近代日本的汉语教育作出了很大贡献,成为当时齐名的最重要的在日汉语教师。(六角恒广 2002,121—122)

有学者认为二人之所以能够取得突出的成就,原因主要在于以下几点:首先,金、张二人同文馆出身,具有学习英语的经验,对于第二语言的习得的困难感同身受,有助于他们进行有针对性的教学。而且二人在来日之前就已经具备了较为丰富的汉语教学经验,有助于其在日本教学活动的开展。其次,金、张二人终生从事汉语教学,孜孜不倦。金国璞在回国之后仍继续从事汉语教学,而张廷彦则在日本度过了31年的漫长时光,他的家人也都来到了日本,其子张毓灵同样也成为汉语教师。再次,在自己的专业领域内出版了极具特色的教材。金国璞在日本公使馆教授汉语的经历,使其对日本社会所需求的汉语人才有了透彻的了解,为满足市场需要,出版了公文教科书等;张廷彦在来日之初就表现出了对语法的兴趣,之后也出版了相关的语法著作。最后,金、张二人来日的时机恰逢其时。随着近代中日关系的演变,日本对于汉语教科书、汉语教师的需求大增,二人来到日本以后,不但担任了诸多汉语教学文献的校阅者,他们编撰的大量汉语教材也获得了出版机会。(杨铁铮 2017,63)

将汉语教学作为终身职业,从民间普通的私人汉语教师到名噪一时的海外汉语教学名师,金、张二人可谓幸运。但当时的大部分对外汉语教师没有如此幸运,王恩荣在其《燕京妇语》序中称自己是京师警务学堂的教师,在"于公务之暇,将都中妇女之谈,随口演出,分课逐节,笔之于书"(王恩荣 1905),可见其是兼职。在特殊的时代背景下,更多的人"名义上是先生,可是地位上是听差"(冯友兰 1984,65),由于缺乏稳定的职业发展路径与收入来源,流动性很大,除了少数留有著述或由于偶然的机会留下名字者之外,大多数老师都已经湮没在历史的烟尘中了。

四　教学理念与方法

4.1　自觉的第二语言教学意识

在古代,日本的汉语教学长期服务于汉学教育,在教学方法上并没有循着语言教学的规律而发展,采用的教材也主要是儒家经典。在近代的对日汉语教学中,中国人是如何认识这一问题呢?

中国传统上有教授语言的"话条"一类的书籍,但很是随意。1867 年威妥玛的《语言自迩集》出版后,较为先进的语言学理论思想和以北京官话为对象的教学与研究体系的确立,促进了人们语言意识的觉醒和第二语言教学的发展。作为落魄文人,杨朗山 1873 年以《幼学须知》教授小栗栖香顶,尚未跳出母语教学的窠臼。然次年小栗栖香顶就主动与来华日本留学生同赴在北京的英国使馆,希望借阅《文件自迩集》和《语言自迩集》(小栗栖香顶 2008,194),可见该书在当时影响之大。作为专业的汉语教学者,金国璞肯定是看过该书的,1881 年黄裕寿、金国璞为日本人自编的汉语教科书《官话指南》所作的序中说(黄裕寿、金国璞 2018):

> 语言之学,虽文人之绪余,原无关乎经济才能之大,然无成书以为娴习之助,但偶听人之谈论,依稀仿佛而效颦之,不惟随学随忘,诸多罣漏,滋管窥蠡测之虞,即轻重缓急之间,刚柔高下之际,亦必不能一一酷肖。

这段话给我们透露了他们对第二语言教学的认识:之前大部分语言学习者所采用的学习方法,即"偶听人之谈论,依稀仿佛而效颦之"。没有专门的教材,难免会事倍功半。因此对这部日本人自编的教材,他们给予了高度赞扬(黄裕寿、金国璞 2018):

> 苟殚心于此者,按其程式,奉为楷模,循序渐进而学之,如行路者之有向导,绝不致为迷途所惑。较之偶听人谈论,依稀仿佛而效颦者,其相去不已天渊乎。

他们对《官话指南》的充分认可说明他们已将母语教学与第二语言教学明确区分,认为母语教材不能替代专门的第二语言教学教材,这也是金国璞后来大力创作汉语教材的原因之所在。

1898 年金国璞与平岩道知合著的《北京官话谈论新篇》出版,张廷彦在为其写的序中说(张廷彦 1940)：

> 自五洲互市，聘问往来，则言语之授受起焉，而学语之书亦出焉，《语言自迩集》首传于世，学语者宗之，未尝非启发学者之一助，逮至今日，时事屡见更新，语言亦因之变易。

具体到金国璞的书，他说(张廷彦 1940)：

> 余观览回环，见其事，皆目今要务；阅其辞，皆通时语言。较诸《自迩集》全部亦有过而无不及焉。善学者苟能简练揣摩，触类旁通，施措于官商之际，则博雅善谈之名将不难播于海内也，有志华言者宜铸金事之。

张氏首先点出了《语言自迩集》的崇高地位，继而对金书大加赞赏，认为其能紧跟时代，"较诸《自迩集》全部亦有过而无不及焉"，虽有溢美之嫌，但也反映了金国璞的第二语言教学意识在《语言自迩集》的基础上不断发展进步的事实。

与黄裕寿、金国璞称语言教学为"文人之绪余，原无关乎经济才能之大"不同，王恩荣在其 1905 年编成的《燕京妇语》序中说："语言互通，乃邦交之首务，世人有男女之别，而发言不无各异，学语言者，不贯彻男女语言之异，难免有遗憾焉。"(王恩荣 1905)不但对第二语言教学的重要性有明确的认识，甚至从社会语言学的角度敏锐地注意到了当时北京人使用汉语时的性别差异。在凡例中他特别强调了音变现象在当时的北京口语中不胜枚举，"学者固宜留心，而教者尤宜慎就，方能有益；若以不明官话之学者而教之，不但于学者无益，更有损焉"(王恩荣 1905)，建议寻求有经验的教师认真学习，否则就有可能造成失误，贻笑大方，体现了严谨的治学态度和自觉的第二语言教学意识。

可以说，在清末的对日汉语教学中，第二语言教学意识已经觉醒，对第二语言教学重要性的认识亦逐渐加深。

4.2 听说问答的训练方法

具体到教学中，第二语言教学是如何操作的呢？除了鹦鹉学舌般的大声朗读之外[⑦]，1904 年的《清语和清文》第四号给我们展示了当时日本京都清语讲习所一段微观的教学案例(伴直之助 1904a)[⑧]：

> (巧月念二[⑨]，伴和学生们说)昨儿晚上，这学堂功课完了的时候儿，众位告诉我说了，(你们说)天天我们来这儿竟是念书，我们在家里念了您做的那华语跬步总译，大概意思明白了，到底不会说中国话，也不能听中国话，所以请改一改教授的法子，我想一想了你们说的事情，现在商量商量任工两先生，他们答应了众位的意思，今天以后，一天念书，一天说随便话，我看这个法子你们有益不少了。
>
> (生徒)费您心，多谢多谢！

（伴）任先生请您。

（任先生）你们把这句话说一说罢："那么，你把那热水倒在洗脸盆里，我好洗脸。"

（先）这句话很长，你们做短一点儿，越短越好，我想可以做六个字说。

（生）这个好不好："把热水拿来，我好洗脸。"

（先）那个不是九个字么？

（生）那么这个样："拿热水来，我好洗脸。"

（先）还长两个字，"好洗脸"的"好"的字不要。"拿水来，我洗脸"……就是六个字；"打水来，我洗脸"……就是六个字。

（生）这两句话都可以说么？

（先）"拿水来""打水来"都可以，意思一个样。

（生）这句话里头，要是冷水，是热水，还是温水，不很明白哪！

（先）不错，那么："拿热水来，我洗脸。"这么着可以。

（先）还有一句话，就是："壶里有热水没有？"这话有七个字，可以四个字说明白了。

（生）用四个甚么字？

（先）请您想一想，那是自然有法子哪。

（生）为难，很为难。

（先）请您试一试，您怎么为难，那么，嘎嘎々々。⑩

（生）请您听我说："壶里没有热水？"

（先）这是回答的话，那是问的话。

（先）这么可以说："有热水没？"

（生）"壶里"的字没有。

（先）"壶里"的字不要。"壶里""锅里"有热水凉水那是常々定规的。

（先）还有一句话："你快找个针线给钉上。"这句话可以做四个字说就可以了，就是："快给钉上。"叫某人做，所以"你"的字不要，这么着意思十分明白了。

（先）还有一句话："你给我拿点心来。"

（先）四个字好。"你"的字"我"的字不要。

（生）"拿点心来"这个不好么？

（先）可以，可以。

（先）"你瞧，他是像个干什么的？""我瞧他那个样子，像个作买卖的。"

（先）"那个样子""像个"意思都是一样。

（生）这么可以说好么："我瞧他像个作买卖的。"

（先）可以的。"买卖的""买卖人"都可以。

（先）明天歇着是有什么事情么？

（生）明天是祇园的祭日，所以歇着。

（先）"明天"的字不要。

（生）有人说"祇园的赛会"也可以么？

（先）都可以，"祭日""赛会"意思一个样。

该杂志第七号明确介绍任先生为北京人，工藤先生为日本讲师，可见这位任先生是当时的赴日汉语教师。一天念书，一天说随便话，体现了书面语与口语的区分。我们不敢说这是当时课堂教学亦步亦趋的录音，但一定是有事实依据的。从对话中可以看出当时教学方法的一些特色：汉语教学有了自己独立的空间，听说能力获得了空前的重视，突出了口语教学；师生地位平等，教学方法根据学生的反馈随时作出调整，体现了"以学生为中心"的原则。从师生的对话中，我们也不难窥见汉语是一种高度依赖语境的语言，师生在采取互动式教学时，老师基本上采用让学生根据情境简化复杂句子的方法，让学生获得地道活泼的口语，与书面语相区别。然而，这种教学方法毕竟还是十分粗糙的，从语言点的选取到教学用语的控制，都有很大的随意性。

《燕京妇语》的作者王恩荣在序中说"尝与日本士君子，谈讲华言，迄今十有余载"，可以说是比较有经验的；在凡例中谈到教学方法时说"每课多作问答之言，是为善法，教者与学者，常作一问一答，俨如宾主交谈，最为学者之便益"，希望教学双方能够以问答方式进行。从中可以窥见王恩荣极为重视听说训练，但不排斥讲解，特别强调不应"贪多读"，因为这样"有妨讲解之工，难晓句声之意"，"若多读不解，何异读辞诵赋"，强调了理解的重要性。（王恩荣1905）可见，王恩荣理想的教学方式是知识与技能平行，理解与练习并重，后世的听说法、认知法等都可以在其中找到一些影子。

从《清语和清文》的对话和《燕京妇语》的凡例透露出来的信息是，当时的对日汉语教学极为重视听说强化训练，这不仅表现在教材的编撰上以"会话体"为主，还表现在教学的推进上亦以师生问答的方式进行，这与自觉的第二语言教学意识是相匹配的。

4.3 对比分析的萌芽

在语言接触的过程中，对比是很自然发生的。在1904年《清语和清文》第八号中有一段对话透露了当时日本人心目中东亚三国语言的对比（伴直之助1904b）：

b：您会说高丽话么？

a：我明白一点儿，可是说的不能连串。

b：我听说高丽说话的法子和贵国一样。

　　　　a：是的，敝国人在高丽作买卖的都能（说）高丽话。
　　　　b：为难为难，可是没有仿佛贵国话为难。
　　　　a：不错，清国话没有一定的文法，所以为难。

一般认为日语和朝鲜语同属于阿尔泰语系，两种语言语法上近似，语序上都是 SOV 结构，而汉语则属于汉藏语系，语序为 SVO 结构，与日语、朝鲜语有很大不同。可见当时的汉语教学界，虽然未必有这些理论知识，但是在日常生活和交流学习中，人们已经在自发地将不同语言进行对比，并将比较结果应用于语言学习之中，出现了对比分析的萌芽。

进入近代以来，随着国际交往的增多，人们的眼界逐渐开阔，在语言学习的过程中更多地运用"对比分析"的方法。张廷彦在为《北京官话谈论新篇》作的序中称赞金国璞"晓英文，娴辞令，博学多识，于授话一道尤为擅长"（张廷彦 1940），1908 年的《支那语杂志杂录》中收录了一篇对金国璞的专访，成为今天难得一见的百年前的对外汉语专家谈，对比分析的思想更为明确，全文如下（杨铁铮 2017，附录）：

学话的样子和教话的样子

　　先说学清国话，要紧的有四声，这是必得会的，字音里有软音硬音，硬音里头分出气不出气，软音里没有这分别，这个硬音是比方英国 ch，t，k，p 的这都是硬音，从这字母发出来的音都是硬音，下剩都是软音，还有宽音窄音，宽音窄音的分别，用英国字切音 n，比方说 man，若是 n 后头有 g 字是宽音，没有 g 字都是窄音，说话里头有轻重念，轻重者那就是叫 accent，是说话的口吻，这些个都得要研究明白了，才能学好中国话哪，这是一段事情，这还有一段，这是学话，要紧的自然得口音清楚，可是还得记性好，得有耳音，若是竟口音好，记性不好，学过就忘，这也是一个毛病，竟口音记性都好，耳音不好，听话最难，也是学话里一个缺点，必得三者兼备，才能学好中国话，这所说的都是学话必得有的，也是人所共知的，还有一节，人不甚理会的，可是与学话有点儿关系的，什么呢，就是日本人学清国话，最容易有这个毛病，因为这两国的汉字相同，口音不同，学生常常的老心里记着日本口音的，常念清国话有错误的，就如同多少的多，日本国念 ta 学中国话说多少的时候儿，常记着 ta 的口音，这是一个错处，小少字日本没什么分别，可是在清国话，不但口音差多了，就连意思也差着哪，有时不能同用的，这也不可不小心，若是日本人学清国话，该当记结实了中国的口音，他心里不要老记着日本那个字的口音，若是老记着日本字的口音，最容易搅乱了，这一段差不多的人，都不很理会，可是要知道与学话很有关系。

　　常有念书的人，他想着教话和教书，差不多是一件事，其实所是两件事，教书不过教的是字音，讲的是意思就够了，教话则不然，不但有口音口吻宽音窄音软音硬音这些个分别,都得细教明白了,还得叫学生说出话来,一切缓急抑扬都得和自己一样,那才算是会教话的哪,所以教话这一层,在我想和教书不是一样,和教人唱歌差不多是一样,人不可以认做教话和念书是一样,必得认做和教人唱歌是一样,学话的人除了以上所说那应当有的都得用心,此外还有自己另外的用一分心,凡清国人说话自己总要留心听,某处和自己说的不同,就要学那个样子,不是竟在学堂该当用心,就是和清国朋友交往,以至买东西这些个事情上,听人说话,都得细细的用心,才能明白我的话有什么不对的地方儿,和人家说的什么不一样,就要想法子改过来,若是能这样用心,无有不成的,还有一节,学话的时候儿遇见某句话意思不明白,先得自己看上下文,总要猜一猜是什么意思,若是能用这个工夫,也可以猜得出来,若是自己猜出来的,可是老不能忘的,若是竟靠着问先生,自己不用一点儿心思,随问也不过随忘,而且不但记得不能结实,而且遇见什么话,不能明白的时候儿,总不能用猜想的工夫儿,这也是一个毛病。

这段话可能是金国璞当时的谈话实录,由日本人记录,因此行文不甚规范,但基本意思十分明确。金国璞在这里显示了其学过英语的背景,通过英汉对比,说明了汉语的发音特点,即有声调,汉语的辅音(硬音)存在送气与不送气的区别,前鼻音(窄音)和后鼻音(宽音)的不同,强调了学习汉语所需要的三种能力,即发音能力、听力和记忆力;对比了中日汉字的异同。可以看出金国璞已经具备了自觉的对比分析能力,而且能够进行汉、英、日多种语言的对比,尽管这种对比分析还不是特别深入。

从教的角度,金国璞分析了语言教学与知识教学的不同,认为语言教学更类似于教人唱歌,其实已经认定了语言教学是一种技能培养,不但要让学生明了各种发音的方法与区别,还要帮助其具备发音的能力。从学的角度,金国璞认为学生应该将课堂学习与课下习得结合起来,特别强调了在日常生活中学习的重要性;在具体技巧方面,金国璞特别鼓励学生培养猜词的能力,认为学生经过自己努力猜到词语的意思,不但记忆深刻,而且有助于培养其切实的汉语交际能力。这些教学方法直至今日都具有借鉴意义。

4.4 两种教学法的比较

华北协和华语学校最初是美国传教士所办,学生也以美国人为主,但后期也有少数其他国家人员,"据1922年统计,此前五年里,共有来自21个国家的学生657名,其中474名美国人,129名英国人,54名来自其他国家"(李孝迁2013)。这些学生中有没有日本人不得而知,但是金醒吾作为该校的教务长,他编写的《京华事略》一书被收入波多野太郎的《中国语学资料丛刊·燕语社会风俗官话翻译古典小说·精选课本篇》,故此也成为日本近代汉语教学文献之一。金醒吾在《京华事略》中详细比较了新旧两种教授华语的方法(金醒吾2018,55—56):

华语教授法新旧的比较

何先生,您好。我们有几年没见了,您还在英国府教书么?

不是。现在我是在美国府教丁先生。

您教他难不难?

不难。

您都教他念甚么书?

他念的书有《英华合璧》《官话指南》《文义津逮》。

那么您每天教他几点钟?

我教他四点钟。

这四点钟您教他多少话?念多少书?

没有一定。

您用甚么法子教他呢?

我没有一定的法子。他爱说话,我们就说话;他爱念书,我们就念书。

请问您说的话太多,他记得住么?

他有一个纸本子,所说的话他都用罗马字记在上头。

若是书里头的字他不懂怎么样呢?

他可以查字典。

那么认字有甚么法子呢?

我给他写字号,天天认字号。

照着您这么教,简直的没有教授法。那可跟华语学校差得天上地下了。我有一位朋友张先生,是华教语学的教员。据他说,要入华语学校当教员,先得考试一次,作一篇论说。取中了然后再入师范班,学习教授法,学好了才能教书哪。教的时候,必得严守定法。每天的新字、新意思都有一定的字数,不能随便加添。按着学生的程度分级、分班,每一级都有一定的课程。教的时候必得注意学生的声音,说错了当时就改,倘或学生有不能说的声音,必得用注音字母的拼音法念给他听,然后再叫他跟着说。若遇见难懂的话或费解的意思,先生得多用比方。写罗马字、记英文、写字号、查字典。用英文教授是一概不准的,就是写字、认字,都有一定的次序。最要紧的是要学生多说话。先生有时用新字或旧字叫学生说话;有时用比方叫学生说新字或旧字;有时候叫学生讲字义。可是无论怎么讲解、比方,都不能出学生所学的新字范围。就是学生故意问课外的字或是特别的话,先生也不能给他讲解。

要按您这位朋友所说的,可比在外头教书难的多了。

教授固然是很难,可是学生的进步比在外头念书真是有霄壤之别了。

我听说华语学校的校长跟教务长都是精明强干的，学识也十分的渊博。全体教员也都是学识优长，教授有方的。华语学校的名声将来一定是传遍了全球。

从以上记述可以看出，华语学校当时采用直接法，杜绝媒介语的使用，对于教学内容及教学语言的词汇都有严格的控制，基本上是一种"闭环式"的学习模式。当然，华语学校在实际教学中未必能做到如此严格[11]，但基本路子是先练汉语发音，后理会含义，通过反复的操练让学生将汉语"内化"；汉语课程是按照讲、练分离的原则安排的，所聘请的中国老师一般年纪较大，不会说英语，基本上是充当小班操练师或者一对一辅导者的角色。（马国彦 2014）二战后美国的中国学研究成果很多是出自 20 世纪 30 年代这里的年轻汉语学习者，孙敬修、韦慕庭等对其教学效果表示认可（李孝迁 2013），林语堂亦对"用直接法教授华语"十分欣赏，认为"成效卓著"（林语堂 2007，505－506）。但费正清对华语学校过于机械的教学方法也曾提出过委婉的批评，认为在教授抽象词语时，直接法难免捉襟见肘（费正清 1993，48－49）。虽然金醒吾对该校的教学方法亦颇为自负，但这种方法在多大程度上被当时的日本人接受却值得怀疑。

从金国璞回国后担任总教习的清语同学会课程表看，授课方式应与华语学校有很大不同：

表 1　清语同学会课程表（杨铁铮 2017，59）

班级	周一	周二	周三	周四	周五	周六
一班	尺牍	北京纪闻	北京纪闻	北京纪闻	北京纪闻	尺牍
	谈论新篇	谈论新篇	谈论新篇	谈论新篇	谈论新篇	
二班	官话指南	华言问答	官话指南	华言问答	华言问答	官话指南
	书取[12]	支那语助辞用法	尺牍	——	官话指南	华言问答
三班	日汉英语言合璧	华语跬步	日汉英语言合璧	华语跬步	华语跬步	日汉英语言合璧
	华语跬步	书取	华语跬步	书取	华语跬步日译	

上表中的一班、二班、三班其实是按高级、中级、初级的顺序排列的。可见在金国璞主持的教学机构中，初级以《华语跬步》及《日汉英语言合璧》为主干教材，中级是《官话指南》和《华言问答》，高级为《谈论新篇》和《北京纪闻》，其中除《北京纪闻》[13]外，基本上都是以会话为主，所用词汇较为简单，有意识地与第一语言教学进行区分，但并无十分严格的标准与限制，讨论的话题也相对宽泛，基本上采用的是一种"开放式"的教学模式。教学语言方面，据杨铁铮（2017，53）的考证，金国璞在上课时是使用英语作为媒介语的；《燕京妇语》的作者王恩荣说他在给日本人教授汉语的同时，"互得其益"（王恩荣 1905），可能也学会了部分日语并应用于教学之中。可以推测，清末民初绝大多数对日汉语教学并不完全排斥媒介语。总的说来，华语学校对教师

的要求更高,有些教师在华语学校和日本都曾上过课,例如傅芸子,华语学校的训练使得他在日本的教学驾轻就熟。(马国彦 2014;苏枕书 2019)

当然,美国学习者与汉字文化距离较远,采用"闭环式"的直接法自有其道理,科学性较强;而对日汉语教学采用这种相对开放的方式是与日本的汉字优势、对中国文化的了解以及长期形成的学习惯性相适应的。《京华事略》的记述给我们留下了20世纪20年代两种不同教学方法的比较,从中我们不难看出二战时赵元任在美国的汉语教学方法其来有自,这种方法一直影响到了今天蜚声北美的"明德学校""普北班"等汉语教学项目,美国与日本通行的汉语教学方法存在差异是有历史根源的。

五 余论

应该说,日本真正的汉语教育是从明治初年开始的,但除了部分对中国怀有情感的文人学者之外,汉语学习后来在日本能成为潮流,在很大程度上是出于"进取大陆"的需要,有人称其为"畸形的军用汉语热"(寇振锋 2017)。

教学文献不等同于历史记录,但也反映出当时社会环境的客观真实。通过对日本近代汉语教学文献中有关中国教师和教学方法的梳理我们可以看出,清末民初,无论是教师的聘用还是教学方法的采纳,基本上处于放任自流状态,对外汉语教师的角色类似于古代的家庭教师,在职能上类似于语言陪练或语言伙伴。由于并未将汉语教学作为一门学科来培育,师资队伍的建设和教师的成长基本无人关注,由此造成汉语教学这一职业缺乏有效保障,教师地位较低,流动性较大;另一方面,第二语言教学意识觉醒,部分教师在实践中摸索出了一些较为先进的方法,取得了较好的教学效果,汉语教学在缓慢地向专业化、专职化方向演进。后来很多教师被历史淘汰,部分汉语教师进入了专门的语言学校[②],也有部分教师获得了赴国外从事汉语教学的机会,在日本汉语教学史上留下了他们的身影,为日本的汉语教学发展作出了贡献。

汉语教师的角色和职能是时代和社会的产物。近代中日关系呈现出十分复杂的态势,作为夹在两国之间的对日汉语教学者,其角色定位和具体职能因人而异,随时代而变迁,有人为中日文化交流作出了贡献,也有人培养了侵华分子,或在有意无意中为日本军国主义所利用。日本近代汉语教学文献中呈现出的教师状态与教学方法,既与个体的知识素养、社会和教育环境有关,也是当时中日两国境况及社会对汉语和汉语教学特征、规律认识的总体反映。

注 释

① 冯友兰(1984,65)认为聘请私人汉语教师"可能上溯到明朝"。

② 洪仁辉事件是清朝乾隆时期因外商告御状而引发的涉外纠纷事件。1755年,以洪仁辉为首的英国商船不堪广州行商和粤海关官吏的勒索,几次到江浙宁波贸易,意图更定贸易路线,另开通商口岸,引起乾隆帝的疑虑。1759年,英商洪仁辉仿效中国老百姓告御状,请人写好诉状,直赴北京,在天津海关道衙门投下御状,要求在宁波开埠贸易。乾隆不但不准别口通商,而且将洪仁辉圈禁澳门,将代洪仁辉写御状的四川人刘亚匾斩首,即洪仁辉事件。洪仁辉事件成为清政府强化一口通商和闭关政策的契机。(王建国、王建军 2010,357)

③ 日本于1901年在上海成立了东亚同文书院,美国于1913年在北京成立了华北协和华语学校(North China Union Language School),后易名燕京华文学校,俗称"华语学校"或"北京华文学校"。

④ 仓石武四郎来华留学之前,1918年考上东京大学后,科里设有汉语课,他那一届共四位学生,别人谁也不去上汉语课,于是就他一人跟随张廷彦学习了两年汉语。(苏枕书 2019,3−4)

⑤ 张裕钊(1823—1894),字廉卿,号濂亭,湖北武昌(今鄂州)人,晚清官员、散文家、书法家。日本汉语教育家宫岛大八曾追随张裕钊八年,张裕钊辞世后,宫岛大八回国创办"咏归舍",后发展为"善邻书院",对当时的汉语教育影响甚著。

⑥ 金国璞似也应为满族,但目前尚无法确定。

⑦「清語同学会の近状(上)」(『燕塵』第7号、明治四十四年7月)では「従来の教授は惟清国教習に一任し、鸚鵡返しに一斉の唱読をなさしむる外、何等の語学講究法に資すべきものなく、学業考査の方法、亦極めて不完全(後略)」と述べている(转引自杨铁铮 2017,52)。

⑧ 该杂志第四号尚未经过张廷彦的校阅,因此存在一些语言错误。

⑨ 即七月廿二日,本杂志第二号《单词》栏目中学习月名时曾学过清国的"桐月"或"巧月"即七月。

⑩ 旁注日文翻译说明此为先生的笑声。

⑪ 据在该校上过课的孙敬修(1989,93−96)回忆,该校上课的时候偶尔会使用英语,孙敬修在上课时也用到了英汉语法的对比,还获得了学生的认可。

⑫ 本表中的"书取"采自日本原文,应是"书法写字"之意。

⑬ 该书采自当时北京的数种报纸并以口语译出,采用言文对照的形式,不但有利于学习者口语与书面语水平的提高,而且从中可以窥见北京的风俗习惯、官衙商贾状态等。

⑭ 华语学校成立后,冯友兰(1984,66)说:"以前的那些先生们,都到这里来教中文了。"

参考文献

伴直之助(1904a)《清语和清文》第四号,京都东枝律书房。
伴直之助(1904b)《清语和清文》第八号,京都东枝律书房。
伴直之助(1905)《清语和清文》第九号,京都东枝律书房。
仓石武四郎(2002)《仓石武四郎中国留学记》(荣新江、朱玉麒辑注),中华书局。
东亚同文会(1968)《对支回顾录》(下卷),东京原书房。
东亚同文书院(1916—1938)《华语萃编》,东亚同文书院。

费正清(1993)《费正清自传》(黎鸣等译),天津人民出版社。

冯友兰(1984)《三松堂自序》,生活·读书·新知三联书店。

冈本正文(2018)《北京纪闻》,《京华事略·北京纪闻》(金醒吾等编著),135—243 页,北京大学出版社。

宫岛大八(2018)《急就篇·官话续急就篇》,《〈燕京妇语〉等八种》(北边白血等编著),91—182 页,北京大学出版社。

黄裕寿、金国璞(2018)《官话指南》序,《官话指南·改订官话指南》(吴启太、郑永邦编著),北京大学出版社。

金国璞、平岩道知(1940)《北京官话谈论新篇(第 25 版)》,东京文求堂书店。

金醒吾(2018)《京华事略》,《京华事略·北京纪闻》(金醒吾等编著),1—134 页,北京大学出版社。

寇振锋(2017)甲午战争与日本军用汉语热探究——以日本军用汉语教科书出版为中心,《抗日战争研究》第 1 期。

李孝迁(2013)北京华文学校述论,《北美中国学的历史与现状》(朱政惠、崔丕主编),374—422 页,上海辞书出版社。

林语堂(2007)《林语堂集》(施建伟编注),花城出版社。

六角恒广(2002)《中国语教育史稿拾遗》,东京不二出版社。

马国彦(2014)民国时期对外汉语教师角色考——从"华语学校"说开去,《中华读书报》1 月 22 日。

沈保儒(1911)《北京官话中外蒙求》序,《北京官话中外蒙求》(张廷彦编著),东京文求堂书店。

苏枕书(2019)《岁华一枝:京都读书散记》,中华书局。

孙敬修(1989)《我的故事——孙敬修回忆录》,四川少年儿童出版社。

谭　皓(2012)仓石武四郎留华生活初论,《徐州师范大学学报(哲学社会科学版)》第 2 期。

王恩荣(1905)《燕京妇语》手抄本。

王建国、王建军(2010)《新编中国历史大事年表》,宁夏人民出版社。

吴启太、郑永邦(2018)《官话指南》,《官话指南·改订官话指南》(吴启太、郑永邦编著),1—166 页,北京大学出版社。

小栗栖香顶(2008)《北京纪事 北京纪游》(陈继东、陈力卫整理),中华书局。

杨铁铮(2017)「明治期中国語教育における伝統継承と近代化:金国璞、張廷彦と「官話指南」を中心として」,日本国立东京学艺大学博士学位论文。

张廷彦(1911)《北京官话中外蒙求》,东京文求堂书店。

张廷彦(1940)《北京官话谈论新篇》序,《北京官话谈论新篇(第 25 版)》(金国璞、平岩道知编著),东京文求堂书店。

张廷彦(2018)《北京风土编》,《北京风土编·北京事情·北京风俗问答》(张廷彦等编著),1—34 页,北京大学出版社。

作者简介

赵晓晖,北京第二外国语学院汉语学院副教授,主要研究方向为国际中文教育、比较文学与跨文化研究。Email:chuitianzhiyun@163.com。

基于BBC新闻的英国学校汉语教学分析

潘佳晨

英国南安普顿大学

提　要　近年来,汉语教学在英国发展迅速,而且汉语已从传统的社区语言发展成为英国三大核心外语之一。本文拟从BBC新闻媒体的视角出发,采用文本分析的研究方法对BBC新闻中与汉语教学有关的全部新闻进行归纳梳理,并从以下三个方面着手:首先考察英国汉语教学的发展趋势,分析汉语教学在不同时期发展变化节点产生的主要原因;其次考察英国汉语教学的课程设置和教师发展概况;最后考察和分析目前英国的汉语考试概况,以期客观描述英国汉语教学发展的轨迹,展现真实的英国汉语教学面貌。

关键词　汉语教学　英国　BBC新闻

一　引言

近年来,汉语在英国的发展已从传统的社区语言[①]发展成为英国核心三大外语之一。随着中英两国关系进入"黄金时段",汉语教学在英国的发展也即将进入蓬勃发展的时期。英国广播公司(The British Broadcasting Corporation,以下简称BBC)是唯一一个需要收取电视费才可以观看的国民新闻载体,其市场份额在新媒体竞争激烈的时期,依旧占据了绝对性的优势比例,对英国人民的生活有着重要影响。1997年,香港回归中国。1998年,BBC出现了第一篇有关汉语教学的新闻。随着中英两国关系的发展,BBC关于汉语教学的新闻数量不断增加,对这些新闻的梳理有助于揭开汉语教学的神秘面纱。有鉴于此,本文拟以BBC新闻文本为出发点,结合英国官方汉语学习调查报告,考察当代英国的中文发展现状以及英国人民对汉语教学不断深入英国本土教育体制的态度和看法,以期从英国主流媒体的独特视角描述中文教学在当代英国的发展概况。

本文通过关键词搜索法查找最初文本(1998—2020),进而通过语境分析法筛选文本,最后收集到非重复且语义相关文本176篇,共计115343个英文单词。然后将这176篇文章按主题划分为三类,分别是汉语教学、汉语学习和孔子学院。本文拟从89篇涉及汉语教学的新闻入手,对英国汉语教学在主流学校的发展进行分析考察。

二 基于 BBC 新闻的英国汉语教学发展趋势分析

汉语在英国的语言教育体系中最早处于社区语言的地位。主流学校设置的外语课程主要是法语、西班牙语、德语等欧洲语言。随着英国外语政策的不断变化,中国国际地位的提升,华人社区力量的不断壮大,汉语逐步进入了英国主流学校的现代外语课程设置中。从 1998 年到 2020 年,BBC 新闻中涉及汉语教学的新闻数量的变化如图 1 所示。

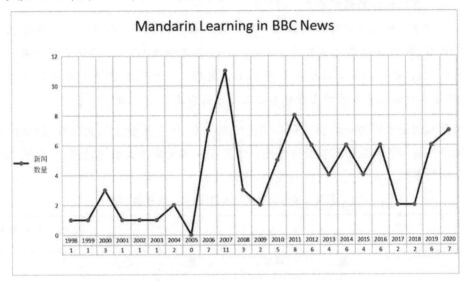

图 1 BBC 新闻中汉语教学新闻数量变化趋势图

从 1998 年到 2005 年,BBC 新闻中关于汉语教学的文章都在 3 篇及以下,说明这一时期属于社区语言的汉语在英国的关注度并不是很高。在 2005 年之后,汉语教学的新闻数量直线上升,并且在 2007 年达到了历史峰值——11 篇,占教学部分新闻总量的七分之一。究其原因不难发现,2007 年英国的语言政策②发生了重要改变,对英国学生语言学习的转变产生了重要影响。2007 年,英国语言教育专家迪林勋爵(Lord Dearing)和教育技能部的国家语言主任 Lid King 博士受英国政府委托并经多次征求意见后,提交了语言政策审核报告——《语言评估》(Dearing Report),建议政府把从小学开始学习外语写进立法,使外语成为小学生的法定必修科目。

英国外语政策等内部因素推动了汉语教学的快速发展,同时中国政府、驻英使馆以及伦敦大学学院教育学院(Institute of Education, University College London)孔子学院等多方外部因素也起到了积极推动作用。这一切都为 2007 年汉语教学在 BBC 新闻中呈现巅峰状态的关注度作了充分铺垫。在此期间,汉语教学从最开始的边缘地带,逐步进入英国主流现代外语教育体系中。

虽然汉语教学已经开始引起英国人的普遍关注,但是传统二外(法语、西班牙语等)

的中心地位还是非常牢固的。这一点在 2007 年的多篇 BBC 新闻中也得到了证实：

仅仅五年的时间，非汉语母语者学习汉语的人数已经增长到了 3000 万，以这个增长速度，汉语真的不会取代英语成为全球性的语言吗？(2007/1/9)

英格兰的中学开始教授汉语或者阿拉伯语，而不再通过增加欧洲语言的方式来升级和更新现代外语语言课程的配置。(2007/2/4)

但是目前来看，汉语作为外语选修课程更像是一个有创造力的想法，而不是一个可以贯彻执行的课程项目。(2007/2/5)

中学课程的大幅度修改已经开始广泛征求意见。……鉴于中国不断增长的国际力量，我们应该建议学生学习汉语。……在这种情况下，学习汉语听起来非常与时俱进，但是又有多少学生自身会真正受到影响呢？在我们开始呼吁学习汉语之前，还是应该让更多的学生好好学习西班牙语和法语。(2007/7/12)

虽然欧洲语言作为外语学习重心的传统在 2007 年并未发生太大改变，但是汉语教学在英国的发展已经取得了实质性进展。学习汉语的大学生人数迅速增长，以平均每年 85% 的增幅受到了许多大学的高度关注，详见表 1。

表 1 英国大学生汉语学习人数增幅表（杨蓉蓉 2009）

学生类别	2002—2003 年度	2003—2004 年度	2004—2005 年度	2005—2006 年度	2002—2003 年度至 2005—2006 年度的变化
学位本科生	605	685	755	850	+41%
其他本科生[③]	255	365	585	805	+216%
授课型研究生	170	205	235	245	+44%
研究性研究生	15	15	10	35	+133%
总数	1045	1275	1585	1935	+85%

2003 年，英国语言专长中心（UK Centre of Expertise for Languages）成立，旨在支持各年龄段各阶层的全民外语教学。据英国教育部 2003 年调查，"在英格兰和威尔士大约有 50 所语言专长学校开设了中文课，约占所有语言学校的 30%"，"英国政府希望在未来的几年中，把开设中文课的学校增至 200 所"（宋连谊 2005）。截至 2007 年，根据这一年英国汉语教学调查报告[④]，整个英格兰地区约有 26 所小学开设汉语课程，10%—13% 的中学提供汉语课程，其中公立学校约占 7%—8%，私立中学占比则在四分之一到三分之一之间。在未开设汉语课程的学校中，79% 的学校表示非常希望在短时间内开设汉语课程。在大学阶段，申请中文学习作为第一学位的本科生在 2000 年到 2006 年间翻了两

倍。(CILT 2007)这样的增长速度在其他语言学习领域实属罕见。2008年,英国儿童、学校与家庭部撤回2004年出台的"第一外语必须是欧盟工作语言"的法规,改为可以提供任意一门现代语言,主要建议语言有阿拉伯语、汉语、日语、俄语、乌尔都语等。2010年,英国首相卡梅伦(David William Donald Cameron)抵达北京,开始了他出任英国首相以来的首次访华。此次访问是历任英国首相访华阵容最豪华、规模最大的一次,两国签署了经贸、教育、文化等诸多领域的合作计划。在教育方面,两国教育部长签署了一项重要合作计划——千名汉语教师培训计划,这无疑为处于发展期的英国汉语教学提供了最大的支持和帮助。在此背景下,2011年出现了汉语教学新闻的第二个峰值。同时,华人在英政治地位的提升也为这一时期汉语教学的发展提供了新的助力。

  中国人开始参与到格洛斯特郡的政治选举。……在此之前,相比政治,中国人更加重视商业。……老一辈的中国人因为不会说英语,所以基本上是没有选举权的。但是现在越来越多的华裔开始参与到政治选举中,我们将会越来越多地感受到华人社区的存在感。(2010/4/9)

良好的国际和国内环境都为英国汉语教学的发展提供着丰沃的土壤,英国学校汉语课程也受到越来越多的关注,开课数量迅速增长。

  汉语教学越来越受欢迎,现在有1/7的学校开设该项课程。(2010/1/4)

从2007年十分之一的开课比例到2010年的七分之一,汉语教学在英国的现代外语教学体系中的发展非常突出。2010年1月6日,BBC新闻发表了一篇名为"汉语学习应面向所有英国学生"(Mandarin should be available for all English pupils)的报道,呼吁所有的英国中学在现代外语课程下开设汉语课程,并且强调了汉语学习的重要性。

但是在2011年之后,BBC新闻中汉语教学的相关新闻数量出现了快速下降的趋势,直至2014年才出现回升。2015年,中英关系迎来了新的历史转折点。

  上一次中英领导人互访是在10年前,而中国的经济增长是10年前的3倍。英国大学每年约有350个学生在本科阶段学习汉语,约有10万以上的中国学生在英学习,这将有力促进两国的合作交流。……英国对华关系在此之前一直以小心谨慎为特点,而且控制中方移民数量。而现在习近平即将访英,将会促使英国方面采取更加与众不同的方式来对待中英关系的新发展。(2015/6/15)

  英国首相卡梅伦和习近平主席在英举行会谈……中国国家主席习近平的这次访问开启了中英两国发展的"黄金时代"。在为期四天的正式访问中,首相期待双方可以签下超过30亿英镑的中英合作计划。但是批评家指出,此次英国有点儿太"顺从"中国了。(2015/10/23)

同时,英国教育部也大力支持英国汉语教学发展,开启了引发广泛关注的"中文培优项目"(Mandarin Excellence Programme,简称 MEP)。

> 英国财政大臣 George Osborne 在结束为期五天的中国访问之后,宣布拨款 1000 万英镑来发展英国中小学汉语教育,力求到 2020 年培养 5000 名熟练使用汉语的中学生。……他认为,在当下的时代背景下,汉语比传统外语更加有用。(2015/9/22)

> 首相提出汉语课程会得到 1000 万英镑的资助,中文培优项目的师资水平将至少达到英国中学会考(General Certificate Secondary Education,简称 GCSE)的要求……汉语将成为各个领域的关联语言……他的女儿早已开始学习汉语。……学会这门语言将会让我们的学生在全球化职业竞争中更加成功。(2015/9/22)

中文培优项目是由英国教育部支持,英国伦敦大学学院教育学院和英国文化教育协会(British Council,简称 BC)合作负责管理和运转。该项目针对中学生进行密集型汉语教学,参加该项目的学生将不再参与其他二外选修课。该项目从 7 年级开始,要求学生每个星期至少有 8 个小时的中文学习时间(课上 4 小时,课下 4 小时)。中文培优项目的实施,意味着汉语教学不仅进入了英国国民教育体系当中,而且将在现代外语的教学中拥有不可替代的一席之地。

2017 年之后,伴随着中美关系的紧张对峙,中英关系也进入了比较"尴尬"的时期。2019 年新冠病毒感染疫情暴发,中英经济都受到了空前的影响。在疫情攻坚时刻,英国完成了政治上的重大历史事件——英国脱欧协议正式完成。在全球政治经济较为复杂的"疫情时代"和"后疫情时代",在英国彻底"脱欧"的背景下,中国无疑将成为英国"脱欧"和"后疫情时代"的重要合作伙伴,中英两国的关系将深刻影响两国未来语言教学的发展方向。

> 英语之所以在全球语言中依旧占据主导地位,是因为截至目前它还是世界上两个拥有强大经济影响力的国家——美国和英国——的使用语言。但是现在,尤其是伴随着中国作为超级经济大国的崛起,英语的全球语言地位正受到挑战。(2018/5/3)

> 作为保守党的领导,鲍里斯·约翰逊本能地支持与中国的互动。在担任伦敦市长期间,他曾为卡梅伦打造中英关系的"黄金时代"而努力发声。

> 作为外交大臣,他时时提及自己女儿学习汉语的经历。在香港凤凰卫视去年夏天播出的采访中,这位未来的首相表示:"我们对习近平主席在做的事情很感兴趣……我们非常支持中国。"(2020/5/23)

总体看来,英国汉语教学发展十分迅速。在中英各界的支持和推动下,汉语教学从开始的社区语言的边缘地位,逐步进入英国的主流国民教育体系,并在 2015 年中文培优项目的推动下,进入了现代外语教学的主要教学领域。虽然近几年来复杂的国际关系和全球格局的微妙变化让两国关系略显紧张,但是相信英国政府会客观看待目前的形势,两国关系也会"柳暗花明",汉语教学在英国的发展也会在此背景下"更上一层楼"。

三 基于 BBC 新闻的英国学校汉语教学课程设置概况

由于早期汉语教学并未进入英国的课程大纲,所以最初只有周末中文学校提供汉语课程。(张新生、李明芳 2007)旅英华人非常重视汉语学习,截至 2013 年年底,英国周末中文学校数量已达 138 所,在校学生超过 25000 人,教师 2500 名。(Zhang & Li 2010)中文学校的学习时间是每周 2 个小时,一般是在周六或者周日。之前学生几乎全部是华裔,现在非汉语母语学习者的比例逐渐增多。随着英国外语政策多样性选择的开放,2000 年左右一些主流学校开始尝试在中学开设汉语课程。

> 克兰福德社区学院(Cranford Community College)是英格兰极少数提供汉语课程的学校之一。该校设立汉语课的初衷是欢迎和鼓励文化的多样性。(2000/10/12)

2001 年之后语言专长学校在汉语教学方面一直遥遥领先。

> 语言专长学校开始将汉语、日语和俄语纳入中学的课程表,课程的形式主要有课外俱乐部、视频会议、海外交流、与辐射学校合作等。……政府资金将全力支持中小学教育,但是仅限于专长学校。其规模在 2001 年超过 600 所,至 2004 年将会增长到 1000 所。政府解释说,之所以会出现倾向性的资助,是因为专长学校的考试成绩比主流学校提高得更快。(2001/1/22)

除了开设汉语选修课之外,英国的一些私立中学对市场反应极为敏感,加之资源丰富,管理独立,且能够迅速洞悉社会和家长需求,所以提前开设了中文课程。其中一些私立中学敢为人先,率先开设了汉语必修课。第一所独领风骚的学校就是著名的布莱顿中学(Brighton College)。

> 这所私立中学首次将汉语列为必修课,反映了中国在世界舞台的力量。……据英国文化教育协会统计,目前英国有 100 所学校在教授汉语。(2006/1/17)

在公立学校里,伦敦的金斯福德社区学校(Kingsford Community School)是英国首个将汉语列为现代外语必修课的中学。近年来,汉语教学也从中学阶段推广到了小学阶段。据 2018 年语言趋势调查报告显示,65%的中学至少和一所小学(也称中学的辐射学校)建立语言教学方面的联系和交流。(Tinsley 2019)该项新课程的开设引起了小学生们的极大兴趣,但小学的开课形式多为兴趣课和课下俱乐部。

> 曼彻斯特的女中开始为 7—9 岁的小学生开设中文课……女生们对这个新的课

程选择非常兴奋。但是语言学习的等级依然存在,传统二外(法语和德语等)还是优于新二外(汉语、阿拉伯语等)。……中国是快速发展的经济体,我们希望与之维持长期的商业合作关系,希望我们的孩子可以更早接触这种语言……充满活力的华人社区更有提供汉语学习的必要。(2006/5/23)

三所牛津地区的小学开始开设中文课下俱乐部,这将为他们中学阶段的语言学习提供特定的优势。(2008/5/23)

小学阶段是语言学习的关键期,提早引起学生对汉语学习的兴趣对中学阶段第三关键期的学习大有裨益。但 2017 年的语言趋势调查报告显示,中学阶段学生的实际语言能力和小学阶段学校的期待语言能力之间存在较大差距,中学和小学之间的衔接缺口很大。(Tinsley 2019)值得关注的是中小学的语言教学交流在 2014 年至 2015 年出现了短暂的回升(如图 2 所示)。

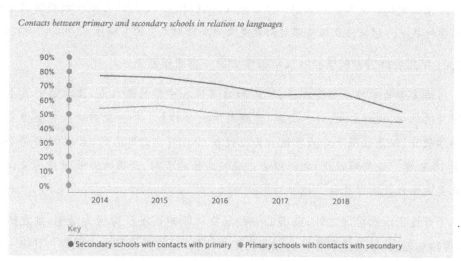

图 2　英国小学与中学语言教学衔接交流的比例变化(Tinsley 2019)

究其缘由是因为 2014 年英国的外语政策发生了重要转变。

自 9 月份起,英格兰将汉语作为小学第二关键期的必修课程。……首相认为,学习汉语有利于和中国的商业往来。……而在威尔士,小学没有强制学习外语,但是一定要学习当地的威尔士语。在北爱尔兰,政府目前也有没有强制所有学校学习外语的计划。(2014/2/4)

上述新闻提示了一个重要信息,英国各个地区的外语教学政策存在很大差异,导致汉语教学发展不平衡。整体来看,苏格兰和英格兰地区的汉语教学发展迅速且发展态势良好;苏格兰地区学生汉语学习的兴趣高于英格兰地区,但威尔士和北爱尔兰两个地区的汉语教学仍然处于起步阶段,具有较大的发展空间。

四　基于BBC新闻的英国学校汉语教师发展概况

从2000年汉语教学逐步进入主流教学体系以来,师资短缺问题一直是英国各个地区汉语教学的突出问题。

2000年6月,英国教育部秘书长将要访问中国,促进中英两国的教育发展与合作。……虽然目前汉语学习的需求在不断增长,但是一直受制于师资短缺。(2000/6/13)

这一问题一直到2007、2008年依旧存在。

保守党教育部发言人David Willetts说道,我们欢迎更多的汉语教学加入现代外语课程中来,但是我们鼓励的是长期汉语教学而不是短期学习……目前的中文师资不足而且流动性太大。(2007/2/5)

语言专长学校主席希望英格兰的250所语言专长学校都可以提供中文语言课程,这是"策略化的世界语言"。……但是目前的中文师资极其短缺。(2007/5/23)

鉴于中国不断增长的力量,我们应该学习汉语。虽然现在学习现代外语的人数在减少,可是私立学校并非如此。……而且最主要的问题是相应的语言教师的数量在持续减少。(2007/7/12)

7%的学校为14—16岁的学生提供汉语课,25%—33%的私立中学已经开设……但去年只有两名中文专业的毕业生成为汉语教师。(2008/2/7)

汉语教学的发展是中英两国政府和英国家长、社区以及社会各界的共同目标和需求,所以严峻的师资短缺态势促使社会各界不断推出新的解决方案,以促进汉语教学在英国的可持续发展。

目前已经不仅仅私立学校有开设中文课的需求了,所以考试董事会接下来将会与英国文化教育协会合作来解决中文师资短缺的问题。(2006/2/27)

为推进汉语教学在英国的发展……目前很多机构开始合作起来以招募更多的汉语教师,如英国文化教育协会、教师协会以及英国工业联合会等。(2008/2/7)

由于英国的汉语教师资源有限,教师培养需要一定时间,而目前的汉语教师大多是兼职人员,所以有学者提出建立教师资源共享网络平台来缓解这一时期的教师短缺问题,但是实施起来依旧存在很多问题。我们希望学校之间可以共享教师资源,但是现在这还只是一个希望,无法得到切实的保障。(2010/1/4)

在所有缓解教师短缺的方案里,英国文化教育协会发起的中文助教项目贡献突出。该项目是由英格兰、苏格兰和威尔士政府联合英国文化教育协会发起的,其工作的重心是向英国各个学校直接输送母语为汉语的中文课程助教⑤,所以自 2001 年起英国汉语助教数量呈现迅速增长趋势(见表 2),自 2009 年之后,国家汉办加入了 BC 助教项目。

表 2 2001—2008 年英国学校中国助教数量统计表(Wang 2009)

年份	2001	2002	2003	2004	2005	2006	2007	2008
助教(人)	13	18	22	29	35	65	86	95

目前英国学校的汉语教师主要由三大部分构成:母语为汉语的中国教师、具有汉语教学知识和技能的英国教师以及国家汉办/孔子学院总部派出的汉语助教。目前国家汉办/孔子学院总部派出的助教比例最大,占英国汉语教师总数的 71.6%。(宁继鸣 2018)由此可见,孔子学院的支持对于英国汉语教学的发展具有非常重要的意义。目前汉语教师主要存在两个方面的问题:一方面,母语为汉语的中国教师对于汉语语言学习的各项技能掌握良好,但是常常不能快速改变语言教学观念,加之缺乏英国课堂管理方面的技能培训,所以课堂效果一般;另一方面,英国教师虽然熟悉英国学生的汉语学习难点和兴趣点,可以更好地调动学生学习积极性,课堂管理也得心应手,但是他们的汉语发音经常存在一些瑕疵,而且汉字书写和汉语写作能力非常薄弱。因此,来自汉语母语环境的中国助教作用就显得尤为重要。一方面助教可以协助中国教师维护课堂纪律,维持课堂秩序;另一方面也可以协助英国教师指导课堂中的汉字书写问题,批改汉语写作的作业。作为两类核心教师之间的桥梁,助教得到了学生和学校的一致认可。2017 年语言趋势调查报告显示,助教在提高学生的学习动机和语言认知、提高学生听力和口语水平以及提升文化意识等方面有着非常积极的意义,尤其在增强学生使用外语自信心方面有着极为重要的影响(如图 3)。

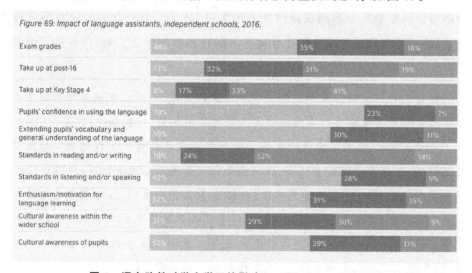

图 3 语言助教对学生学习的影响(Tinsley & Board 2017)

近年来,在各界的积极努力下,教师培训机构逐步完善。英国国家师资培训体系,即英国学校教师资格证书课程(Postgraduate Certificate in Education,简称 PGCE)近年来也在多所大学开设了汉语教师师资培训课程,以满足英国蓬勃发展的汉语教学需求。英国的孔子学院也组织了多种形式的教师培训项目。

截至2020年,英国汉语教师短缺的问题已经得到有效缓解,只有17%的教师未取得相关的资格证书(Collen 2020),大多数学校表示已经找到了合格的专业语言教师。汉语师资匮乏问题得到有效解决,培养体系明显完善,但仍有待进一步提高(张新生 2012),提升教师语言流利度、增强教师教学信心成为目前的主要挑战。

五 基于BBC新闻的英国汉语考试发展概况

英国学习汉语的中学生面临的最重要的考试就是汉语GCSE和A-level考试。中学生在初中毕业时要参加GCSE考试,相当于国内的初中会考。此后的两年时间称为高级水平教育阶段(Advanced Level,简称A-level)。在12年级结束即将步入大学时,学生要参加A-level考试。

汉语的GCSE考试经历了数次改革,最初的GCSE考试是为英国的华裔学生准备的,难度系数较大,社会各界普遍对此表示不满。

> 汉语GCSE的参考人数依旧和法语存在较大差距,考试大纲存在一定的问题,而且对母语非汉语的学习者来说,难度太大了。(2006/1/17)

> 现在的汉语考试明显是为汉语母语者而设定的,而不是为母语为英语的学习者设定的……法语成绩达到A*(语言水平最高等级)的考生只有8.1%,而汉语考生A*的比例则高达75.44%。(2006/2/27)

> 布莱顿中学的校长呼吁汉语GCSE考试应该改革……对于在家里并不会讲汉语的英国学生来说,汉语GCSE和A-level考试应该简单化。(2006/5/23)

所以,随着越来越多的英国中学生开始选修汉语,汉语GCSE的考试也在不断调整。

> 为了满足学校和企业、商业发展的需求,崭新的汉语GCSE考试即将面世。……随着2008年中国北京奥运会的临近,现在也是全新的汉语GCSE考试标准建立的理想的时间。(2008/2/7)

新的GCSE考试标准出台,越来越多的英国本土学习者加入汉语学习的行列。近年来,汉语GCSE的考试人数逐年增长,汉语教学在现代外语教学领域的发展非常引人注目,英国权威语言测试培训机构——培生集团的考试调查数据显示,汉语GCSE考生人数平均每年增长10%,截至2016年,考生人数共计3575人,比五年前增长了75%。(Wang 2016)除了欧洲三大主流外语(法语、西班牙语、德语)外,汉语考生在现代外语的行列中增幅明显。(Tinsley & Board 2017)

虽然与传统的外语相比,汉语考生人数依旧较少,但是发展趋势良好,且一直处于上升趋势,尤其是在2020年英国正式脱欧之后,汉语学习人数大幅提高。法语和德语考生虽然基数较大,但是考生人数呈现总体下降的趋势。整体来看,虽然英国现代外语教学近几年处于低迷状态,汉语教学却在逆势而上。

自1997年到2008年,法语和德语的GCSE考生人数分别下降了45%和46%。……汉语教学则越来越受欢迎。(2010/1/4)

英国中学的外语学习目前正处于本世纪以来的最低水平……尽管德语和法语——英国最亲密的两个贸易伙伴的官方语言——在GCSE考试中考生人数确实有所下降,但其他一些语言的人数却出现了明显的提升,比如西班牙语和中国普通话。(2019/2/27)

表3显示,汉语GCSE的考生人数呈现出逐年增长的态势。这样迅速增长的趋势可能带来现代外语学习格局的整体改变。2018年,汉语A-level高考考生人数超过德语,跻身三大核心外语学习行列⑥。目前伦敦地区很多中学已经取消德语课程,汉语成为和法语、西班牙语并列的三大外语之一。

表3 汉语中学会考考生人数统计表(2019—2021)⑦

年份	GCSE汉语中考人数(人)
2019	2980
2020	2780
2021	3520

六 总结

整体来看,不管是从BBC新闻中关于汉语教学的新闻文本数量还是其文本内容和容量,都可以清晰地发现,汉语教学的发展速度在所有的现代外语之中都是引人注目的。虽然目前仍存在课时分配较少、师资不足和评估体系不完善等问题,但这也意味着依然有广阔的发展空间。目前中英两国正处于全球疫情的艰难时刻,国际格局发生了微妙的变化,但是不论是中英两国政府的宏观规划,还是社会各界给予的支持和帮助,都将有力地推动汉语教学在英国的本土化和可持续发展,汉语教学在英国的长足发展前景可期。

注 释

① 社区语言(community language)指的是与国民教学语言(national teaching language)相对而言的、非主流学校的教学语言,它不在国民教育体系中,而是在特定的种族、区域和文化范围内传播,多依托

社区内的周末学校开展教学活动,是对主流学校语言教学活动的补充。

② 教育大臣艾伦·约翰逊(Alan Johnson)宣布,外语将成为7—14岁学生的必修课,70%的小学已经开始教授外语(包括汉语)。同年5月,英国国家语言中心(the Centre for Information on Language Teaching,简称 CILT)发布《普通话语言学习》(*Mandarin Language Learning*)官方报告,报告中指出汉语教学在英国的语言教育界已经成为一个潮流,2007年开设汉语课程的中学已有400多所,而在2002年只有57所。

③ "其他本科生"包括所有被授予低于本科学位水平合格证书的大学生,主要指在机构中修满本科学分课程并获得证书的学生、获得其他本科文凭和证书的学生和获得高等教育证书的学生。

④ 该项报告共有21项关于英国汉语教学的主要调查结果反馈,涉及小学、中学和大学三个教育阶段。

⑤ 这些助教主要由国内高校汉语国际教育专业的硕士生、中小学的语文和英语老师组成,经统一培训后,分配到英国的各个孔子学院和孔子课堂进行汉语教学的各项工作。

⑥ 数据来源:http://www.offermachine.com/ukgaozhong/shenqing/134232.html。(访问日期:2022年10月20日)

⑦ 数据来源:https://analytics.ofqual.gov.uk/apps/GCSE/9to1/。(访问日期:2022年10月20日)

参考文献

宁继鸣主编(2018)《孔子学院研究年度报告(2018)》,商务印书馆。

宋连谊(2005)近五年英国汉语教学综述,《国际汉语教学动态与研究》第2期。

杨蓉蓉(2009)海外在校汉语教育发展趋势初探——以英国为例,《全球教育展望》第10期。

张新生、李明芳(2007)英国汉语教学的现况和趋势,《海外华文教育》第2期。

张新生(2012)《英国中小学汉语教师培训的本土化》,北京语言大学出版社。

CILT(2007) Mandarin Language Research Study No DCSF-RW019. *The National Centre for Languages*.

Collen, I. (2020) Language Trends 2020. *British Council*.

Tinsley, T. (2019) Language Trends 2019. *British Council*.

Tinsley, T. & Board, K. (2017) Language Trends 2016/17. *Reading: Education Development Trust*.

Wang, M. (2016) Demand for Mandarin rises in UK as China's influence grows. *China Daily UK*, 2016.09.21.

Wang, P. (2009) The provision of Mandarin Chinese in the UK secondary schools: What's in the way?. *European Journal of Education*, 44(1), 83–94.

Zhang, G. & Li, L. (2010) Chinese language teaching in the UK: Present and future. *The Language Learning Journal*, 38(1), 87–97.

作者简介

潘佳晨,英国南安普顿大学在读博士生,研究方向为现代语言学、汉语作为第二语言教学、语言测试等。Email:j.pan@soton.ac.uk。

拉脱维亚汉语教学研究

尚劝余[1]　尚沫含[2]

1　华南师范大学外国语言文化学院　2　美国明尼苏达雷克斯国际语言学校

提　要　本文首次对拉脱维亚汉语教学进行了系统梳理,揭示了拉脱维亚汉语教学的演进历程和内在逻辑以及主要成就。拉脱维亚汉语教学经历了发轫和肇始(1920—1990)、成熟和发展(1991—2010)、推广和普及(2011—2021)三个历史发展阶段,是中东欧国家中最早开始汉语教学的国家,也是波罗的海三国中最早开设汉学专业的国家。拉脱维亚汉语教学的演化历程与拉脱维亚的国家命运以及拉脱维亚国内和国际环境的变化密切相关,汉语教学从一枝独秀发展到多点开花再到遍布全境,由原来只集中在首都里加,发展到遍及东南西北中,由原来主要集中在大学,发展到涵盖大学、中学、小学、幼儿园以及社会人士各个阶层。

关键词　拉脱维亚　汉语教学

拉脱维亚汉语教学的历史可以追溯到拉脱维亚第一次独立时期,迄今经历了一百余年的风雨历程,而拉脱维亚汉语教学的系统化和正规化则始于拉脱维亚恢复独立时期。拉脱维亚汉语教学的演化历程与拉脱维亚的国家命运以及拉脱维亚国内和国际环境的变化密切相关。

一　汉语教学的发轫和肇始:1920—1990

第一次独立时期(1918—1940)和苏联占领时期(1940—1990)是拉脱维亚汉语教学发轫和肇始时期,为汉语教学的蓬勃发展奠定了基础,开拓了道路。

1.1　第一次独立时期:1918—1940

拉脱维亚的汉语教学孕育和发轫于第一次独立时期的拉脱维亚大学(Latvijas Universitāte)。拉脱维亚大学成立于1919年9月28日①,是拉脱维亚历史最悠久、规模最大的大学,为拉脱维亚培养了众多总统、总理、部长及各界杰出人才。拉脱维亚大学成立不久,著名汉学家施密特(Pēteris Šmits,1869—1938)②从东方学院③回到新近独立的祖国,任教于刚成立的拉脱维亚大学,成为拉脱维亚汉语教学的开山鼻祖,拉开了拉脱维亚汉语教学的帷幕。

施密特曾在莫斯科大学(1891—1892)和圣彼得堡皇家大学(今圣彼得堡大学)(1892—1896)学习,在北京京师大学堂(北京大学前身)(1896—1899)实习和任教,在东方学院(1899—1920)和拉脱维亚大学(1920—1938)任教。(Shang 2020;Shang & Iv 2020)在拉脱维亚大学工作期间,施密特曾担任语文及哲学学院院长和主管学生工作的副校长,也担任拉脱维亚语言学会主席和科学委员会主席,成为赫尔辛基科学学会会员,并荣获拉脱维亚"三星勋章"和"祖国奖"、法国科学院荣誉勋章和瑞典乌普萨拉大学荣誉博士。虽然施密特的学术重心转向了拉脱维亚神话、传说、寓言的收集和研究,但他仍然坚持汉语教学和研究,正如他 1920 年返回拉脱维亚途中给贝特霍尔德·劳费尔(Berthold Laufer,1874—1934)[④]教授的信中所说:"虽然我必须离开远东和汉学,但是我会继续我的汉语和满语研究。"(Walravens 1982)

施密特给拉脱维亚大学学生开设了"中国语文导论""中国文化史""汉语""亚洲文化"等课程,也开设了相关讲座,其中一些讲座被整理发表,如《孔子和佛陀学说中爱的概念》《孔子及其学说》《施密特教授论汉语》。除了给拉脱维亚大学学生授课,施密特也指导慕名而来的外国学生、学者以及其他仰慕者。当时有波兰的汉学专业学生来拉脱维亚大学,找施密特主持他的学位论文答辩。(Šmits 1962)上海商务印书馆曾请他审阅有关汉语的书籍手稿——《四角号码检字法》,该书于 1926 年出版。(Staburova 1990)

施密特也撰写发表了一些相关文章和译作,包括《中国艺术史》(Haijima 2015)、《在拉脱维亚发现的中国物品》《中文写作》《周敦颐;莲花》;在《拉脱维亚大学学报》上发表了《涅吉达尔人的语言》《奥尔查人的语言》《奥罗奇人的语言》《萨马吉尔人的语言》四篇英语文章,这些文章是该研究领域第一次以书面形式正式发表的研究成果,由导言和比较词典两部分构成,因调查时间较早且材料丰富,一直受到学术界重视(施密特 2016)。1932 年,德国莱比锡科学杂志 *Asian Major* 发表了施密特的德语著作《满语里的汉语元素》,该著作篇幅达 200 页,其中插入了解释性的汉语和满语字符,是当时世界上该领域唯一以这种形式出现的研究成果。满语和其他通古斯语言的知识储备使得施密特能够解释蒙古、满洲里及黑龙江区域一些古老的地理名称。据施密特的理论,满人自中亚地区抵达黑龙江沿岸,并继续朝东部迁移,所以沿途会出现满语名称,比如 Kuenga,Hingan,等等。(Šmits 1962)1936 年,施密特出版了著作《中国童话故事》,《卫报》《道路》《妇女世界》《播种机》《自由之地》《库尔泽梅》《马迪纳新闻》《家园与校园》等报刊都发表了书评。(Walravens 1982)

此外,施密特也一如既往地关注中国时事和历史文化命运,发表了不少相关文章,如《中国的动荡》《论中国的动乱》《中国的布尔什维克》《满洲里:中国、日本和俄国利益的碰撞》《苏俄与满洲里的冲突》《远东的动乱》《与远东事件相关的中国文化》。上海的一份英文报纸《上海时报》也在1928年刊登一段当日讯息:"里加大学中文负责人施密特说,虽然该大学建校只有十年(前身是一个纯理工大学),但现有学生7000名,比牛津大学多一倍。他说中国艺术曾经是世界上最伟大的艺术,但在现政权下实际上已经死亡。"⑤

最值得称道的是,施密特将他珍藏的2162件珍贵文献捐给拉脱维亚大学。⑥其中,有关东方研究的资料,如汉学、满学、阿尔泰学、蒙古学和日本学资料最具价值和意义。他的藏书包括汉语、满语、日语、蒙古语、通古斯语、乌德盖语等版本。称得上是瑰宝的莫过于汉语和满语的书籍和手稿,尤其是刻本。这些文献主要藏于拉脱维亚大学科学图书馆历史文献部、拉脱维亚大学学术图书馆珍本写本部,也有一些藏于拉脱维亚国家图书馆珍本写本部、拉脱维亚美术馆等。(王敌非2016)笔者曾两次前往拉脱维亚大学科学图书馆、一次前往拉脱维亚大学学术图书馆查阅施密特的相关资料,包括施密特收藏的珍贵文献、施密特本人的手稿以及其他人关于施密特的手稿。"这些藏书是提升拉脱维亚东方学研究水平,推动拉脱维亚汉学发展的重要基础。"(Staburova 1990)

诚然,作为著名汉满学家,施密特并未在拉脱维亚大学继续专攻汉满学教学和研究,没有建立汉学研究中心之类的机构,没有培养汉语教学的接班人,实在令人遗憾。⑦但是,施密特早期在汉语教学方面取得的巨大成就和他编写的侧重实践应用的汉语教材[《汉语语言学导论》《初级汉语文选》《官话语法试编》《汉语入门阅读》《官话语法文例》《中国古籍》《中国政治结构讲义》《彼·施密特教授1907—1908学年度汉满语语法课概述》等(阎国栋2006,378—379)],他捐赠给拉脱维亚大学的丰富藏书以及他在拉脱维亚大学任教时期的汉语教学和研究成果,成为拉脱维亚大学乃至拉脱维亚全国汉语教学的宝贵遗产,为拉脱维亚汉学研究和汉语教学奠定了长远的基础。

1.2 苏联占领时期:1940—1990

从1940年起,拉脱维亚成为苏联加盟共和国之一。随着施密特于1938年去世,拉脱维亚汉语教学在很长一段时间后继乏人。这一时期,既是拉脱维亚汉语教学断层期,同时也是拉脱维亚汉语教学储备期和肇始期,有三个重要的汉语教学机构,即列宁格勒大学(今圣彼得堡大学)、莫斯科大学、远东国立大学,集中了苏联顶尖的汉语专家和教授,培养了大批优秀的汉学家和汉语专家,他们后来成为汉学研究和汉语教学的中坚力量。拉脱维亚大学后来的著名汉学家和汉语教学专家都是这个时期在列宁格勒大学或莫斯科大学学习,或在远东国立大学任教,其中的代表性人物是贝德高(Pēteris Pildegovičs)。

贝德高追随施密特的足迹,在莫斯科大学学习中文,在远东国立大学教授中文,后来回到拉脱维亚大学任教。在莫斯科大学学习中文的经历(1964—1970)是他人生中的一个重要里程碑,他的老师既有本地人也有中国人,本地老师都有在中国学习和考察的经历,中文知识渊博,侧重教授基础汉语、中国历史、文学、传统文化等课程,中国老师侧重教授口语。他对这些老师印象深刻,推崇备至。他曾说过,"莫大的中文师资很强,我的老师中有参加过中苏领导人会谈的高级翻译,有翻译过《西游记》《水浒传》等名著的资深汉学家,还有来自中国北方的口语老师"(谭武军 2020)。他在《我的中国日记》中提到的本土老师有著名汉学家沃斯克列先斯基(D. Voskresenskis)、中国历史专家尤里耶夫(M. Jurjevs)、中苏首脑会谈翻译蒙恰诺娃(J. Molčanova)、汉语语音专家扎多延克(T. Zadojenko)和科托娃(A. Kotova),以及来自中国的黄淑英(Huan Šujin)、刘芬兰(Lu Fenlaņ)、林琳(Lin Lin)、谭傲霜(Taņ Aošuan)等。(贝德高 2021,199)他在莫斯科大学打下了扎实的中文功底,练就了一口标准的普通话。

从莫斯科大学毕业后,贝德高来到远东国立大学任教十年(1970—1979),后两年任中文系主任。在此期间,他于 1974—1975 年在新加坡南洋大学进修中文。南洋大学具有浓厚的中文氛围和环境,有许多东南亚华人华侨留学生和日本留学生在这里学习中文。他推崇和秉承施密特在东方学院 20 余年形成的侧重实践应用的汉语教学理念和方法,曾撰写《施密特教授对汉语教学方法的贡献》一文。(Pildegovičs 2020)除了课堂教学之外,他还带领学生去中国考察实习。当时,中苏关系破裂,列宁格勒大学和莫斯科大学与中国联系很少,没有中国口语老师,唯有占据地理优势的远东国立大学与中国人保持着交往。每个学期,贝德高都带领学生去中苏边境与中国铁路工人进行语言实践和交流。他回忆说,有一次交流活动适逢毛泽东主席逝世期间,他用中文写了一段悼念词,当场念给工人们听,大家都感动得哭成了一团。[⑧]

1979 年,贝德高带着在莫斯科大学打下的坚实基础和在远东国立大学积累的丰富经验回到拉脱维亚,先在拉脱维亚科学院哲学研究所任研究员,后从 1986 年开始在拉脱维亚大学外国语言学院开设汉语课。他是当时拉脱维亚大学唯一的汉语老师,也是新时期拉脱维亚汉语教学的泰斗,肩负起了复兴拉脱维亚大学中文教学的历史重任。汉语课是全校选修课,学生中有大学生也有社会人士,他讲授的主要是初级汉语综合课,包括拼音、四声、词句、会话等。从 1985 年开始,中苏关系开始松动,两国逐渐恢复学术交流。1988—1989 年他前往复旦大学留学,除了上综合汉语课之外,还从事胡适研究,用俄语和拉语撰写相关论文,邮寄到拉脱维亚发表。史莲娜(Jelena Staburova)曾写道,贝德高 1988—1989 年从上海邮寄信件文章,是施密特 1897—1899 年从北京邮寄信件文章的传统的延续。[⑨](Staburova 1990)与此同时,拉脱维亚大学外国语言学院也开设了日语课(埃德加斯·卡戴任教)和阿拉伯语课(亚尼斯·斯克思突利斯任教)。(Ivbulis 2011)

这一时期,另一位与汉语教学相关的重要人物就是埃德加斯·卡戴(Edgars Katajs,

1923—2019),不仅因为他是汉语和日语专家,而且因为他影响贝德高等人走上了汉语之路。卡戴 1923 年出生于中国东北,毕业于北满大学,经历了日本侵略时期,后来担任苏联驻哈尔滨总领事馆翻译和哈尔滨工业大学讲师。1955 年回到拉脱维亚,翻译出版了《鲁迅短篇小说选》(1957)、《中国现代短篇小说》(1959)、《骆驼祥子》(1963)等,与老舍交往甚笃,老舍曾为他翻译的《骆驼祥子》撰写前言。从 1986 年开始,卡戴与贝德高成为同事,在拉脱维亚大学任教,讲授日语课。《拉脱维亚科学院简报》2019 年曾刊登《拉脱维亚科学院荣誉博士埃德加斯·卡戴》一文,讲述了贝德高受到卡戴激励走上汉语之路的经历。[⑩]在上海长期生活工作的拉脱维亚著名概念派艺术家扎娜·美露珮(Zane Mellupe)曾在拉脱维亚大学跟卡戴教授学习汉语和日语,之后去中国济南和上海深造,翻译出版了《中国成语故事》《中国神话传说》《禅宗公案故事》,她的翻译方法深受卡戴教授的影响。(安吉塔·鲍葛薇 2016,207—230)

到 20 世纪 80 年代末,从列宁格勒大学和莫斯科大学学成归来的几位教师,如学习印度学的西格玛·安克拉瓦(Sigma Ankrava)和维克多·伊夫布利斯(Viktors Ivbulis)、学习印度尼西亚学的莱昂斯·塔伊万斯(Leons Taivans),学习阿拉伯语言文化的亚尼斯·斯克思突利斯(Janis Sikstulis)等,与贝德高和卡戴等相聚在一起,开始筹划在拉脱维亚大学建立东方学系(Haijima 2015),这标志着包括汉语在内的东方语言文化教学即将进入一个新的时期。

二 汉语教学的成熟和发展:1991—2010

1991 年,随着东欧剧变和苏联解体,拉脱维亚恢复独立。同年 9 月 7 日中国承认拉脱维亚独立,9 月 12 日中国和拉脱维亚建立外交关系。中拉关系在荆棘中前行,逐步发展和深化。拉脱维亚的汉语教学随之也迎来了春天,翻开了新的篇章,步入了系统化和正规化的轨道,并且由拉脱维亚大学一枝独秀发展到全国数地多点开花。

2.1 汉语教学一枝独秀:1991—2003

伴随着中国和拉脱维亚外交关系的建立和中拉两国合作交流步伐的前行,拉脱维亚大学的汉语教学绽放出鲜艳的花朵,一枝独秀,绚丽芬芳。

2.1.1 汉语本科专业诞生

1991 年 9 月拉脱维亚大学成立东方学系,隶属于外国语言学院,设汉语专业和日语专业,维克多·伊夫布利斯出任第一任系主任。同年历史哲学学院史莲娜转入外国语言学院东方学系,从事中国历史文化教学与研究。1993 年开设汉语专业,开始招收本科生,隔年招生,学制 4 年。史莲娜教授任汉语专业负责人,她毕业于圣彼得堡国立大学,专攻中国历史文化。⑪

最初,有三位汉语教师,即贝德高教授、他的儿子安德烈斯·贝德高(Andrejs Pildegovičs)和茵娜·佛兰德(Ina Forande)。(Ivbulis 2011)贝德高教授从1991—2000年在拉脱维亚外交部工作,曾任亚非司第一任司长、拉脱维亚驻立陶宛政务参赞和首任拉脱维亚驻中国临时代办,他同时继续在拉脱维亚大学兼职教汉语。安德烈斯·贝德高1988—1994年在圣彼得堡国立大学学习中国语言和历史,其间于1990—1991年在北京外国语学院学习一年,1994年进入拉脱维亚外交部工作,后来任亚非司司长、总统外交事务顾问、总统办公室主任、拉脱维亚驻美国大使、拉脱维亚外交部国务秘书、拉脱维亚驻联合国大使和常驻代表等职。佛兰德在圣彼得堡国立大学学习了三年汉语,后在北京语言文化大学留学,结识了一个同在中国留学的韩国小伙崔壹荣并结婚,他们两人的日常交流语言是汉语。后来又从中国台湾聘请了一位汉语教师鲜轼振,开设"国语会话""新选广播剧""文言文入门"等课程。

1994年,在贝德高等人的协调努力下,拉脱维亚大学汉语专业与北京大学等中国高校实行师生交流项目,从1995年开始,每年3～5名拉脱维亚学生获得奖学金赴中国留学,中国派遣一位汉语教师赴拉脱维亚大学任教。⑫拉脱维亚大学第一批汉语专业4名学生赴中国留学,打开了进一步深入接触和了解中国的大门。1996年,拉脱维亚政府与中国政府签订文化和教育合作协议。南开大学何杰教授成为第一位中国教育部公派汉语教师,受到东方学系主任伊夫布利斯和汉语专业负责人史莲娜等的热情接待。

2.1.2 汉语硕士专业诞生

1997年,汉语专业又登上了一个新台阶,开始招收硕士研究生,学制2年。1998—2003年,史莲娜担任系主任。1998—2002年,北京语言文化大学于丛杨教授赴拉脱维亚大学任教。1999年,拉脱维亚大学汉学专业学生艾恪(Kaspars Eihmanis)⑬留校任教。1999年,中国国家对外汉语教学领导小组办公室常务副主任赵永魁率汉语教学考察团访问并考察拉脱维亚大学汉语教学情况,就中国与拉脱维亚大学合作发展汉语教学提出具体建议。同年拉脱维亚大学学术交流团赴圣彼得堡参加"欧洲中华文化研讨会"。2000年,拉脱维亚大学主办"施密特:拉脱维亚与中国之间"国际学术研讨会。2001年,组织举办"纪念孔子诞辰2552周年"活动和"李白生平及诗歌创作国际研讨会"⑭。2002—2004年,西安外国语大学王珊副教授在拉脱维亚大学任教,卡戴教授出版了回忆录《在十面国旗下》(2000),记述了他在中国学习和生活的经历。2004年,中国大使馆授予卡戴教授"中国语言和文化传播"贡献奖,授予史莲娜教授"中国文化使者"荣誉称号,表彰他们为汉语教学事业在拉脱维亚的发展和中国文化在拉脱维亚的传播作出的杰出贡献。

根据鲍葛薇(Agita Baltgalve)、艾薇达、何杰、于丛杨、王珊、张俊玲记载,1993年汉语专业在全国正式招收第一届学生 11 人,1995 年招收第二届学生 10 人,1997 年招收第三届学生 13 人,1999 年招收第四届学生 15 人,2001 年招收第五届学生 18 人,2003 年招收第六届学生 15 人。除此之外,1997 年招收第一届硕士研究生 6 人,1999 年招收第二届硕士研究生 5 人,2001 年招收第三届硕士研究生 5 人,2003 年招收第四届硕士研究生 5 人。贝德高教授说,这些学生中出了几位外交家、汉学家、汉语教师、音乐家和旅游专家等,成为拉脱维亚社会的中坚力量。

总之,拉脱维亚大学是拉脱维亚第一所也是唯一一所开设汉语专业的大学,也是波罗的海国家最早开设汉语专业的大学,成为拉脱维亚汉语教学的摇篮和基地,这一阶段拉脱维亚大学汉语教学一枝独秀,无人可与争锋。

2.2 汉语教学多点开花:2004—2010

2004 年,拉脱维亚加入北约和欧盟,国际地位进一步提升,对外交往也进一步扩大。2005 年,拉脱维亚制定了与"第三世界国家"的外交政策准则。2006—2010 年的指导方针确定了一个更为精确的新目标,即"确保与具有重大或日益重要全球意义的国家深化双边关系"(纳迪娜 2022)。与此同时,中国对外文化教育合作交流也进一步扩大,2004 年全球第一家孔子学院诞生。

随着国际国内形势的发展变化,拉脱维亚与中国的交往日益扩大和加深,对中国语言和文化的了解也更为强烈和迫切。这个阶段,拉脱维亚大学汉语教学与欧盟教育体制接轨,进一步完善和发展,与此同时拉脱维亚大学汉语教学一枝独秀的局面被打破,其他大学和中学也纷纷开设汉语课程,汉语教学呈现出多点开花的态势,而且向首都里加之外的拉脱维亚东北部和东南部地区扩展。

2.2.1 汉语教学走进中学

2004 年,在拉脱维亚政府和中国大使馆的合力支持下,位于首都里加的里加文化中学(Rīgas Kultūru Vidusskola)开设汉语课,开创了中学汉语教学的先河。汉语课程为选修学分课,面向高中三个年级开设,主要以语言综合课和文化课为主。最初汉语教师为本地老师,从拉脱维亚大学中文专业毕业生中聘任,2006—2013 年汉语教师为周文(Marija Nikolajeva)[15]。从 2005 年开始,里加文化中学每年都举行丰富多彩的中文周活动,极大地激发了学生们学习中文的热情,加深了对中国文化的了解。里加文化中学汉语教学在拉脱维亚的中学中独领风骚,学生除了日常课堂学习之外,也踊跃参加一年一度的汉语桥比赛等活动,并积极申请奖学金赴中国留学,攻读学士学位,涌现出许多优秀的汉语人才,如妮卡·玛尔塔(Nika Marta)等。

2.2.2 汉语教学走进孔子中心

2004 年,史莲娜离开拉脱维亚大学,在里加斯特拉京什大学(Rīgas Stradiņš

Universitāte,简称 RSU)任政治学教授。2005 年,她应邀参加首届"世界汉语大会",里加斯特拉京什大学孔子中心成立后担任中心主任。孔子中心传播中国语言和文化,举办汉语培训班,促进传统中医的研究和应用,为政府机关和私营业主提供与中国有关的咨询活动,邀请中国专家讲学、参与科研项目、组织会议等。孔子中心由史莲娜、白妩娜(Una Bērziņa-čerenkova)[16]和谢安娜(Anna Sedova)[17]等老师授课,并参与协办每年一度的汉语桥比赛,培养了不少汉语人才。此外,孔子中心也从事中国历史文化等方面的研究,史莲娜撰写出版《用拉脱维亚语字母拼写汉语词汇的规则》(2006)、翻译出版《论语》(2006)和《道德经》(2009)等。2010 年 9 月,里加斯特拉京什大学孔子中心与北京师范大学联合举办"中国文化:过去与现在"研讨会。[18]

2.2.3 汉语教学走进东北部

2006 年,在中国大使馆的大力支持和协调下,维泽梅大学(Vidzemes Augstskola)开设汉语课程,开创了拉脱维亚东北部地区汉语教学之先河,汉语课为学分体系内的必修及选修课程,面向本土学生及交换生和社会人士。2006—2010 年,汉语教师志愿者依蕾、黄芳、陈学敏相继任教。中国大使馆对该校汉语教学非常关心,历任大使张利民、程文举、胡业顺等都前往访问座谈,赠送汉语图书、音像资料和 CD 唱机等,并与师生互动,推动汉语教学发展。汉语教师和学生积极参与汉语桥比赛等活动,学生多次获奖。

2.2.4 汉语教学走进东南部

2006 年,在中国大使馆的大力支持和协调下,道加瓦皮尔斯大学(Daugavpils Universitāte)开设汉语课程,开创了该校乃至该市汉语教学之先河,将汉语教学推广至拉脱维亚东南部地区。2006—2008 年,汉语教师志愿者杜丽丽和牛华丽相继任教。汉语课程面向本校师生和社会人士及中学生开设,均为非学分兴趣课,汉语教师和学生积极参与汉语桥比赛等活动。中国大使馆对汉语教学也非常关心,张利民大使等前往访问座谈。但由于某种原因,汉语教学开设两学年后停办,孔子学院成立后恢复了汉语教学。

2.2.5 拉脱维亚大学汉语教学进一步发展

这一阶段,莱昂斯·塔伊万斯(Leons Taivāns)任拉脱维亚大学东方学系主任(2004—2009),拉脱维亚大学汉语教学也历经改革,汉语专业获得进一步发展,体现在如下几方面。

第一,院系改革。2005 年,外国语言学院东方学系改为现代语言学院亚洲学系,为了适应欧盟高等教育质量标准,汉语专业本科改为每年招生,学制改为 3 年。2010 年,现代语言学院与语文哲学学院合并,组建新的人文学院,汉语专业归属人文学院亚洲学系。

第二,师资增强。2005 年,德国籍教授柯世浩(Frank Kraushaar)[19]来到拉脱维亚大学汉语专业任教。此外,除了留校任教的艾恪外,拉脱维亚大学中文专业几位毕业生也学业有成归来任教,如 2007 年鲍葛薇㉑回到拉脱维亚大学任教并出任东方学系(亚洲学系)硕士学科点主任,2007 年伊丽娜(Irina Marinska)㉒在拉脱维亚大学汉语专业任教,2009 年莫丽雅(Julija Gumilova)㉓在拉脱维亚大学汉语专业任教。另外,这一阶段有五位中国公派教师相继任教,即张俊玲、崔艳蕾、王英佳、张红、王烨姝。

第三,学术交流增多。2008 年的北京奥运会为拉脱维亚与中国交流提供了契机,也为拉脱维亚汉语界提供了动力,为此贝德高编写出版《拉脱维亚语汉语会话手册》,卡戴翻译出版《中国俗语一百条》。(安吉塔·鲍葛薇 2016,221) 2010 年,上海世博会为加深中拉交流提供了又一个契机,贝德高编纂的第一部《汉语拉脱维亚语大词典》问世并在上海世博会上推介和展出;拉脱维亚大学组织第 18 届欧洲汉学学会大会㉔,来自欧洲各国以及美国、中国和俄罗斯的 250 多位汉学家参加了大会;艾恪和鲍葛薇受国家汉办/孔子学院总部邀请赴华东师范大学参加"外国汉语教师教材培训班"㉕。

第四,积极组织汉语桥中文比赛。从 2004 年开始,中国大使馆和拉脱维亚大学等单位每年举办汉语桥拉脱维亚赛区比赛,拉脱维亚大学汉语专业师生是主力军,大学组冠军基本上都来自拉脱维亚大学汉语专业。

三 汉语教学的推广和普及:2011—2021

2010 年 10 月中国与拉脱维亚签署《拉脱维亚共和国教育和科学部与中华人民共和国教育部关于互相承认高等教育学历和学位的协议》,两国教育合作迈出了重要的一步。2011 年,拉脱维亚大学孔子学院成立。2012 年,拉脱维亚与其他 15 个中东欧国家一道加入中国—中东欧"16+1"合作机制,拉脱维亚对拉中关系给予了更多的重视。(纳迪娜 2022)这为拉脱维亚学生学习汉语、赴中国留学提供了动力。这一阶段,拉脱维亚汉语教学不论是在广度和深度上还是在量和质上,都取得了巨大进步和提升。新的汉语教学点不断涌现,遍及拉脱维亚全境,涵盖大学、中学和小学各个层次。

3.1 孔子学院成为汉语教学推广的生力军

2011 年 11 月 4 日,在国家汉办/孔子学院总部以及拉脱维亚大学和华南师范大学的共同努力下,拉脱维亚大学孔子学院诞生。正如胡业顺大使在孔子学院揭牌仪式致辞中所说,这"是两国教育交流史上的一件大事,也是庆祝中拉建交 20 周年的一个重要成果"㉖。拉脱维亚汉教工作站在了一个新的起点上,展现了一种新的前景。

3.1.1 孔子学院本部历任教职人员

到目前为止,孔子学院本部历任拉方理事长马西斯·奥津什(Mārcis Auziņš)校长、安德里斯·康格罗(Andris Kangro)副校长、亚尼斯·伊克思顿斯(Jānis Ikstens)副校长和伊娜·德鲁维叶戴(Ina Druviete)副校长,中方理事长郭杰副校长、吴坚副校长和杨中民副校长,拉方院长贝德高,中方院长黄明喜和尚劝余,秘书玛丽娅(Marija Jurso)、柯劳拉(Laura Krēgere-Zatīna)、白丽娜(Katrīna Barisa)和高安娜(Anastasija Krilova-Galkina),汉语教师志愿者罗毅、王树蕙、黄颖怡、张婕、金晶、方思琪、莫婉婷、尹莎莎、黄蕊、曾庆君、潘斌、曾嵘、滕飞、朱玥、邹亚平、车俊池、焦文静、郑玉馨、朱柏帆、杜灏、郭子凡、郑雯宁、涂菁滢、王凯欣、邝又君、汤蘅、张涵絮、杨宝茹、唐静、邵月园、沈思顺。此外,孔子学院本部也聘请了一名本土汉语教师马笑笑(Madara Smalka),负责少儿初级班和中级班的汉语教学。

3.1.2　汉语教学和文化活动

2012年,孔子学院本部正式开设汉语课,由最初的两个成人初级班逐渐发展到现在的四个少儿班和六个成人班,有小学生、中学生、大学生、研究生、政府官员和社会人士,有拉脱维亚人也有外国人。学生的主要学习内容是汉语和中国文化。初级班语言课主要教授日常词汇、短语、句型和交际用语等,话题广泛实用,侧重学生口语能力。中级班在此基础上更加侧重训练学生书写汉字,扩大汉语词汇量和知识面,培养学生应用文写作能力。高级班汉语课更多地鼓励学生用中文表达自己的观点,在汉字、听力、口语、写作等方面均衡发展,全面提高汉语水平。文化课根据学生水平不同程度地介绍中国的文化,如中国历史、城市、民族、传统音乐、传统习俗、茶文化、书法、剪纸、电影等。每学期期末考试结束后,学生经考核学习成绩合格者获得由拉脱维亚大学孔子学院颁发的学习证明和证书。学年结束后表现优异者还可以申请孔子学院奖学金或中国政府奖学金去中国留学深造,短期学习或攻读学士、硕士、博士学位。

孔子学院本部除了开设日常汉语课程之外,还组织春节、元宵节、端午节、中秋节、孔院日等节日的庆祝活动以及汉语桥中文比赛①、汉语沙龙、汉语水平考试(HSK)②、汉语夏令营和冬令营、拉脱维亚教育访华团、拉脱维亚汉语教学调研等活动。孔子学院和下设教学点也组织展览、讲座、研讨会、音乐会、中国文化工作坊、中国文化周、中国文化日、录制中国语言文化教学电视节目等活动。(郭群、张璇 2016)此外,孔子学院也为当地民众和来访华人提供教育、文化、经济及社会信息咨询,为国内院校牵线搭桥,扩大对外交流与合作,也根据使馆安排,参与国家领导人访问接待工作(总理、人大常委会委员长、政协副主席等)等。

3.1.3　汉语教学研究和教学点开拓

孔子学院也开展汉语教学研究和词典编撰出版等工作,主要成果有:贝德高编著的

《拉脱维亚语汉语会话手册》、《汉语拉脱维亚语大词典》及 APP、《精选拉脱维亚语汉语—汉语拉脱维亚语词典》及 APP、《我的中国故事》、《唐诗选译》,尚劝余、贝德高、董芳主编的《拉脱维亚汉语教学研究与探索》,尚劝余、王琼子、贝德高主编的《拉脱维亚汉语教学研究》,尚劝余、贝德高、王蕾、王琼子主编的《拉脱维亚汉语教学探索》,尚劝余、贝德高主编的《汉语之花盛开在波罗的海之滨——我与拉脱维亚的故事》和《拉脱维亚视阈下的拉脱维亚与中国研究》,尚劝余、贝德高、白冰玉主编的《拉脱维亚线上汉语教学纵论》,董芳、卡琳娜、程雪主编的《盼达汉语》等。迄今为止,孔子学院在拉脱维亚全国开设了 18 个汉语教学点,加上协助管理的汉语教学点,总数超过了 20 个,遍布拉脱维亚全国各地,有力地推动了汉语教学在拉脱维亚的发展和普及。

总之,孔子学院不仅成为拉脱维亚汉语教学的重要平台和弘扬中国文化的桥头堡,而且成为中拉两国友好交流的桥梁和民间交往及民心相通的重要纽带。为此,拉脱维亚外交部曾在 2018 年致函国家汉办/孔子学院总部,对拉脱维亚大学孔子学院及院长在推动拉脱维亚汉语教学和中拉政治、经济、文化、教育合作方面作出的贡献予以嘉奖。⑧

3.2 孔子课堂成为汉语教学的重镇

拉脱维亚大学孔子学院下设五个孔子课堂,其中两个中学孔子课堂、三个大学孔子课堂,在波罗的海三国高居首位,是拉脱维亚汉语教学的重镇,是拉脱维亚教育访华团、汉语桥中文比赛、中国政府奖学金生、汉语言文化夏令营/冬令营、HSK 以及其他文化活动的重要力量和源泉。

3.2.1 里加文化中学孔子课堂

2013 年 6 月国家汉办/孔子学院总部正式批准建立拉脱维亚大学孔子学院下设里加文化中学孔子课堂,2014 年 2 月 28 日正式揭牌,杨国强大使等近百人出席活动,这是拉脱维亚第一所孔子课堂,也是落户在波罗的海三国的第一所孔子课堂。⑨孔子课堂面向本校十至十二年级开设汉语选修学分课,同时也面向社会开设汉语兴趣课。汉语教师志愿者罗毅、王树蕙、黄颖怡、程雪、吴甜田、陈莹、单琪、李欣以及公派教师董芳和曾庆君先后任教,其中董芳任教五年多,受到里加市政府、孔子学院和里加文化中学的多方嘉奖。

3.2.2 里加 34 中学孔子课堂

2009 年,里加 34 中学(Rīgas 34. Vidusskola)开设汉语兴趣课。2011 年,在中国大使馆的大力支持下,里加 68 中学(Rīgas 68. Vidusskola)开设汉语课。胡业顺大使在开学典礼致辞中表示,该校正式将汉语设为两门外语选修课程之一,为学生了解中国与东方打开了一扇大门,也是中拉教育领域合作的又一进展。2013 年,学校开设汉语俱乐部,为学生提供了新的汉语平台。从 2014 年 1 月起,学校成为孔子学院教学点。2015 年夏,里加

68 中学并入里加 34 中学,新的里加 34 中学将汉语列为选修课程,汉语课正式进入学分体系。同时,增设汉语兴趣班,分为 A、B 两个平行班。2017 年,经国家汉办/孔子学院总部批准,教学点升格为孔子课堂,汉语教学迎来了新的机遇。㉙汉语教师志愿者张婕、袁钰、吴炜、梁娟、牛爽、李文玉、汪贝娅以及本土汉语教师薇拉(Vera Rižņikova)、玛丽亚(Maria Čumikova)、珍珠(Margarita Markune)、克丽塔(Krista Muižniece)和艾维塔(Evita Kalme)先后任教。

3.2.3 道加瓦皮尔斯大学孔子课堂

2013 年,孔子学院在道加瓦皮尔斯大学重新恢复汉语教学,汉语课程设在人文学院外语系。2014 年 11 月国家汉办/孔子学院总部正式批准教学点升格为孔子课堂,2015 年 10 月 2 日正式揭牌。道加瓦皮尔斯市长拉齐普列西斯(Janis Lacplesis)和黄勇大使在致辞中称赞,孔子课堂落户道加瓦皮尔斯市不仅为道加瓦皮尔斯大学学生打开了一扇窗,也为道加瓦皮尔斯与中国的经济文化交流提供了重要平台。㉚2017 年,汉语教学又攀新的高峰,汉语课进入学分体系,成为英语专业本科生的二外选修学分课。2020 年,汉语学分课也向国际贸易专业本科生开设。汉语教师志愿者张双、王志杰、孙霄、白冰玉、刘晶铭、王璐、吴致昕、高晴、邬艳丽、张丹丹、王嘉夫、葛欣怡、胡诗蓉以及孔子学院中方院长尚劝余和公派教师倪艺榕先后任教。

3.2.4 雷泽克内大学孔子课堂

2013 年,孔子学院在雷泽克内大学(2016 年更名为雷泽克内理工学院,Rēzeknes Tehnologiju Akadēmija)开设汉语教学点,汉语课程设在继续教育中心。2015 年 9 月经国家汉办/孔子学院总部批准,教学点升级为孔子课堂,2016 年 9 月正式揭牌。黄勇大使和泰鲁姆涅克斯(Edmunds Teirumnieks)校长在致辞中希望孔子课堂的设立为学校师生和当地民众打开一扇更加深入了解中国的窗口,为中拉友谊贡献力量。㉛历任汉语教师志愿者张婕、王树蕙、梁铭轩、赵倩、黄天祺、肖依琴、谢丽婷、郝心瑜、周蔓以及本土汉语教师玛格丽塔(Margarita Isajeva)相继任教。

3.2.5 里加工业大学孔子课堂

2013 年,在中国大使馆大力支持下,里加工业大学(Rīgas Tehniskā Universitāte)开设汉语课。2019 年 2 月 28 日,国家汉办/孔子学院总部批准里加工业大学教学点升格为孔子课堂,成为拉脱维亚大学孔子学院下设第五个孔子课堂,2019 年 11 月正式揭牌。梁建全大使、苏科夫斯基斯(Uldis Sukovskis)副校长和迪潘斯(Igors Tipāns)副校长在致辞中称赞孔子课堂是里加工业大学国际交流合作的重要组成部分,既是语言的交流,也是跨文化的合作。㉜汉语教师志愿者于靖媛、金蒙、胡越、汤蕴新、燕雪宁、贾昆诺、刘一瑶、唐璐瑶先后任教。

3.3 新的汉语教学点在各地纷纷建立

2014年,在中国大使馆大力支持下,斯米尔提恩中学(Smiltenes Vidusskola)开设汉语课程,北部地区汉语教学进一步扩展。汉语课程面向小学一年级至高中三年级的学生以及成人学生,皆为汉语兴趣班。汉语教师志愿者季楠、刘会强、盛铭、于洋、陈凤凰、乔培哲、姚柳、孙智慧相继任教。

2015年,孔子学院在交通与电信大学(Transporta un Sakaru Institūts)开设汉语课程。汉语课程隶属于继续教育中心,为兴趣课和综合课,学生包括中学生和大学生以及社会人士。汉语教师志愿者王佳乐、林婕、刘梦珂、王昕、邬艳丽、唐静先后任教。

2016年,孔子学院在南部城市叶尔加瓦设立两个汉语教学点,汉语教学也随之扩展到了南部地区。拉脱维亚农业大学(Latvijas Lauksaimniecības Universitāte)汉语课程设在语言中心,面向大学普通本科生和教职员工,皆为汉语选修课,分为大学生汉语初级班和教职工汉语中级班。本土汉语教师雅娜(Jana Daniča),汉语教师志愿者张扬、车俊池相继任教。叶尔加瓦斯比杜拉中学(Jelgavas Spīdolas Ģimnāzija)汉语课程面向初中生和高中生,有选修课和必修课。本土汉语教师雅娜,汉语教师志愿者张扬、车俊池、郑玉馨相继任教。

2017年,孔子学院设立了三个汉语教学点,汉语教学随之扩展到了西北部地区。文茨皮尔斯大学(Ventspils Augstskola)是西北部最重要的高校,汉语课程面向研究生、本科生、初高中生和社会人士,其中研究生的汉语课为必修学分课,本科生的汉语课是选修学分课,初高中生和社会人士的汉语课是兴趣课。此外,也面向翻译学院老师开设汉语课。汉语教师志愿者潘玲、朱会平、林颖娴、朱可嘉、王昕、刘晶铭、郭萌冉、徐申相继任教。拉脱维亚文化学院(Latvijas Kultūras Akadēmija)从2016年起在跨文化研究和外语系开设"跨文化研究:拉脱维亚与东亚"专业,开设"古代汉语"和"中国古代文学"课程,2017年2月起开设"现代汉语"课程,面向全体师生,为选修学分课。汉语教师志愿者潘斌、朱玥、尹艳、黄天祺、谢慧清、霍悦、沈思顺先后任教。蒙特梭利"探索"小学(Montessori Sākumskolas "Pētnieki")汉语课程面向6—12岁的小学生,是兴趣课和综合课,设有零基础班和初级班。汉语教师志愿者林婕、刘梦珂、王昕、鲍传惠先后任教。

2018年,孔子学院设立了四个汉语教学点,汉语教学随之扩展到了西南部地区。利耶帕亚大学(Liepājas Universitāte)是西南部最重要的高校,汉语课程设在继续教育系,面向研究生、本科生和社会人士,其中研究生、本科生的汉语课程为学分选修课,社会人士的汉语课为兴趣课。汉语教师志愿者潘凡尘和伍淑仪先后任教。克拉斯拉瓦国立中学(Krāslavas Valsts Ģimnāzija)位于东部地区,汉语课程面向初中一年级至高中三年级学生,皆为兴趣课。汉语教师志愿者林颖娴、麻莉、吴致昕、霍悦、朱柏清先后任教。叶卡布皮尔斯国立中学(Jēkabpils Valsts Ģimnāzija)位于道加瓦河畔,汉语课程面向全校学生,以高中汉语必修班为主,初中汉语选修班为辅。汉语教师志愿者胡甜、吴哲哲、魏亚梅、朱惠娟、杨彩云相继任教。新马露白小学(Jaunmārupes Pamatskola)位于与首都里加毗邻的马露白市新马露白镇,汉语课面向三年级到六年级学生,皆为课后兴趣班。汉语教师志愿者尹艳和黄天祺先后任教。

2019 年,孔子学院在里加道加瓦河口中学(Rīgas Daugavgrīvas Vidusskola)开设汉语课程。汉语课程面向小学三年级至高中三年级的学生,皆为选修课。汉语教师志愿者胡靖、朱柏帆、杜灏、谢慧清、刘贤相继任教。2020 年,孔子学院在里加 64 中学(Rīgas 64. Vidusskola)开设汉语课程。汉语课程面向全体学生,皆为选修课。汉语教师志愿者符瑾儿、唐静、杨一丹先后任教。

3.4 原有汉语教学点更上一层楼

上述新设汉语教学点形势喜人,而原有汉语教学点则更上一层楼。维泽梅大学汉语课在初始阶段是旅游专业一、二年级选修学分课,2013 年一年级选修学分课改成必修学分课,现在汉语课作为选修学分课不仅对二年级学生开放,而且对旅游专业所有年级开放。汉语教师志愿者宁晓璐、初从从、刘丹、于洋、李浩芹、姚璟、吴炳璋、朱瑜相继任教。里加斯特拉京什大学孔子中心 2018 年改名为中国研究中心,白妩娜任中心主任,由白妩娜和陈红梅两位老师授课,中国研究中心除了从事汉语教学之外,也从事中国政治研究。

3.5 拉脱维亚大学汉语专业教学稳步发展

拉脱维亚大学人文学院亚洲学系汉语专业教学也在稳步发展。2010—2015 年,柯世浩任亚洲学系主任。2015 年至今,亚尼斯·布列戴(Jānis Priede)任系主任。鲍葛薇担任汉语专业负责人,在孔子学院推荐下于 2018 年 2—8 月在四川大学做访问学者,从事《易经》翻译研究,并受邀在华南师范大学做"拉脱维亚汉学发展"讲座、在北京大学做"《易经》翻译研究"讲座等。卡琳娜(Karīna Jermaka)[⑧] 成为师资队伍中新的一员,2015 年至今一直在拉脱维亚大学汉语专业任教。这一阶段,有五位公派教师相继任教,即樊莉、王琼子、潘军武、王葆华、白冰玉。此外,有五位孔子学院汉语教师志愿者先后任教,即黄蕊、曾庆君、邹亚平、车俊池、郑玉馨。另外,生活在拉脱维亚的当地华人李满楠[⑨]、路岩等也曾先后任教。从 2012 年开始汉语专业学生也参加 HSK,由于拉脱维亚大学汉语教学注重打好基本功,通过率一直保持很高水平。

此外,里加古典中学(Rīgas Klasiskā Vidusskola)等学校开设汉语培训班,蒙特梭利玛雅幼儿园(Montessori Maja Privātskola)、里加国际德语私立幼儿园(Rīgas Starptautiskā Vācu Privātskola)、里加国际学校(International School of Rīga)、功夫协会(Kungfu Association)、里加英语教室(Rīgas English Classroom)、尼克为你公司(NIKO 4 U)等私立学校和机构也开设汉语课程,有本土老师和中国老师任教,也有一些拉脱维亚华人和本地人开设汉语培训班和私教课程。

四 结语

拉脱维亚汉语教学历史悠久，跌宕起伏，历经几个历史时期。第一时期虽然成就不大，但具有举足轻重的历史地位，是拉脱维亚汉语教学发轫和肇始期，为第二和第三时期汉语教学的厚积薄发奠定了坚实的基础，培育了优良的传统。

拉脱维亚汉语教学系统化和专业化始于拉脱维亚恢复独立时期，经历了由点到面、由小到大、由弱到强的不同历史演进阶段，从一枝独秀到多点开花再到遍布全境。作为拉脱维亚唯一开设汉语本科和硕士专业的学校，拉脱维亚大学是拉脱维亚汉语教学的摇篮和基地，撑起了拉脱维亚汉语教学的一片天，培养了许多汉语人才。孔子学院则是拉脱维亚汉语教学的助推器，推动汉语教学走向全国，拉脱维亚汉语教学点由原来只集中在首都里加，发展到现在遍及东南西北中，遍布全国各地，由原来主要集中在大学，发展到涵盖大学、中学、小学、幼儿园以及社会人士各个阶层。

中拉建交以来，拉脱维亚"汉语热"持续升温，每年都有新增汉语教学点，迄今已有近万人学过或正在学习汉语。随着中拉交往逐渐密切以及"汉语热"的持续升温，未来学习汉语的拉脱维亚人会越来越多，遍布拉脱维亚各主要城市，形成以里加为中心，向全国各地散射的汉语教学局面。（王蕾 2021）

注 释

① 拉脱维亚大学前身是 1862 年沙俄帝国时期创建的著名的里加理工学院，拉脱维亚大学成立初期名为拉脱维亚高等学校，1923 年改为现名拉脱维亚大学。1957 年，里加工业大学、拉脱维亚农业大学、里加斯特拉京什大学从拉脱维亚大学独立出来并成为著名的高等教育机构和研究中心。https://enciklopedija.lv/skirklis/112962。（访问日期：2021 年 4 月 10 日）

② 关于施密特姓名的拼写，德国汉学家魏汉茂（Hartmut Walravens）这样写道："他将自己的姓最初在拉语中写成 Šmidts 后来写成 Šmits，在俄语中偶尔写成 Šmidt，在其他语言中一直写成 Schmidt。"（Walravens 1982）

③ 位于海参崴（符拉迪沃斯托克），1899 年成立，时称东方学院，1920 年更名为远东国立大学，2010 年更名为远东联邦大学。

④ 贝特霍尔德·劳费尔，东方学与汉学家，通晓汉语、日语、藏语，出生于德国科隆一个犹太人家庭，1893 年在柏林大学师从 Wilhelm Grube 攻读汉学，1897 年获得德国莱比锡大学博士学位，1898 年移民美国，1901—1904 年、1908—1910 年、1923 年多次在中国进行长期考察，对中国的玉器、瓷器、象牙雕刻、牌楼等都有研究，自述"我深爱中国的国土和人民"。劳费尔晚年罹患忧郁症，1934 年 9 月 13 日在芝加哥跳楼自杀。

⑤ 参见 The Shanghai Times，October 1，1928。这里的里加大学有误，应为拉脱维亚大学。
⑥ 拉脱维亚大学官方网站关于施密特的专栏中，介绍了他给拉脱维亚大学赠书的情况，参见 https://www.3mirkli.lu.lv/peteris-smits/。（访问日期：2021年4月15日）
⑦ 据施密特本人1920年11月8日和1928年5月15日写给贝特霍尔德·劳费尔的信，主要是出于他对汉学研究现状和前景的悲观失望。（Walravens 1982）
⑧ 笔者2021年4月20日对贝德高教授的访谈。
⑨ 施密特撰写了一系列有关他在中国的经历和研究的信件和文章，邮寄给《家庭来客月刊》《家庭来客》《家庭来客副刊》等发表。
⑩ 其中写道：贝德高仍然记得，有一次一个中国代表团抵达里加参加活动，他当时还很年轻，也参加了活动，他颇为吃惊地看到戴着眼镜的卡戴在做口译，轻而易举并非常流利地将汉语译成拉语，又将拉语译成汉语，这一幕对他产生了很大的触动，于是下定决心也要学习汉语这个很难学的语言。参见 *Latvijas Zinanu Akadēmijas Vēstis*，73 Sējums 2 Numurs，2019。
⑪ 史莲娜在接受拉脱维亚《日报》采访时，讲述了她如何与中国历史文化结缘的经历。（Šaitere 1997）
⑫ 参见 https://www.mfa.gov.lv/en/news/latest-news/2015-relations-between-latvia-and-the-people-s-republic-of-china。（访问日期：2021年4月28日）
⑬ 艾恪1995—1999年在拉脱维亚大学汉语专业读本科，曾于1996—1997年在北京第二外国语学院留学一学年，1998—1999年在台湾师范大学留学一学年，1999—2001年在拉脱维亚大学汉语专业读研究生，留校任教，给几个年级学生开设"汉语语法"课和"老子专题讲座"（拉语），同时也参加研究生班的学习，边工作边读书。
⑭ 来自拉脱维亚、中国、俄罗斯、芬兰、爱沙尼亚等国家的学者及王开文大使和拉脱维亚大学汉语专业学生参加了研讨会。（万成才2001）
⑮ 2010年11月18—24日，汉语教师周文受国家汉办/孔子学院总部邀请赴华参加"外国汉语教师教材培训班"。
⑯ 白妩娜是史莲娜的女儿，拉脱维亚大学汉语专业本科毕业后，在北京语言文化大学和北京师范大学学习，后在里加斯特拉京什大学攻读硕士和博士学位，在复旦大学做高级访问学者，2005年至今在孔子中心任教。
⑰ 谢安娜先后在拉脱维亚大学汉语专业就读本科，在台湾师范大学留学，在里加斯特拉京什大学攻读硕士学位，2006—2016年在孔子中心任教。
⑱ 胡业顺大使出席里加斯特拉京什大学孔子中心中国文化研讨会，参见 http://lv.china-embassy.gov.cn/chn/whjl/whxw/201009/t20100902_2913121.htm。（访问日期：2021年4月28日）
⑲ 柯世浩曾于1987—1995年在弗莱堡大学和柏林自由大学攻读汉学学士和硕士学位，其间于1993年6—9月在杭州大学学习汉语，1997—2000年在汉堡大学攻读汉学博士学位，2000—2005年在慕尼黑大学汉学研究所任副教授，主要研究领域为中国古代文学（含周、魏晋、唐宋）。
⑳ 鲍葛薇曾于1993—1997年在拉脱维亚大学汉语专业攻读学士学位，其间于1995—1997年在台湾师范大学留学，1997—1999年在拉脱维亚大学汉语专业攻读硕士学位，1999—2001在慕尼黑大学进修，

2001—2006年在科隆大学古代汉学系攻读博士学位,同时在波恩大学藏学研究课程班进修,2007年回到拉脱维亚大学汉学专业任教,主要研究领域为古代汉语、古代哲学、现当代文学、藏语与藏传佛教等。

㉑ 伊丽娜曾于2001—2005年在拉脱维亚大学汉语专业攻读学士学位,其间于2002—2003年在南京师范大学留学,2005—2007年在拉脱维亚大学汉语专业攻读硕士学位,2007年开始任教,讲授"汉字""写作基础""阅读基础"与"翻译基础"等课程。

㉒ 莫丽雅于1999—2003年在拉脱维亚大学汉语专业攻读学士学位,2003—2005年在拉脱维亚大学攻读硕士学位,2005—2006年在台湾师范大学留学,2006—2008年在台湾铭传大学攻读硕士学位,2009年开始任教于拉脱维亚大学汉语专业,主要研究领域为汉语语音。

㉓ 欧洲汉学学会(European Association for Chinese Studies,简称EACS)是欧洲最具影响力的汉学学术研究机构,学会的宗旨在于提升欧洲所有与中国学相关的学术活动,学会每两年召开一次大会,每次会议地址均不同。如今,两年一届的大会已成为欧洲汉学界举足轻重的学术研讨会议。

㉔ 培训内容以《汉语乐园》《快乐汉语》《跟我学汉语》《当代中文》《新实用汉语课本》《长城汉语》《汉语教学直通车》《汉语图解词典》《汉语图解小词典》《汉语教学有声挂图》等为主线,通过主题讲座、专题研修、示范观摩、座谈讨论等形式,就学员拟选用教材开展专题研修,交流教材应用经验,征求教材完善和资源开发思路,进一步拓宽教材推广途径和渠道。

㉕ 参见http://lv.china-embassy.org.cn/xwdt/201111/t20111107_9513954.htm。(访问日期:2021年4月30日)

㉖ 从2013年开始,汉语桥比赛由拉脱维亚大学孔子学院负责承办。

㉗ 从2012年开始,HSK由拉脱维亚大学孔子学院负责主办。

㉘ 中外方院长合作的典范:拉脱维亚大学孔子学院院长受到拉脱维亚外交部嘉奖,参见http://www.ci.lu.lv/?s=%E4%B8%AD%E5%A4%96%E6%96%B9%E9%99%A2%E9%95%BF%E5%90%88%E4%BD%9C%E7%9A%84%E5%85%B8%E8%8C%83。(访问日期:2021年4月30日)

㉙ 孔子课堂首次落户拉脱维亚,参见http://www.cqvip.com/QK/82290X/201403/49714932.html;拉脱维亚中学孔子课堂揭牌 设有6个汉语教学班,参见http://www.chinanews.com.cn/hwjy/2014/03-05/5911312.shtml。(访问日期:2021年5月1日)

㉚ 拉脱维亚里加34中学孔子课堂举行揭牌仪式,参见http://www.34vsk.lv/index.php/en/734-opening-ceremony-of-confucius-classroom。(访问日期:2021年5月1日)

㉛ 拉脱维亚道加瓦皮尔斯大学孔子课堂举行揭牌仪式,参见http://cilu.lv.chinesecio.com/zh-hans/node/256;黄勇大使出席道加瓦皮尔斯大学孔子课堂揭牌仪式,参见http://lv.china-embassy.gov.cn/chn/xwdt/201510/t20151006_9514036.htm。(访问日期:2021年5月1日)

㉜ 拉脱维亚雷泽克内大学孔子课堂举行揭牌仪式,参见http://www.ci.lu.lv/?p=1792。(访问日期:2021年5月1日)

㉝ 梁建全大使出席里加工业大学孔子课堂揭牌仪式,参见http://lv.china-embassy.gov.cn/chn/xwdt/201911/t20191109_9514086.htm;里加工业大学孔子课堂揭牌仪式圆满成功,参见http://cilu.lv.chinesecio.com/zh-hans/node/1464。(访问日期:2021年5月1日)

㉞ 卡琳娜曾于 2005—2009 年在拉脱维亚大学汉语专业攻读学士学位,其间于 2007—2008 年在上海外国语大学留学,2010—2012 年在拉脱维亚大学汉语专业攻读硕士学位,2012—2013 年在华东师范大学留学,2015 年开始在拉脱维亚大学汉语专业任教,同年在北京语言大学参加本土教师培训班,2016 年起担任拉脱维亚留华同学会会长,2019 年起在拉脱维亚大学攻读博士学位,主要研究领域为中国古代历史和中国传统文化。

㉟ 李满楠老师嫁给了一个当地小伙。她的一个学生白丽娜做过孔子学院秘书,经常提起她,她是一位深受学生喜爱的老师,2020 年 3 月李满楠老师不幸因病去世。

参考文献

安吉塔·鲍葛薇(2016)拉脱维亚汉学研究述评,《拉脱维亚汉语教学研究与探索》(尚劝余、贝德高、董芳主编),217—230 页,云南人民出版社。

贝德高(2021)《我的中国日记》(尚劝余等译),商务印书馆。

郭　群、张　璇(2016)中东欧国家汉学研究和汉语教学研讨会在里加举行,http://www. gov. cn/xinwen/2016-11/06/content_5129248. htm。(访问日期:2021 年 4 月 30 日)

纳迪娜(2022)拉脱维亚与中国关系研究(1991—2019):多边视阈下的双边关系,《拉脱维亚视阈下的拉脱维亚与中国研究》(尚劝余、贝德高主编),7—77 页,拉脱维亚大学出版社。

施密特(2016)涅吉达尔人的语言(王大可译),《满语研究》第 2 期。

谭武军(2020)拉脱维亚汉学家贝德高:我与中国有着不解之缘,《人民日报》6 月 14 日第 7 版。

万成才(2001)拉脱维亚大学举办李白诗歌国际研讨会,新华网 12 月 16 日。

王敌非(2016)欧洲满文文献典藏述略——以拉脱维亚、瑞典和丹麦为例,《黑龙江民族丛刊》第 3 期。

王　蕾(2021)拉脱维亚外语教学政策与汉语教学现状,《拉脱维亚汉语教学探索》(尚劝余、贝德高、王蕾、王琼子主编),3—8 页,拉脱维亚大学出版社。

阎国栋(2006)《俄国汉学史(迄于 1917 年)》,人民出版社。

于丛杨(2021)我是胭脂红中间那道白——拉脱维亚大学执教三部曲,《汉语之花盛开在波罗的海之滨——我与拉脱维亚的故事》(尚劝余、贝德高主编),15—25 页,三秦出版社。

Haijima, A. (2015) Japanese studies in Latvia: A historical perspective and the present situation. *Japanese Studies around the World*, 2014, 36—47.

Ivbulis, V. (2011) 20 Years of Latvian Oriental Studies. *Scholarly Papers University of Lativa*, 779, 7—12.

Kalnins, M. & Bērziņš, V. (2013) *The Ancient Amber Routes: Travels from Rīga to Byzantium*. Riga: Pētergailis.

Pildegovičs, P. (2020) Contribution of professor Pēteris Šmits to the Chinese language teaching methodology, In Savica, M. (ed.). *Professor Pēteris Šmits: From Raunas to Beijing*, 102—110. Riga: University of Latvia Press.

Shang, Q. (2020) A study of sinologist Pēteris Šmits from the Chinese perspective. *Ukrainian Journal of Sinology Studies*, 1(1), 53—60.

Shang, Q. & Lv, Y. (2020) Research on Latvian sinologist Peter Schmidt in China: Contemporary perspective and significance. In Savica, M. (ed.). *Professor Pēteris Šmits: From Raunas to Beijing*, 129—144. Riga: University of Latvia Press.

Šaitere, T. (1997) Ķīna nav zeme, tā ir pasaule. https://www.diena.lv/raksts/pasaule/krievija/kina-nav-zeme-ta-ir-pasaule-10011662.(访问日期:2021年4月25日)

Šmits, P. (1962) *Profesora Šmita Atstātais Zinātniskais Mantojums*. Sakara ar valodnieka, Etnogrāfa un folklorista 24. gadu nāves dienu. (铅印稿第1—3页,收藏于拉脱维亚大学学术图书馆)

Staburova, J. (1990) Viņš devās ceļā īstajā laikā un pareizajā virzienā. *Žurnāls Grāmata*, 2, 11—25.

Walravens, H. (1982) Peter Schmidt, ostasienwissenschaftler, linguist und folklorist: Eine vorläufige biographie. In Weiers, M. & Stary, G. (eds.). *Florilegia Manjurica in Memoriam Walter Fuchs*, 106—185. Wiesbaden: Otto Harrassowitz.

作者简介

尚劝余,华南师范大学外国语言文化学院教授,拉脱维亚大学孔子学院中方院长,研究方向为拉脱维亚汉语教学。Email:shangquanyu@hotmail。

尚沫含,美国明尼苏达雷克斯国际语言学校汉语部教师,研究方向为国际中文教育。Email:smomo31@gmail.com。

ABSTRACTS

GUO, Rui &SUN, Haohao: The Grammatical System of *Chinese Textbook* by Zhu Dexi
While teaching Chinese in Bulgaria 1952-1953, Zhu Dexi wrote *Chinese Textbook*. The textbook was based on grammar points sharing many similarities with Zhu Dexi's later views on Chinese grammar, some of which led to his later important views and some were further developed. While *Chinese Textbook* focused more on the expressive function of grammar with detailed analysis of functional words, his later studies such as *Lectures on Grammar* put more emphasis on grammar structure under the influence of structuralism.
Key words: *Chinese Textbook*, Zhu Dexi, grammar system

DAI, Junming: A Priceless Heritage to Be Published: A Review of the Manuscripts of *Chinese Textbook* by Zhu Dexi
In the 1950s, Zhu Dexi compiled *Chinese Textbook* in Bulgaria. The textbook presents Mr. Zhu's deep understanding of the Chinese language and characters, his unique ideas on Chinese grammar and on the teaching and textbook compilation of Chinese as a second language. It also serves as valuable literature on teaching Chinese as a foreign language and contemporary Chinese grammar. This article briefly introduces the main content and grammar system of the textbook. It also summarizes its major features and analyzes its historic status and value. At the same time, the article also initiates primary discussion on Mr. Zhu's academic thinking presented in the textbook. On the basis of presenting the current protection situation of the manuscripts and reviewing relevant research, the author calls on sorting out and publishing this priceless academic literature.
Key words: Zhu Dexi, *Chinese Textbook*, teaching Chinese as a foreign language, Chinese grammar

ZHANG, Meilan: On the Reasons for Mandarin Beijing Dialect *Yü-yen Tzŭ-êrh Chi* to Be Adopted as a General Textbook of Chinese
Yü-yen Tzŭ-êrh Chi, written by Thomas Francis Wade from England, was intended to be a special English-Chinese bilingual textbook for diplomatic officials to learn mandarin

Beijing dialect, but it soon became a general Chinese textbook after its publication and played an important role in the history of textbooks of teaching Chinese as a foreign language in the late Qing Dynasty and the early Republic of China. In this paper, we mainly discuss the major reasons for the book to be adopted as a universal textbook, including the international adaptability, the mainstream characteristics of mandarin Beijing dialect, the popularity of English-Chinese bilingualism, and the systematic progression from easy to difficult of this book. All these points provide historical reference for the compilation of future textbooks for teaching Chinese as a foreign language.

Key words: *Yü-yen Tzŭ-êrh Chi*, bilingual textbook, mandarin Beijing dialect, special, general

LIU, Xunning: The Grammatical Function of *de* and Modifier's Markers

This paper provides a new perspective on the grammatical function of *de*, and unities it in the sense of "confirmation". This paper concludes that *de* is assigned a transferred designation, moved from the end of a sentence with the semantic meaning of "confirmation" to be the modifier in front of the modified element. I have focused my research on the symbolization of grammatical relationship for several years. This paper illustrates the modifier's marker with a variety of sentences to reveal its empirical usages and practical values.

Key words: *de*-movement, final, modifier, confirmation, grammatical marker

QIAN, Xujing: A Contrastive Study on the Syntax and Semantics of the Monosyllabic and Disyllabic Adjectives with the Same Morpheme from a Lexical Typological Perspective: Take the Examples of *wen*, *nuan* and *wennuan*

There are a large number of monosyllabic and disyllabic synonyms with the same morpheme in Mandarin Chinese. This paper examines the similarities and differences of temperature words from a lexical typological perspective. The syntax and semantics of *wen*, *nuan*, *wennuan* are analyzed based on the corpus. Syntactically, *wen* mostly acts as an attributive, *nuan* often as a predicative and *wennuan* as an object in many cases. Semantically, *wennuan* often indicates non-temperature meaning, *wen* expresses more tactile temperature, and *nuan* more ambient temperature. On the interaction between syntax and semantics, the three words collocate with different words when indicating the ambient temperature. The complementation of grammatical functions, different semantical focus and different collocations make the three monosyllabic and disyllabic adjectives with the same morpheme coexist in Mandarin Chinese.

Key words: monosyllabic and disyllabic adjectives with the same morpheme, lexical typology, temperature words

CHEN, Tianxu, CHENG, Meng, WANG, Feng & WANG, Mengyue: On the Lexical Inference for CFL Learners in the U. S.

This study mainly investigated how word semantic transparency and contextual information affects Chinese as a foreign language (CFL) learners' lexical inference with/without contextual cues. A total of 34 advanced-level American CFL learners were included. They voluntarily completed three paper-pencil tasks including two lexical inference tasks and one Chinese vocabulary knowledge task. The findings have shown that (1) the learners had better performances on inferring OT words than TO words without contextual information while their performances did not significantly differ when contextual information was involved; (2) compared with the situation without contextual information, the learners' performances on inferring the OT words with contextual information were not significantly different whereas their accuracy to infer the TO words with contextual information significantly increased; and (3) vocabulary knowledge did not shape the effects of semantic transparency and contextual information on lexical inference.

Key words: semantic transparency, contextual information, lexical inference, American CFL learners, L1 transfer

XIAN, Manxue: On the Chinese Learning and Education in Vietnam during the 18th-19th Century Period from the Perspective of Han Nom Dictionaries

Chinese characters have been used as official characters in Vietnam for over 2000 years, and Chinese education in Vietnam also has a long history. Due to the serious loss of ancient Vietnamese documents, we do not know much about the details of Chinese education in ancient Vietnam. Fortunately, the bilingual Han Nom dictionaries preserved in Vietnam provide the most direct materials for us to understand the methods of learning Chinese from ancient to modern Vietnamese. Taking several important Han Nom dictionaries in Vietnam such as *Chi nam ngoc am giai nghia*, *Tam thien tu giai am*, *Tu Duc thanh che tu hoc giai nghia ca* and *Dai Nam quoc ngu* as examples, this paper explores the traditional way of learning Chinese in Vietnam, summarizes the characteristics of traditional Chinese learning and education in Vietnam, and discusses the development and change of Chinese learning and education with the times in Vietnam.

Key words: Chinese education, Chinese learning, Han Nom dictionaries, Vietnamese

YAO, Jun: On the Teaching of Chinese During the Joseon Dynasty
The teaching of Chinese on the Korean Peninsula was the longest-running Chinese teaching in history. As a high government priority, the teaching of Chinese was conducted systematically. The experience of textbook compilation and Chinese interpreters training were worthy reference for future generations. Previous studies have paid a lot of attention to *Lao Kilda* and *Park Tongsi*, and some papers were written on the cultivation of Chinese talents in the Translation Institute. Taking into consideration of the influencing factors of language acquisition, this paper systematically analyzes the types of Chinese learning, the status of Chinese learning, the compilation of teaching materials and reference books, and the construction of Chinese learning environment. It is found that Chinese learning during the Joseon Dynasty included both cultivating interpreters which valued communicative competence and educating civil officials which valued written language. The liberal arts programs focusing on the study of Confucian classics had priority over translation programs. In addition, the teaching of Chinese during the Joseon Dynasty was not limited to *Lao Kilda* and *Park Tongsi*. Instead, it was a comprehensive language learning system built out of abundant teaching resources and forward-looking language teaching policies under the guidance of the state policy of "sincerity to China". Looking at these initiatives from a holistic perspective will help us to grasp the characteristics of Chinese teaching during the Joseon Dynasty more comprehensively.
Key words: Chinese teaching during the Joseon Dynasty, the Translation Institute, history of Chinese teaching

ZHAO, Xiaohui: On the Teaching of Chinese in Japan in the Late Qing Dynasty and the Early Republic of China: From the Perspective of Japanese Modern Chinese Teaching Documents
Japanese Modern Chinese teaching documents are abundant, some of which are directly related to the recruitment of Chinese teachers, the development of teaching activities and the comparison of different teaching methods. By examining these materials, this paper analyzes the Chinese teaching in Japan in the late Qing Dynasty and the early Republic of China, and concludes that the teacher status and teaching methods presented therein are not only related to the individual knowledge literacy and social education environment, but also a historical reflection of the situation of China and Japan, as well as that of the society's understanding of the characteristics and laws of teaching Chinese as a second language at that time.
Key words: Chinese teaching documents in Japan, teacher, teaching methods, history of international Chinese education

PAN, Jiachen: A Review of Chinese Teaching in the British Schools Based on the BBC News

Recent years have witnessed a dramatic development of Chinese teaching in the UK with it ranking among the top three core foreign languages from a traditional community language. Based on the analysis of BBC news, this research tackles the topic of the Chinese teaching in the UK from three aspects: (1) describing the trends of its development and analyzing the main reasons of each turning point; (2) introducing the curriculum arrangement of Chinese teaching and the development of Chinese teachers as well; (3) examining the general Chinese assessment and evaluation. This research aims to show a well-rounded picture of Chinese teaching in the UK.

Key words: Chinese teaching, the UK, BBC news

SHANG, Quanyu & SHANG, Mohan: On the Teaching of Chinese in Latvia

This paper systematically sorts out the teaching of Chinese in Latvia for the first time, and reveals its evolving process, inner logic and main achievements. The teaching of Chinese in Latvia has gone through three historical development stages: the initiating and beginning (1920-1990), the maturity and development (1991-2010), and the promotion and popularization (2011-2021). Latvia is thus the first country to start the teaching of Chinese among Central-Eastern European Countries, and also the first country to provide Sinology as a major among the three Baltic countries. The evolution of Chinese language teaching in Latvia is closely related to Latvia's national destiny and the changes in Latvia's domestic and international environment. Starting from Riga, the capital, Chinese language teaching has spread all over the country, from the original focus on universities to covering universities, grade schools, kindergartens and various social classes.

Key words: Latvia, the teaching of Chinese

《汉语教学学刊》稿件体例

1. 稿件请用微软简体中文版 WORD 编辑。题目用小二号宋体，作者署名用四号仿宋体，正文用五号宋体，提要、关键词、注释和参考文献用小五号宋体，其中"提要""关键词"本身用小五号黑体，"注释""参考文献"本身用五号黑体。题目、作者名、提要、关键词的英译以及作者电子邮箱地址都用 Times New Roman 字体，题目、作者名的英译用 12 号，其余用 10.5 号。关键词之间用逗号隔开。正文行距为 1.15 倍。页边距为常规格式（上、下 2.54cm，左、右 3.18cm）。

2. 如有通信作者，用首页脚注形式，作者名后加上标＊；包括通信作者的电子邮箱、邮政编码、联系地址；用小五号宋体，英文和汉语拼音均用 Times New Roman 字体，如：通信作者：王×× wangsxx@sina.com 100871 北京市海淀区颐和园路 5 号 北京大学对外汉语教育学院。

3. 如有课题/项目，用首页脚注形式，文章标题后加上标＊，注明课题的类别、名称及编号。如：＊本研究为国家哲学社会科学基金一般项目"中国大学生跨文化能力综合评价研究"（10BYY091）的阶段性成果；名称用小五号宋体；括号及编号均用 Times New Roman 下的格式。

4. 正文第一级标题用小四号黑体，上下各空一行，标题序号用"一、二、三……"。第二级以下小标题用五号宋体加黑，节次可按如下格式编号：1.1、1.1.1、1.1.2；1.2、1.2.1、1.2.2，余类推。本刊只接受三级以内的小标题。

5. 例句独立列出者，用楷体，行首空两格，回行与首行序号之后的文字对齐；序号加圆括号，如：(1)(2)……；全文例句连续编号。

6. 文中若有图表，请在图表上方或下方用小五号黑体字注明序号及名称，如：图 1 ……；表 1 ……。若有复杂图表，不便在正文中排印者，请附在文末，并注明序号及名称，如：附图 1 ……；附表 1 ……。全文图表连续编号。为保持图表的准确性，请另附 PDF 版。

7. 文中采用国际音标，请加方括号，声调用五度标调法，标于音标右上角，如：好[xau²¹⁴]。采用汉语拼音，声调则用调号，如：nǐ hǎo。

8. 行文中引用原文者，请加""；引文独立成段者，请用楷体，第一行空四格，第二行以下空两格。

9. 注释采用尾注。注释号码用带圈阿拉伯数字右上标，如：完形①。请勿用自动标注。

10. 注明引文或观点出处,可采以下方式:

若所引之文或观点发表在期刊上,则为:陆俭明(1980)……;若所引之文或观点出自著作之中,则为:陆俭明(1993,84—85)……,逗号后的数字为页码,下同;若在所引之文后面用括号注明出自期刊或著作中的观点,则为:……(陆俭明 1980),或 ……(陆俭明 1993,84);若所转述的观点为不同的人持有,则为:……(Corder 1981;Krashen 1981);或 ……(James 1980;Ellis 1986,18—41)。三个作者及以上的,中文文献用第一作者加"等",如:朱德熙等(1961);外文文献用第一作者加 et al.,如:Tomasello et al.(1984)。

11. 重要术语:首次在国内语言学期刊上出现的术语须在括号内附上外文原文,但同一术语的外文原文不要重复出现。

12. 参考文献请按以下方式处理:

中文、日文文献排在西文文献之前;外文译著按中文文献处理;相同语种的文献按作者姓名的汉语拼音顺序或英文字母顺序排列;西文作者姓在前,名在后,姓名之间用逗号隔开。文献的作者或编者须全部列出,具体情况:(1)独立作者或编者的文献则使用完整姓名;(2)两个以上作者或编者之间中文文献统一使用顿号,如(史地夫、金磊、王晖),外文文献统一使用 &(不用 and),如 Cole, P. & Morgan, J.;(3)外文参考文献有多个作者时,均姓氏排前,后跟名字的首字母,如 Hauser, M., Chomsky, N. & Fitch, W.。具体格式如下:

中文著作:陆俭明(1993)《现代汉语句法论》,商务印书馆。

中文期刊:李晓琪(1995)中介语和汉语虚词教学,《世界汉语教学》第 4 期。

中文文集:彭聃龄(2003)汉字识别与连接主义模型,《对外汉语研究的跨学科探索》(赵金铭主编),191—206 页,北京语言大学出版社。

会议论文:柯彼德(2012)关于中国语言与文化在全球化世界中的地位和作用的若干思考,北京论坛(2012)文明的和谐与共同繁荣:"文明的构建:语言的沟通与典籍的传播"语言分论坛论文及摘要集,64—74 页,2012.11.02,北京大学。

英文著作:Kramsch, C. (1993) *Context and Culture in Language Teaching*. Oxford: Oxford University Press.

英文期刊:Martin, M. (1984) Advanced vocabulary teaching: The problem of synonyms. *Modern Language Journal*, 68, 130—137.

英文文集:Searle, J. (1975) Indirect speech acts. In Cole, P. & Morgan, J. (eds.). *Speech Acts*, 59—82. New York: Academic Press.

学位论文:金沛沛(2017)《汉语学习词典语用信息的选取与呈现研究》,北京大学博士学位论文。

研究报告：Cumming，A.，Kantor，R.，Baba，K.，Eouanzoui，K.，Erdosy，U. & James，M.（2006）Analysis of discourse features and verification of scoring levels for independent and integrated prototype written tasks for the new TOEFL test. TOEFL：Monograph Report No. 30.

网络文章：Sanders，N.（2003）Opacity and sound change in the Polish lexicon. http：//sanders. phonologist. org /diss. html.（访问日期：××年××月××日）